文字欲

廿多年前，Vivian修讀我的晚課，十幾個研究生熱情討論深度訪談、田野考察的心得和成果。她是其中最投入的一位。有晚下課，在中大山頭的新亞書院，空曠無人的校巴站只有淡白的燈光。我駕車載她下山，在臨開車扣安全帶的時候，Vivian很凝重的問我：「你是否願意帶我的碩士論文？」廿年來帶過五六十個碩/博士生，沒有一個像她那樣怯生生又真誠的作出邀請，她少許緊張的呼吸聲我今天仍記得。多年來她所做的訪問，仍帶著這種真誠與初心。

馬傑偉

香港中文大學新聞與傳播學院退休教授

我一直都感到遺憾的是：我在香港融樂會工作時和Vivian擦身而過，沒有機會合作。但她其實是其中一位最自發地報導香港少數族裔生活困境的記者。

2015年，我們在面書相約去探訪及認識尼泊爾的非政府組織。出發前一個月，尼泊爾發生八級大地震，我們遂把賑災成為行程的目標之一，以表達對當地災民的關心。旅程中，我倆簡直一見如故，一拍即合，後來我們又一起到印度探訪和了解非政府機構。

我理想中的記者對社會時事有很敏銳的觸覺，走在最前線，以尖銳的角度把一般人看不到的事實呈現出來；擁有社會學的想像力和人文關懷，能夠看穿社會的陰暗面，關懷弱小並為他們發聲，促進社會公義。譚蕙芸是這樣的一個記者，令人感動和敬佩的一位記者。

她將過去的一些報導結集成書，實在是年輕傳媒工作者、新聞系學生和有志從事新聞專業的人的福音。透過譚蕙芸的文章，肯定可以學習和感受到她對社會的關懷、對新聞工作的熱情和對不同採訪對象的尊重。

王惠芬

香港融樂會創辦人

這書增添了我許多「有質感」的閱讀體驗。從作者善於向人類學、民族誌的借溫、入微觀察的適當取材，充滿人文關懷的書寫，足令讀者感同身受。而作者在教室內外的教學方法，更值得當老師的讀者參考。

小思

香港中文大學中文系退休教授、散文作家

我恆常是那頭躲在暗處的花豹，只有一次成了被捕獲的獵物，那是2017年譚蕙芸專程來台採訪我。

初接觸Vivian，感覺她「從心底湧出一團火」，那是一股記者魂，讓我遙想台灣八十年代衝撞戒嚴的新聞前輩。Vivian極熱，百分之兩百投入，從題目抽離於她像是「驅魔」的過程。後雨傘時代的灰敗頹喪也不能將她的「熱」澆熄，她到南韓親臨光州事件現場，遠赴南非採訪當初看守曼德拉的白人獄卒，也到捷克向八十高齡的作家伊凡．克里瑪取經，黑暗來臨之前，紀錄時代的人不喪志，Vivian頻頻走出去借一點火光。Vivian能熱也能冷，書中除了全身心投入的「熱報導」，還有如手術刀劃下的「冷自剖」，關於報導的動念緣由、幕後製作、未竟遺憾，記者私房話十分好看。

寫推薦語的同時，港台都有大新聞，在台灣終於通過同性婚姻法案，在香港，黃之鋒再度入獄。Vivian曾多次採訪黃之鋒，世事變化劇烈，訊息不斷滾動，但我知道Vivian的那雙熱眼會緊盯著，她會記下這一切。

房慧真

台灣作家、記者

譚蕙芸為我做專訪會感到很困擾，因為我是一個大悶蛋。但我要推介她的書則毫無困難，因為她的文章實在有趣好看。作為一個推動公義的傳媒人和公共知識份子，譚蕙芸的取材往往從社會上較弱勢的社群開始。她用有電影感的文字，畫龍點睛地把被訪者的神髓帶出來。一句「巴士媽媽」，把一位照顧智障兒子的蘇太多年的困擾說得特別到肉。故事說了出來，感動讀者無數，所以最終爭取到智障人士的牙科津貼，她功不可沒。

譚蕙芸看社會問題的角度尖銳，但文字背後是人文關懷。讀她的文章，又溫暖，又爽！

張超雄

立法會議員

譚蕙芸小姐出版這本既是採訪文集、又是新聞系人物特寫課程教材的好書，確是別開生面。譚小姐的人生也是別開生面，順遂的學習時代打好了記者的底子，後來因病放慢腳步，卻慢慢在《明報 · 星期日生活》的園地發展出別樹一格的人物特寫文類，大放異彩。就算讀過訪問原文，新寫的後記和採訪技巧也是只此一家地好看。

也許是源於戲劇演出的經歷，譚小姐對每一篇訪問用力之深，令人聯想到專業演員投入角色的過程。這種當記者的痛苦和幸福，正是傳媒老闆最不懂珍惜的。

朱凱迪

前《明報》記者、立法會議員

邊城思想者系列

文字欲

回應時代的特寫新聞

譚蕙芸　著

香港中文大學出版社

■ 邊城思想者系列

《文字欲：回應時代的特寫新聞》
譚蕙芸 著

國際統一書號 (ISBN)：978-988-237-124-8

2019 年第一版
2022 年第四次印刷

出版：香港中文大學出版社
香港 新界 沙田・香港中文大學
傳真：+852 2603 7355
電郵：cup@cuhk.edu.hk
網址：cup.cuhk.edu.hk

■ BORDERTOWN THINKER SERIES

The Writaholic: Hong Kong Features (in Chinese)
By Tam Wai-wan Vivian

ISBN: 978-988-237-124-8

First edition 2019
Fourth printing 2022

Published by The Chinese University of Hong Kong Press
The Chinese University of Hong Kong
Sha Tin, N.T., Hong Kong
Fax: +852 2603 7355
Email: cup@cuhk.edu.hk
Website: cup.cuhk.edu.hk

Printed in Hong Kong

3 天上星星

4 傳媒渾水

5 教室內外

李立峯序

我和本書作者Vivian同年進中文大學新聞系讀書，做了半年同學，她就跟家人移民加拿大，幾年後畢業回流，又回到中大新聞系讀哲學碩士。當年，周潤發正進軍荷里活，傳媒解讀為「事業更上一層樓」，Vivian研究周潤發的「明星文本」如何在後金融風暴時代扣連著「自我增值」的主流意識形態，以及不同階層的市民如何「消費」周潤發。這份碩士論文用質化研究方法，內裡有很多深度訪談。一位二十出頭的研究生，跟一群的士大佬在街邊大排檔聊《英雄本色》和《賭神》，又在大學教授辦公室聽中產精英高談闊論《國王與我》。我對她的碩士論文有印象，是因為訪談內容著實有趣，的士大佬對周潤發的英語是否流利完全「唔俾屎」，一副「佢而家啲英文quack quack聲關我__事」的態度，中產精英則早就扯到薩依德和東方主義去了。

我讀博士的時候，訪問過一批有十幾年工作經驗的美國新聞工作者，問他們為甚麼要入行，大部份人的第一答案都是「喜歡寫作」；問他們覺得一位好記者要具備甚麼條件，大部份人的第一答案都是「有好奇心」。我想，如果用Vivian做例子，那應該再加上「喜歡做訪問」。記者的工作其中一個有趣的地方，就是可以跟不同的人傾談他們的故事。

多年後，Vivian仍然不斷在做很有意思的訪問，只是她不用把成果寫成學術論文，也不用寫成較為公式化的daily news。以自由記者的身份做深度報導或特寫新聞，讓她可以更隨心所欲地「講故事」，述說人間百態。也許是一種學者的偏見，我從來覺得她的學術訓練對其新聞寫作有很重要的影響。在碩士年代，她跟馬傑偉學的是英國文化研究，該學術傳統強調階級和社會的不平等，強調文化作為控制和抗爭的領域，強調結構與個人能動性之間的辯證，強調意義的複雜多元，強調話語和權力之間的關係；這些特徵，在Vivian的新聞作品中，無論是通過題材的選擇、角度的取捨抑或文字的處理，都是有所體現的。

當然，新聞特寫有其自身的要求和技巧，尤其在社交媒體當道、八百字的文章都會讓人覺得「太長不讀」的年代，如何能夠讓讀者投入到文字之中，越來越講究執筆者的功力。關於這一點，我就不班門弄斧了，Vivian在實務工作之外，近年在大學裡負責新聞特寫課程，這本書是教學與實踐相輔相長的成果，大家請細讀她的作品和解說吧。

最後要強調的是，新聞特寫有它獨特的價值。在日常急速節奏下生產的新聞內容，容易變得零碎和脱離場景脈絡，人物和事情的表述容易流於片面，有些新聞報導甚至會不停重複及強化人們心目中對「他者」的刻板印象。新聞媒體需要提供更多深入的報導，以及對人、事和物更立體的描寫。這樣做的目的是甚麼？表面地說，就是讓讀者對社會時事有更多更全面的了解；深層一點，就涉及講故事本身的意義。

我在美國讀書的時候，在一次講座中聽到中國作家蘇童說，他寫小說，只是因為「就是有這樣的人，有這樣的生命」而已。同樣，從事非虛構寫作，說得簡單的話，目的也不外乎是記錄實際存在的人和生命，但這種記錄可以讓人們看到生活模式的多樣性、文化價值的多元性、社會處境的複雜性。借用人類學家Clifford Geertz的說法，我們在書寫他人時，其實就是把自己放在眾多他者之中，嘗試去明白自己的生活模式只是眾多可能性之一，而只有當我們對人、文化以及生命的多元有了體會，包容、同理心和互相尊重，才有實際的意義。

李立峯

香港中文大學新聞與傳播學院院長、教授

黎佩芬序

她那鋪癮，比誰都大

認識譚蕙芸Vivian許久了。從一開始，Vivian就已經比誰都勤力。上班的時候，她做採訪寫故事，下班放假了，她繼續採訪寫故事。

清楚記得一幕，我們在明報新聞室裡她的辦公桌附近聊得起勁，惹來她頂頭上司眉尾戚起豎高了耳朵。她當時是港聞組的記者，而我每週要為「星期日生活」的內容頭痛，跑前線的記者都有鋪癮的，走在一起就要聊聊天下大小事，聊著聊著，點子就會出來。可是，這樣聊出來的點子，要花落誰家呢？正規新聞版面有較嚴正的規範，雖然也有新聞特寫的操作安排，卻不及副刊自由甚至天馬行空，Vivian總是耐不住誘惑，當正規人力無法借調，她寧願犧牲放假時間，直至春蠶吐絲般把那股蠢動化成長篇特寫文字，方才罷休。漸漸地，她的新聞特寫很容易就讓人感覺到自成一家的風範，有情有理，直率坦蕩，當中也有廣泛見於出身自福利新聞線記者的善良和正義感，總是站在弱勢的鞋子裡看世界發掘問題，但又懂得要有記者角色的抽離，文字軟性，但不失批判，寫人寫情，一個拿捏精準的老手，必先在短促的相處時間裡取得最大的信任，而她很少失手，背後少不得工夫和功力，還有真誠。

從前跟人介紹「星期日生活」會說，我們是以副刊的自由天空軟銷硬新聞，用有趣和性感的文字與圖像，幽默睿智的版面，引誘讀者咀嚼新聞議題。要成功，當然首先要能夠引誘到作者。說句公道話，引誘Vivian並不費力，經常甚至是願者上釣的，因為她那鋪寫新聞故事的癮，或是用她自己的話，她的文字欲，比誰都大，而她又那麼喜歡廣結善緣，對人對事充滿好奇。雖然她已離開傳媒行業到大學教書，慶幸她那種奇異的脈動從未止息，一邊在教育崗位上扶掖提點後進，一邊繼續在生活上追求實踐。網絡總帶多少虛無飄渺，報紙上文字的存在長度是一天，聽說「星期日生活」的讀者會把報紙藏在包包一個星期，現在Vivian將多年來的新聞故事結集成書，讓有志新聞工作的同學可以捧在手上一次過閱讀，並且那些曾經觸動人心的新聞故事，那個獨特於一個時空的香港，可以另一種形式存留，可喜可賀。

「Hi，今週有時間寫？」或者「Hi，今週有位？」通常我們都是這樣開始的，然後，跟當年一樣，緣分到了，點子便來找上我們。這就是默契了吧。

黎佩芬

《明報·星期日生活》副刊編輯

莊梅岩序

我眼中的Vivian Tam

作為編劇，我經常在資料搜集的過程裡訪問其他人，而為了宣傳製作，我也經常接受其他人的訪問，所以對於訪問這種環節，我算是有一點心得。

在接受譚蕙芸訪問之前，[1] 並沒有看過她的採訪（可能看過但沒為意），倒是認識了以後才追看她的文字，人如其文，專業而不失幽默，深邃而不會離地。我喜歡她的直接，欣賞她聰明得來勤快，對自己要求高，對自己的專業有抱負。簡單來說，作為一個有理想的人，我很會感應對工作有熱情的人，我覺得這種人很難得，她的書很值得支持，但除此以外不想誇讚太多。成了朋友，就有種希望她繼續努力，不會太沾沾自喜的期望。

譚蕙芸有種她不知道的咄咄逼人，我懷疑她以為自己知道，但

1　編按：莊梅岩曾兩次接受譚蕙芸訪問，分別在「港台電視31」節目《鏗鏘說》播出（〈莊梅岩：係愛又係責任？〉，2019年2月9日）及《明報．星期日生活》刊登（〈什麼人訪問什麼人：用二十年，尋找一對亡魂的眼睛〉，2019年3月24日）。

她不明白那種厲害；又或者她會納悶説自己根本未開始逼迫，但對於我這種溫柔和活在溫室的人來說還是令人神經繃緊的。然而這都是當記者好的特質，她有令我打醒十二分精神去應付，而那雙鋭利的眼神也嚇唬得了人，會令我覺得要老實作答，因為來者好像能辨別是非真偽和我敷衍她的時候。我相信書上的受訪者都經歷過我的心情，由是得出來的訪談記錄，不單會讓讀者對人物有深入瞭解，於受訪者本身，也是一種有趣的觀照。

譚蕙芸也有她溫柔的一面，工作以外她關心自己訪問的人，訪問當中有些我不想公開的事，她會尊重，甚至教我如何面對類似的狀況，這就超越受訪者和朋友的關係，就牽涉到令她骨痺的大愛。我看過她其他「多事」的舉動，我預測這種大愛無論在教學和跑新聞都會讓她疲於奔命和沮喪，但我不會勸她，我會好好享用她的文字和欣賞她額外付出所換來的美好，而我深信這種美好在她不自覺的情況下，可以啟迪其他人，包括我。

這個世代，有才能、有熱忱和有愛的記者不是沒有，但面對這種紛亂和是非顛倒的社會，還要夠「喪」。這種「喪」讓有抱負的記者不會在強權下讓步，讓有良知的靈魂不會輕易地在和諧中昏睡，每次我見到譚蕙芸那帶點神經質的眼神和鋒利的口氣，我都會很安心。她放棄了矯情和客套，直問問題的核心，我覺得未來十年可以守護真相的，就是這種「喪」。

莊梅岩

香港劇作家

黃之鋒序

多年以來一直處身於政治風眼，與傳媒打交道已成了日常政治工作當中不可或缺的部份，亦因此獲得眾多受訪機會。屈指一算，從高中開始應該接受了過百遍個人專訪，尤其深刻是在反國教、雨傘運動和服畢刑期離開監獄的三段時間，一天排上六七個訪問亦不意外。在芸芸海量訪問當中，不論在報章港聞版談論政局，或接受具有社運面向的媒體專訪，還是世界各地衝著大型抗爭而來的外國記者，也會習慣抱著一套框架去引導受訪者。以我自己的經歷為例，數年前很多受訪角度亦離不開「初生之犢不畏虎」或「大衛對抗歌利亞」之類的套路。

雖則自己沒有採訪撰稿的經驗，但或多或少因有一定受訪機會，漸漸了解到何謂受訪節奏，以及新聞工作者的期望。很多時候，訪問就是按記者所擬定的套路，道出能夠符合採訪者預期的個人觀點，接著從中引述一些金句(soundbites)，順利地解答列出的問題，便大功告成。日子久了，記得自己也曾不禁納悶，縱然說不上是不同意訪問的框架，但在受訪期間總有種空洞的感覺，好像受限只能把記者期望的説話重覆上百遍了事，感覺總是較為平面和機械，甚至有些少進行「倒模式訪問」的感覺。

撇除個別記者連人物專訪也疑似「炒稿」的狀況（記得數年前曾比對兩篇發佈日期非常接近的訪問，發現五成語句行文近乎一模一樣，只能搖頭嘆息），以及曾遇上極不熟悉中港政局狀況、不著邊際地問及「雨傘運動甚麼時候會在北京出現」的外媒特派員，後來了解多了，也漸漸明白前線記者的難處。先不論曾聽聞採訪主任「框死」訪問主題，即使記者和受訪者均不同意訪談走向，仍會被判定為「離題」而不作刊登。有時問題在於，不管記者打算怎樣滿腔熱誠或扭盡六壬，編輯還是常會作要求，把「專訪」稿件刪至五百字為上限，可見發揮空間受限的問題存在已久。更諷刺的是，相比起標題、導言被大幅刪改到意思也被扭曲，本來的「專訪」連同相片在報紙可佔上一小格，已屬萬幸。

簡而言之，要擺脱「倒模式訪問」的限制，如上述有限分享所言，確實不能全盤寄望於前線記者。不過，若要找尋上佳的人物訪問作參照，我想在自己歷年受訪的過百篇專訪當中，Vivian所寫下的三篇文稿，是最能立體呈現我個人成長與思緒的訪問，沒有之一。

與一般政治記者採訪有所不同，對比起把滿腦子的問題全盤托出，順邏輯地要求受訪者按序回答，接著硬橋硬馬地花費篇幅探討論述、政策、立場……Vivian卻很擅長聊天，讓受訪者擱下機械式回應問題的狀態，從最自然的眉頭眼額捕捉當中神情，更易於立體地捕捉其思緒。聊天看似容易，但居於講求效率的社會當中，在傾談期間不作「聆聽」與「觀察」，也是不少都市人的常態；而人物專訪至為吸引的一點，莫過於描寫記者與受訪者之間的互動，否則倒不如在電話訪問後把逐字稿打好以Q&A發佈便可了事。從傾談時所作的回應交流、拿捏到空間，導引對方道出個人觀點與感受，大概是她可讓讀者感到置身於現場、與她一起跟受訪者互動的緣由。

不經不覺，備受鎂光燈注視七年有多，如今已不再是初出茅廬的年歲。由衷感謝Vivian姐姐寫下的三篇訪問，記錄了那個15歲、16歲和21歲的自己曾作的剖白。

人物專訪的威力，不只是片刻讓公眾了解受訪者，更是讓受訪者在困惑迷失的時候，提醒曾經有這樣的自己，莫忘初衷。

黃之鋒

香港眾志秘書長

自序
未燒完的火

十一年前的夏天，我是有線新聞的記者，剛完成四川地震報導歸來，上司說，打算擢升我為高級記者。他們說，我從明報跳槽過來，薪金夠低，又夠熱血，古靈精怪點子夠多，好使好用，前途無限。

我記得那個八月，酷熱難當，我去採訪一則關於水果攤販不老實的消費新聞，提醒市民買生果時小心，不要被「呃秤」。

就在那個下午，我左耳忽然失聰，聽不到任何東西，感覺像在水底一樣。那天傍晚，我帶著一邊聾耳，用完好的右耳戴起了耳機，與荃灣有線電視台總部連繫上，繼續站在灣仔街市進行街頭直播，提醒市民買車厘子和提子要小心被騙。在電視畫面上，我看起來沒有不妥，臉上化了淡妝，依然精神奕奕。

那時我不過三十歲出頭，正是記者最勇猛的年紀，新聞獎拿了一個接一個。我有很多採訪夢未圓，還想去跑更多的前線，為不同的弱勢發聲。我沒想過，那個「呃秤」直播會是我新聞生涯的告別作。

* * *

此後一年，我進出醫院，尋遍專科西醫，跑遍中醫診所，甚至回深圳接受高壓氧治療，耳聾病情卻日益變差。我左耳一度僅餘三成聽力，更痛苦是耳鳴廿四小時困擾我，演變成失眠和最後的情緒病。當時左耳釋放的雜音，令我走進嘈雜的人群裡也感到暈眩，連商場內的人聲我也受不了。我心想，我怎樣可以有能力上班？更遑論，回到我熱愛的記者崗位？

休養後一年，我回到母校香港中文大學出任新聞與傳播學院的助教。一段長時間，我心有不甘。看到某則大新聞發生了，我就想往前線跑。看到同儕交流採訪心得，我既羨慕又嫉妒。看到舊同事拿下新聞獎，我顧影自憐。我覺得自己像一頭被逼退役的馬匹，畢生的新聞夢被殘酷地粉碎了。

在苦悶的日子裡，我聯絡上舊朋友黎佩芬，她是《明報．星期日生活》副刊的編輯，在她的鼓勵下，我開始重新寫長篇文章。從最初用筆名寫點抒情文章，到後來做人物專訪，再轉用真名寫作，我越寫越起勁。明報出了名稿費不高，但黎佩芬作為編輯的「誘導」能力高，好像有魔法一樣，跟作者的對話精簡到近乎虛無，一句「好」、「嗯」，作者便擁有無邊界的採訪和寫作自由。基本上，只要她信你，你寫甚麼，她都會讓你的風格展現。

在這個奇異的空間裡，我一步一步走出患病的陰霾。基本上，我像餓壞了肚子一樣，遇到有機會採訪便吃不飽似的，腦海裡的採訪點子像缺堤一樣源源不絕。看到有趣的人物，例如當年還未「反國教」的黃之鋒在互聯網爆紅，我便提出採訪他，於是我們成為最早專訪之鋒的傳媒之一。香港電視發牌事件發生，我即晚聯絡演員廖啟智進行訪問，黎佩芬二話不說提供充足版面，把智叔要說的信息完整傳遞出去，文章其後在網絡瘋傳，連無綫電視有限公司也有回應。

* * *

失去過，才知道珍惜。有好幾年我一邊教書(後來在中大成為講師)，一邊不停生產長篇文章。遇到有趣的人、有意思的事，我可以用一些實驗性的手法去採和去寫。

就好像智叔的文章，我還記得當日在電腦裡敲打鍵盤寫好第一段，看來看去都不對勁。最初的導言大概是這樣的：「廖啟智說，雖然港視不獲發牌，但一場抗爭的價值正是因為知道不一定贏，知道一定贏才爭取便沒有意思了。」我記得寫了這個導言後渾身不舒服，那種不舒服源自覺得這段話並不忠實反映廖啟智整個人。

整個採訪，從智叔跟我握手時的克制，到他說話用詞的小心翼翼，到他跟我聯絡時沒有過份熱情，這些無言的訊號都讓我清晰地感受到廖啟智願意與我溝通，但他卻是一個性格內斂的人。數小時的訪問裡，他九成時間都是灰暗和悲觀的。我問自己：為何要把他改寫成一個「勵志」的故事？

我衝入洗手間，洗了一個熱水澡，清醒了之後回到電腦面前，把原來的導言全刪掉了，改成了我採訪中真實經歷的智叔，是一個「陰暗」、「滄桑」的人物，還用他的話起了一個題目：〈死水翻不了波濤〉，回應電視業界的絕望境況。翌日文章瘋傳，我內心卻忐忑不安，深怕廖啟智看了會不喜歡。文章瘋傳的同時，也有人質疑文章裡含有寫作者不少主觀的詮釋，有違新聞寫作要客觀中立的原則云云。

事實上，傳媒對他的報導大部份是陽光味居多，把他描繪為「好爸爸」、「好演員」等等。我這樣做，如同推翻之前他在大部份傳媒裡的形象。

怎知幾天之後，我在港視公開活動會場重遇智叔。他太太敏兒也在場，智叔老遠看到我，就走過來主動跟我握手說：「你的報導寫得好好。」我內心如同火燒一樣激動。敏兒的一句話，更把我連日來的自我懷疑一掃而空，她說：「你筆下的智叔，就是真實的他。你要教導學生，寫真實的事物啊。」我感動得說不出話來。

* * *

這個故事，每年我在中大教授「新聞特寫」課堂必定會從頭到尾說一遍。我跟學生說，新聞特寫經常被誤解，特別是人物專訪。即使是資深新聞從業員也會以為特寫很容易寫，只需要寫一些感人肺腑、賺人熱淚的故事便可。於是有人以為，只要用些陳腔濫調套在受訪者身上，就是新聞特寫：殘疾人士一定是「生命鬥士」，失意的人一定要「逆境自強」，餘此類推；廖啟智對發牌事件的看法，無論如何總要鼓勵人心才對勁。

我曾經經歷過情緒抑鬱的低谷。還記得在灰暗的日子，我特別討厭別人沒有傾聽我的感受，就急於鼓勵我要振作起來，我覺得那種安慰不但便宜，更是一種語言暴力，對我做成二次傷害。同一道理，一個記者若貪方便或誤以為受訪者喜歡，便輕易把一些「正面」標籤放入文章，輕則是一種變相「擦鞋」，嚴重則和「做假」無異。

任何人都渴望被真正理解。我們都知道真實的自己或許千瘡百孔，但我們寧可不完美的自己被了解，也不會喜歡別人把空洞的讚賞套在我們身上，這種虛偽正是現代資本主義社會最令人厭惡的社交陋習。我們之所為人，是因為每一個人都有獨立的人格。作為一個記者，務必盡力去理解並如實呈現受訪者的真我，才是對受訪者的最高尊重。

如此經歷，讓我特別注意用各種方法聆聽受訪者的想法，不只是受訪者的三言兩語。我常跟學生說：「別迷信言語。」須知道基礎心理學研究也發現，人與人面對面溝通，身體語言要比說話可靠得多，而言語也是很易被誤會，特別是說話能力不高的基層社群。我們必須透過觀察、反覆探問受訪者，用最大的耐性去理解他人，而且一定要謙卑。一百個人就有一百種看事物的方法，我們未遇過，不等於別人是錯的，更不能以簡單的對錯黑白去量度別人。

從廖啟智跟我握手時展現出來不強也不弱的手指力度，到黃之鋒不會直視記者的靦腆眼神，到露宿者流落街頭但拿著膠杯呷燒酒的笑意，這些都是通往真相的無價時刻，我們必須以開放的心靈去領受。我要求自己仿如電影《玩謝麥高維治》(*Being John Malkovich*)的主角一樣，在採訪的時候，爬進一條神秘的管道，仿如暫時進入受訪者的感知世界，用他人的眼睛和視角，整全地感受他們的經驗。

* * *

新聞界一直被詬病，記者往往對受訪者進行消費和剝削，扭曲受訪者的話，猶如「作故仔」。「新聞特寫」背後的理念，正正回應此點。我們不會斷章取義，我們投入長時間採訪，多角度、立體呈現受訪者和他們的世界，透過脈絡化的重新呈現，採訪手法有如人類學家常用的民族誌(ethnography)手法，把陌生人變成可理解，也把熟悉的事物拉遠，以檢視我們的盲點。

有一次去採訪露宿者，看到他們被食環署沒收了家當，不少傳媒都把露宿者描述為被動的受害者。我嘗試跟他們對話，但很快碰壁，他們之所以落難，就是因為他們受到毒品、精神病等問題困擾，大部份人也不會口齒伶俐。要理解他們一定要通過其他渠道，於是我轉而跟他們討論他們擁有的物件，這樣他們感到舒服得多，滔滔不絕。我發現他們即使在如此艱難環境仍然可以有物欲，享受人生。

每次我説這個故事，同學都被震撼了。我反問：「為何我們從沒有想過，他們會擁有西裝、皮褸，會喝燒酒、吃火鍋？」因為我們覺得露宿者是「他們」，有物欲的是「我們」。思想上，我們把自己與露宿者「切割」了。當我們聆聽露宿者「玩物」的小故事，同學覺得原來「他們」和「我們」一樣有物欲，一樣會享受物件帶來的歡愉。就在這一刻，我們看到的不是露宿者跟我們的差異，而是看到彼此共同的人性，和我們一樣。這一刻，才是理解的開端。

沒想過，這篇採訪露宿者的文章，得到了「人權新聞獎」的「新聞特寫」大獎。同一年，另一篇以特寫手法描述精神病康復者的文章，也拿下了「人權新聞獎」的「中文評論」大獎。當我站在頒獎台上，我終發現自己這隻退役馬「都仲跑得吓」。我終於覺得自己不是壯志未酬的新聞人，原來我換了跑道，還可以用文字為這個時代作一點紀錄。

* * *

過去十年，我一邊書寫大塊文章，一邊在大學教授「新聞特寫」。為了擴闊參考點，我閱讀了美國普立茲新聞獎大量出色的特寫作品，也從中國大陸、台灣、英國等地的新聞特寫作品中找教材，我清晰地看到新聞特寫的價值。有價值的新聞特寫即使放了多久，無論是五年還是十年，寫得好的話，重讀的時候依然讓讀者歷歷在目，觸動人心。無論題材多艱澀，也因為可讀性高，令我們容易體會陌生社群的難處。

無論處理多宏大的題目，新聞特寫也是以「人」為起始點。新聞特寫猶如從一粒沙看一個世界，只要剖析得夠深入，一個人物折射出的是他所身處的時代，是一段他走過的大歷史。這個世界沒有太平凡的人物，只有太平庸的採訪者。這是我深信的價值。

這本書，輯錄了過去十年主要在《明報．星期日生活》副刊和其他幾個不同平台發表過的文章，有些寫人，有些透過人寫事，嘗試映照出一個時代。其實每一篇的孕育過程也很類似，先是從心底湧出來的一團火，一種按捺不住要去挖深一點和理解多一點的欲望，到現場那種心如鹿撞、既想親近又害怕接近的微妙感受，到採訪時與真相模糊地擦身而過的悸動，回到鍵盤面前如同準備分娩的那種難受，直至看到文章刊出、等待讀者發落那種行刑般的痛苦，只要有讀者受到打動，那種快樂又會讓人把之前的痛苦忘掉。

在寫作的過程裡，我們要投入去感受受訪者的一切，親近到一個程度，甚至幾近「愛上受訪者」；但當文章刊出之後，那種身心靈疲累，彷如被虐打了一身，也要迅速去「驅魔」，趕快把上一個情緒重擔放下。正當元氣稍為恢復，還是如同輪迴般不能自制地一頭栽進去另一個深淵之中，這個寫文章的癮頭從沒有停止過，還好像在變本加厲。

當然，今日我的人格裡遺下了過去這麼多年受訪者給予我的養份。感謝你們的無私信任，成就了今日這個我，是你們讓今日的我比十年前的我更美好。

其實不是因為我有病，所以唯有寫新聞特寫去排解苦悶；而是我被新聞特寫選上了，它治好了我的身心靈疾病，它有恩於我，把本書命名為《文字欲》，才能忠實地紀錄一個新聞特寫工作者的狂熱情懷是如何煉成的。

多年來，在寫作路上扶持過我的包括多位攝影師，本書的許多圖像都是不同攝影記者的心血結晶，特此鳴謝《明報》、《明報周刊》及《香港01》允許使用。

恍如置身現場
——甚麼是特寫新聞？

2001年9月11日早上，美國發生九一一恐怖襲擊，《紐約時報》記者Sonny Kleinfield被派往現場。他的家就在遇襲的世貿雙子大廈不遠處，那兒更是他和家人經常購物的熱點；那天早上，妻子卻不知所蹤。他一邊焦急地打電話找太太，一邊繼續訪問在附近圍觀、滯留和逃離的人群。直到下午，妻子證實安然無恙，他也收拾好心情，在報館的電腦鍵盤上敲打了這一段導言：

> 事情變得越來越糟。
>
> 驚嚇的畫面一幕一幕襲來，先是震動的地板、刺耳的爆炸、破裂的窗户。然後是一個難以置信的火洞，蝕進了其中一棟高樓，然後另一棟高樓上，又重演同一串事故。還有殘酷的場面，人體無助地掉下來，有些人還著了火。
>
> 最後，摩天大廈被夷為平地。濃煙衝進鬧市大街，闖進大廈之間，如同龍捲風。
>
> 每一種聲音都令人警覺。天空上劃過一架飛機。是

> 不是另一次又來了？不是，它是一架軍機。究竟是敵方還是我方？人們奪命狂奔，但不知道要逃到哪裡。究竟是要向北、向南、向東還是向西？留在室外還是留在室內？人們躲在車後，或躲在彼此之後。有人在考慮要不要跳進河裡。
>
> 對於從世貿大廈逃離的人們，最令他們震驚的是，原來沒有一處地方說得上是安全。[1]

Kleinfield是該報著名寫手，拿過普立茲獎和喬治波克新聞獎(George Polk Award)。這個導言之所以特別，因為他沒有一如傳統新聞的寫法，把硬資訊放進去，人命傷亡數字、事發時間也欠奉。導言只專注去記下一個事實：這個早上，紐約瀰漫著一片恐慌。Klienfield用了文學寫作手法，重構了紐約人那天經歷的集體情感。

一般人認為，記者應該冷靜，與現場保持拒離，為何Klienfield用了情緒化的字眼呢？後來他在訪問裡解釋，作為一個紐約人，他熟悉這個城市：「我採訪過空難、車禍，能夠作出比較，我能夠有脈絡地解釋這件事的嚴重程度，如此異常的一件事超乎言語可以描述，若在報導裡把恐懼和情感淡化，那才是不妥的處理手法。」

Klienfield這段描述九一一的文字被傳頌至今，成為近年美國新聞寫作的典範。文章用字淺白，一般人也容易讀懂，即使過了十多年，還是歷久常新，再讀舊文，還是會瞬間被帶回事發現場。好的文字就像一套劇力萬鈞的電影，讓人不知不覺間進入了另一個世界，這就是特寫的威力。

---

1 英文原文見https://www.nytimes.com/2001/09/12/us/us-attacked-hijacked-jets-destroy-twin-towers-and-hit-pentagon-in-day-of-terror.html，作者自行翻譯。

* * *

2012年度，我開始在中文大學新聞與傳播學院教授「新聞特寫」課程。開始時極痛苦，痛苦不是因為我不了解，痛苦是因為我太熟悉。我寫了這種文體多年，血液裡流著特寫的因子，平日採訪寫作已經變成無意識的反射動作，自然而然，忽然你要我剖析自己的一舉一動，反而不知從何說起。就像一個踩單車多年的人，他平日騎車風馳電掣，你忽然要求他停下來，細說每一次騎上車子時如何踩上腳踏，如何把身體傾斜，如何控制雙手來平衡，反而令這個人懊惱非常。

困惑中，我翻閱了一些教人寫作的參考書，不論中英文的，都讓我覺得不太實用。跑過前線的記者，總覺得有些理論太過空泛，猶如紙上談兵。

最後我靈機一觸，想到不如倒過來，從成功的作品裡領略出前人智慧。國際新聞界公認為傑出典範的美國普立茲新聞獎，設有14個獎項，其中一個是「普立茲特寫獎」(The Pulitzer Prize for Feature Writing)，讀讀這些作品，看看甚麼叫好吧。於是我開始馬拉松式細讀歷年得獎和入圍作品，找出共通點，自行剪輯為教材。沒想過，當我開始把一架單車拆開之後，不但對自己的單車技術有所提升，連教學生騎車也變得手到拿來。

至今，我教授的新聞特寫班已開設第八年，平均每年有廿多名學生修讀，他們背景多元，有來自香港的本科生，有來自內地的修課式碩士生，也有全職工作的兼讀碩士生。有時，班房更會出現旁聽生，他們不是新聞與傳播學院的同學，有些是外系學生，有些已在傳媒工作，我也無任歡迎。新聞特寫又稱「特稿」、「報導文學」或「非虛構寫作」(non-fiction)。據說，非虛構寫作在中國內地和西方社會，越來越受到重視。

* * *

新聞特寫班的第一課，我通常會解釋新聞特寫是甚麼。我選取了2011年普立茲特寫得獎作品“The Wreck of the Lady Mary”[2]作例子。2009年3月，美國東岸發生一宗漁船沉沒的意外，七名船員只有一人生還。細讀內文，其內容紮實，含有偵查報導元素，本來被認為純屬意外的一宗沉船事故，被記者揭破原來有大型船隻涉嫌在撞船後不顧而去。然而，全文開端沒有急於披露撞船原委，卻由描述生還船員在黑夜深海中掙扎一幕開始。

> 波濤拍打著Jose Arias的身軀。由於剛才急於棄船，救生衣沒有穿好，太平洋的海水偷襲著，令他體溫不斷下降。
>
> 冷意襲來，頭痛欲裂。在海中飄浮，難辨方向。一個浪過去，夜空打開了又收起來，繁星點綴在海上。
>
> 他說：“Salame, por favor, Salvame”(西班牙語：救我，求祢打救我)。他向瓜達盧佩聖母(Our Lady of Guadalupe)祈求。
>
> 在寒風刺骨的2009年3月24日凌晨，57歲的Jose Arias掙扎求存，在新澤西開普梅對開66里以外的大海裡。最接近的燈光來自半里以外另一艘船，對方卻看不到他。再遠一點，一艘巨型貨櫃船向費城駛去。

---

2 《紐華克明星紀事報》記者Amy Ellis Nutt跟進一踪漁船沉沒事件近一年，事件釀死六死一傷，於2010年11月底刊出的系列報導作品揉合偵查、美國漁業概況、人物專訪風格，奪得2011年普立茲特寫獎。系列見：https://www.nj.com/news/index.ssf/2010/11/the_wreck_of_the_lady_mary_cha.html。

> Jose Arias當時不知，他六位朋友全部已罹難，而紅色的帶子漁船Lady Mary已倒插在太平洋的海床上。它沉沒之謎，一直讓航海界困惑至今。[3]

每次我朗讀這段文字，我都會引導學生，試幻想一下在戲院看《少年Pi的奇幻漂流》一樣的電影：想像黑夜的海上，鏡頭大特寫拍攝著男主角，中年的墨西哥裔漁民在波濤洶湧的海浪裡浮沉，混亂中他以西班牙語絕望地向他所信靠的聖母禱告。然後，鏡頭漸漸拉遠，另一艘大輪船駛遠，懷疑是撞沉漁船的始作俑者不顧而去。

記者Amy Ellis Nutt為了寫出這段文字，曾經在惡劣天氣乘坐漁船出海體驗，也曾試穿救生衣在海裡載浮載沉。那種現場感不是虛構出來，而是透過嚴謹的採訪功夫重組而來。

我問同學：記者寫這場海難，漁民在海裡飄浮時，他用西班牙語祈禱的原文為何要寫出？為何要在文章開端點出漁民信奉的聖母來自墨西哥天主教？既然這個故事主要講海難原因，例如航海安全系統失誤、事故調查機制漏洞，漁民的禱告這個細節有何重要呢？我解釋，這些小節讓我們知道他的身份是一位來自墨西哥窮鄉僻壤的移民。美國社會對來自中南美洲的移民懷有一些歧視，而美國漁業興盛靠的是低層人物的付出。

這宗海難於2009年3月發生時，並不受到重視。雖然死了六個人，但由於漁民社會地位低微，報導篇幅不多，被當作一場意外。還是靠記者Nutt鍥而不捨追查，才發現事有蹊蹺。

這篇作品其實可以用傳統偵查報導的形式來撰寫，披露海難事故

3 英文原文見：https://www.nj.com/news/index.ssf/2010/11/the_wreck_of_the_lady_mary_cha.html，作者自行翻譯。

的各方失誤，但作者選擇了特寫。這個選擇是聰明的，因為這宗新聞對讀者吸引力低，特寫的行文風格增加了故事的可讀性，變相喚起更大的社會關注。透過特寫，記者得以替面目模糊的小人物發聲。

這篇文章聚焦在七位漁民身上，但目標更遠大，是要為整個行業被遺忘的犧牲者發聲。Nutt在文中寫道：「今時今日，快要絕種的鯨魚得到的保護，要比漁民得到的保障更多。當漁民死在海裡，沒有人理會，遺體找不回，最終被公眾遺忘。」

讓小人物的生命不會被枉然犧牲，新聞特寫往往有這個為弱勢發聲的使命。

* * *

過了一段時間，香港的夜海也吞噬了39條人命。就在2012年十一國慶的晚上，剛巧也是中秋夜，一艘載著港燈公司職員和家屬出海觀賞煙花的船，在南丫島對開海域被另一艘小輪撞沉。事發之後，全港市民都關注事件，但過了幾天，如何能持續喚起與讀者的關注？特寫是一個好方法。

災難過後兩天，《蘋果日報》記者張嘉雯採訪了家屬，寫了這段文字：

> 夜涼如水，晦暗的海洋像無底洞，國慶煙火燒得璀璨之時，他們在月下苦苦掙扎，他們伸手找救生衣，他們死命抓著欄杆，奮力游出顛簸的水面，對抗拉他們到深海的巨大力量。他們很想活著，與同船渡的同事、共枕眠的夫妻、如手足的兄弟，看一眼天上宮闕，今夕是何年，可惜再聰慧的學生、再熱忱的社工，如今隨水而去，再見竟已是來生。

此段文字紀錄了中秋夜令人悲慟的一幕，卻無緣於翌日《蘋果日報》刊出，因為版面稿擠被刪掉了。如此遭遇，可見香港傳媒人對特寫文體不夠重視。[4]

最終見報的文字，剩下了張嘉雯採訪一對新婚夫婦的故事。

> 兩週前，兩家人喜孜孜做親家，蜜糖月未完，再會竟是白頭送黑頭。南丫島海難一聲撞擊，把新婚兩週的林氏夫婦分隔，買樓的計劃、補拍婚紗相的願望，隨著林的離世長埋海底。
>
> 本身是港燈員工的林嘉敏昨早證實罹難，他與任文職的妻子劉文麗同樣二十出頭，拍拖數年，在9月17日結婚，剛度完蜜月回港。二人本週一參與公司舉辦的賞煙花活動，早上11時出門，文麗1時登船時曾致電媽媽報平安，當時身穿啡色裙子，手上仍留著為結婚而做的水晶甲。

就像遭逢海難的美國漁民Jose Arias，我們記得他滿口西班牙語，在絕望中會向墨西哥的聖母祈求；這位新婚妻子也不是面目模糊的陌生人，讀者知道她名字有種香港九十後女生的氣息：「劉文麗」這位新娘子平日會穿啡色裙子，還為了剛過去的婚禮特別去了做水晶甲。

這個時候，我通常請學生舉手：誰做過水晶甲？班房裡不少是女生，這個問題總會引發同學之間熱烈討論，同學們交頭接耳、七嘴八舌地討論關於水晶甲的種種。有學生就舉起了釀著閃石的指甲

4 特此刊出，感謝記者張嘉雯讓我在這裡刊載。

給同學欣賞，也有學生投訴說做水晶甲甚費時間，若不是有重要日子來臨，不會特別去做。討論之間，劉文麗由一個文章裡的陌生人，慢慢變成一種親切而熟悉的存在。因為一對水晶甲，掀起了讀者的同理心，令人體會到這位新娘子對婚禮的期待，對她和丈夫二人均命喪於海難，無不感到難過。

災難越大，越容易讓人產生距離感。我們沒法想像在漆黑的海裡掙扎的絕望，我們不願意想像喪命於大海的痛苦。但一聲對聖母的禱告流露出來的求生意志、一雙剛做的水晶甲透露了主人對新婚的期盼，我們立即和故事主人翁產生了連繫，一種人性的連繫。

* * *

我的課堂有來自中國大陸的學生，我特別會挑選關於中國的特寫文章，以說明好作品無分地域。就在2016年7月，河北邢台市發生了一場奪命洪水，死亡人數不確定。但好的文章只需要記下一個主人翁，就能說明整場洪水的殘酷。端傳媒記者吳婧親赴災場，訪問一位命喪水災的軟骨病患者「高小四」的家屬，記下了他的故事。[5]文章是這樣開始的：

> 軟骨病患者高小四死於2016年7月20日凌晨。
>
> 7月19日深夜，貫穿河北省邢台市的七里河在暴雨的連日注入下決口，洪水一路向東，在20日凌晨衝

---

5 2016年7月19至21日，河北省刑台市下了破歷史紀錄的大雨，七里河決堤，河水湧入十多條村，引致數十人死亡。有批評指河流被收窄及水庫排洪引致災情加劇，亦有村民表示收不到撤退指示，大賢村為其中一條受災村子，死者包括兒童。端傳媒報導見：https://theinitium.com/article/20160725-mainland-xingtaiflood2/。

進了大賢村。

高小四的母親驚醒，發現洪水湧入家門，咕嘟咕嘟往上漲。年過七十的老太太把沙發搬到床上，讓高小四爬到上面。高小四說：「媽，別管我了，你走吧，你趕緊上房吧。」

母親跑到屋外，順著梯子爬上屋頂。她放心不下，喚著高小四的乳名：「小三兒——」

高小四在屋裡答：「哎。」

「小三兒——」

「哎。」

「小三兒——」

高小四沒再應聲。屋外，天昏地暗，雨下如注。

是巧合吧，這篇文章的開端和獲普立茲獎那篇美國船難特寫的開頭，有異曲同工之妙。面對大災難，作者沒有先寫出硬資訊，例如時、地、人等資料，而是寫了一個小人物的說話，在大水要來之前，跟母親的最後對話。

我的學生來自中國內地大江南北，總會找到同學懂得說河北話。我會請學生在班房裡朗讀高小四和母親的對答，同學都聽得如痴如醉。即使不懂河北方言，那種對話的聲調和氣息，流露出鄉間獨有的質樸感。即使我們不認識高小四，但憑著這個草根味道濃厚的名字，聆聽著樸拙的河北方言，即使同學們多數來自大城市中產家庭，大家也無法按捺著泛起的同理心。朗讀完畢，班房裡總會瀰漫著一種死寂，一種為中國底層人物命如草芥的無聲感嘆。

* * *

三篇文章，三場災難，三個不同地域的受害者，來自美國、香港、中國內地。透過特寫新聞的筆觸，他們由遙遠的陌生人變成了親切的鄰舍。虔誠的墨西哥漁民Jose Arias、愛美的新娘子劉文麗、孝順的軟骨病人高小四，在寫手筆下活靈活現，新聞特寫記下了他們每一張獨特的臉。

如此比較，我們可以看到新聞特寫的一些特點。第一，傳統新聞寫作的第一段，行內稱作「導言」，多數以「倒三角／倒金字塔」為標準寫法，強調把宏觀事件的客觀資料寫出，例如一場災難在哪裡發生、死了多少人、估計發生原因等。

特寫文章開端往往不是記錄硬資訊，撰寫風格自由得多。第一段主要用作設定氣氛，吸引讀者，不少時候會以一個人物的遭遇或一個震撼的場景作開始。如同觀眾入戲院看電影，一開場那五分鐘必須引人入勝，讓觀眾熱切期待。特寫新聞的開頭一樣，務必要讓讀者渴望讀下去。

第二，新聞特寫會把鎂光燈聚焦在個別人物身上。這些人物性格鮮明，有人性有喜惡有欲望，讀下去如同追蹤著主人翁的下場，令我們想解謎：究竟主角能否克服困難，究竟主角內心掙扎著甚麼，究竟人與人之間的衝突能否得到解決……

值得注意的是，荷里活電影可以天馬行空，新聞特寫的人物性格、故事走向必須建基於紮實採訪，絕不能接受任何虛構成份。故此，新聞特寫採訪工夫繁重。就如在海上飄浮的漁民說的那句祈禱語，他的項鍊吊墜是否墨西哥聖母像，也需要仔細核實。

第三，特寫注重細節，但不能流於瑣碎。聚焦人物和場景，目的是見微知著，以小見大，以一粒沙看一個世界。寫Jose Arias的故事，其實是寫美國數以萬計漁民的慘況；寫劉文麗的新婚之喜，是寫香港海上安全的粗疏；寫高小四命喪洪水，是寫水災背後的失誤，寫邊緣人物成為犧牲品。

挑選去寫誰，如何去寫，能否把個人放在宏觀的社會、政治、經濟脈絡去說明問題。就像面對九一一恐襲擊的美國記者Sonny Kleinfield所說，衡量一件事的意義必須放在其他類似事件之中作比較。這是「脈絡」的關鍵作用。寫作前，特寫作者必須搜集足夠資料，累積豐富經驗來判斷如何詮譯人和事。好的特寫文章會讓背景不同的讀者都覺得讀來合理，具說服力。

寫人也一樣，寫一個人的淒慘或寫一個人的快樂，必須建基於這人和其他類似情境的人的比較上。落墨前，必須考慮人物是否有代表性，能否在處理上做到「一粒沙看一個世界」這個新聞價值。否則不少時候，坊間寫小人物故事，容易把個案抽空，報導流於陳腔濫調，要不「賣慘」，要不「賣溫情」。欠缺脈絡的報導有時會做成反效果，讓人對弱勢社群留下一種被動的受害者形象，又或者讓人誤以為單靠個人意志可以戰勝結構性的社會問題。

簡而言之，特寫新聞也要做到公平、公正、公道。不少人誤會特寫不過是妙筆生花、風花雪月、抒發情感。其實，特寫也需要做到一般新聞講究的公平原則，只不過過程婉轉，有時為了平衡各種勢力，在文章結構裡做了處理，或與受訪者互動時下了苦功，或在行文技巧上含蓄地調度，變化多端。由於考慮到不希望影響閱讀樂趣，故一般讀者未必察覺。

第四，新聞特寫講究可讀性。簡而言之，不要把讀者悶到。不少人混淆了「深度」等於「枯燥」，誤以為嚴肅議題寫出來必然沉悶。道理是反過來的，記者的工作是化繁為簡，再深奧繁複的東西，也要思考如何寫得有趣味而打動人。近年普立茲特寫獎作品不乏艱深內容，例如談及美國西部地震帶對人類的威脅(2016年Kathryn Schulz的作品)和早前提及的漁船意外調查文章，內容皆涉及地理學和物理學，透過優秀活潑的寫作，把艱澀的事物說得饒有趣味。

第五，特寫新聞篇幅較長，在香港一般長達數千字，英語媒體刊出的long read上萬字是平常，所以在結構上必須思考如何組織，內文須有起承轉合，結尾更需要埋下伏線，獎勵讀者。可惜不少華文作品字數雖多，段落之間似乎組織鬆散，消耗讀者耐性。

第六，時效性上，特寫反應可快可慢。特寫既能處理突發事件，亦擅長於事過境遷後重新引起社會關注。如本文提及過的兩個例子可作對比，九一一特寫刊於恐襲翌日，漁船沉沒的文章則刊於事發後近一年。

無論是快速的特寫還是慢工出細貨，優秀的新聞特寫文章就像美酒，存放越久越有價值，因為優秀的寫作、動聽的敘事、讓人痛心的新聞人物皆經得起時間考驗。特寫作品無論過了多久，讀來依然吸引，讓人再一次重新回到事發現場，經歷當事人的喜怒哀樂。

總的來說，新聞特寫有雙重目標：為閱讀者提供資訊(to inform)及提供閱讀樂趣(to entertain)。後者所指的閱讀樂趣不一定是快樂或興奮，而是以優秀的文字寫作來吸引讀者，讓人讀來有種手不釋卷的快意。今時今日，不少人都覺得看新聞是苦差，感到既複雜、沉悶又厭惡，某程度上是我們辜負了文字，辜負了讀者，辜負了一個記者的社會責任。如何好好運用文字，做出紮實、真實的報導，重新吸引讀者回歸，是新聞特寫的重要課題。

有質感的閱讀體驗
——特寫新聞技巧

飛機在芝加哥降落。放下行李在酒店之後，我在市中心蹓躂，那天天氣好，陽光灑在大街上，高樓大廈落地玻璃幕牆閃閃發亮，我心中卻泛起一種不明的熟悉感。「這些大廈，這些玻璃窗，像在哪裡見過……」別人說，沒有去過的地方，也可能令人感到似曾相識，那種感覺叫 déjà vu。我打了個冷顫。怎麼可能？這是我第一次到訪芝加哥，2017年夏天。

到芝加哥也沒特別原因，純粹因為我要到鄰近的多倫多探親，順道到此一遊。我經常四處遊歷，卻從未試過在陌生城市經歷這種微妙的熟悉感。我一邊走在街上，一邊從腦袋的深處裡加速搜查：關於高樓大廈，關於玻璃窗……模糊之間，忽然有線索，我想起了！曾經讀過一篇文章，講述一宗玻璃窗高空殺人事件，事發地點……似乎在芝加哥。我立即從手機上搜尋那篇舊文，證實那棟大廈的位置，只距離我所身處的地方半小時腳程。我打了一下冷顫。

舊記憶一下子從深處回來了。記得第一次拜讀這文，身在香港，那時我是個初出茅蘆的記者，參加了由《芝加哥論壇報》記者

Louise Kiernan有份教授的「特寫技巧訓練班」。她當時已拿了普立茲新聞獎，我卻只是一個新鮮人。十數年飛逝於彈指間，此刻我站在芝加哥街頭，失了神，終於明白她有多厲害。

她的厲害在於我從未親身到訪，只靠讀她的文字，竟然產生一種以為自己到過現場的錯覺。這些年後，重讀她文章第一段，描述那玻璃窗如何不偏不倚插進墨西哥裔女死者身上，還是叫人不寒而慄。

> 玻璃墮下時像一道影子，利落安靜，在潮濕的天空劃下了一道陰霾。
>
> 這棟CNA大廈29樓的窗子在三百幾尺的高空已經破裂了數個星期，日曬雨淋，冷縮熱脹，裂痕蔓延在表面，每次風吹過，玻璃片都互相擠壓一次。
>
> 忽然，一塊碎片脱離，它呈三角形，像美食廣場托盤般大小，一邊沾了污垢，另一邊黏著白色膠紙。
>
> 樓下，在South Wabash大道上，如常一樣繁忙，星期五午飯時間，人們急步行過，在微雨中低著頭。
>
> 一個大學生要去光顧攝影店。三個裝修工人提早去吃午飯。停車場職員正在想要不要去隔壁小店買點吃的。
>
> 一個三歲女孩走在前頭。她的母親要去找工作。她們手拉著手。
>
> 試想，這些人在這個時候這個地點出現。若兩個工人沒有等他們的同事放工。若那個學生走另一條路。若那個母親當日由朋友開車接送前來，而不是坐公車去見工？若她停下來紮緊鞋帶或整理衣服？

> 命運把他們帶到這裡。或者是上帝的一念。但甚麼讓那片玻璃脱離而墮下，卻不是機緣，而是人為疏忽……（省略）
>
> 玻璃片下墮的時間在5至25秒之間，最終像一把劍一樣直插進女死者身上，把她殺死。[1]

為了寫這個導言，Kiernan花了半年時間抽絲剝繭，發現這宗不是「意外」，原來玻璃一直存在問題，有人故意隱瞞，最終報導刊出後一年多，死者家屬獲得巨額賠償。

一流的文字背後是一流的紮實採訪。全文洋洋萬字，談玻璃下墮速度只有短短的一句：「5至25秒」。為了寫出這個數字，Kiernan訪問了兩個物理學家、兩個玻璃專家。「很多人誤會特寫記者只需要妙筆生花，但紮實的採訪工作一樣重要。」她曾經這樣説過。

十多年之後，我自己也在採訪生涯有一番領悟。我會説，要寫好的特寫，紮實採訪尤其重要。萬丈高樓從地起，紮實的採訪奠定了地基，以此為基礎，才可以使用下面提及的寫作技巧，提升文章可讀性。離開芝加哥之前，我到了那棟大廈附近，憑弔良久。

技巧一：場景設定

要記述一宗玻璃窗殺人事件，沒有比描述那隻玻璃窗如何從半空中脱離再墮下並插入死者身上這一幕，更讓人心驚動魄了。

特寫打從第一段第一句第一個字起，就肩負起吸引讀者注意力

1　英文原文見：http://www.chicagotribune.com/news/local/breaking/chi-danger-1-story-story.html，作者自行翻譯。

的責任。否則，讀者就會離開，今時今日網上免費資訊唾手可得，讀者的耐性只會更低。吸引讀者的不二法門，就是把文字組織得像一套電影，以一個場景來開始，吸引觀眾留下來。

兩屆普立茲特寫獎得主Gene Weingarten說過：「**長篇文章要有力，不能只提供資訊——它需要製造一種有質感的體驗，像一套電影**。作者不能借助於音效搞氣氛，不能由演員提供臉部表情，作者手上有更厲害的東西：文字的描述能力。細心使用它，慎重而精明地。記著文字是有節奏的，不要像單音般平板。將文字變成活潑的敘事，讓讀者在腦海裡自行建造一座劇院，讓讀者參與成為你的盟友。不要把讀者悶倒，一刻也不要。」

文字搭建的場景一定要真實，可以是過去了的一件事，也可以是作為記者的親身觀察。例如上一章談及的《紐約時報》文章，記者在九一一當天早上親身走過大街小巷，感受恐襲的氣氛。本書女主播一文的開端，我重構了馬尼拉人質事件那天下午主播台發生的事，讓讀者進入女主播的主觀世界。另外，本書裡我寫張超雄退下理工大學教席，透過重組不同學生的口述故事，讓讀者進入張老師的課室，感受他那呆滯但真摯的教學風格。

技巧二：向民族誌借鑑

做記者前，我曾在中大修讀哲學碩士，跟隨馬傑偉教授學習社會科學的質性研究。我曾觀察馬教授跟不同受訪者訪談，有時訪問像家常閒談不著邊際，但慢慢給他理出一些社會現象。這些經驗讓我獲益良多，影響我日後做記者的風格。

馬教授也教導我，如何以人類學的民族誌（ethnography）研究方法記錄社會百態。我曾經在旺角研究露宿者行蹤，長時間觀察，並和社區居民閒談，我知道不少露宿者白天也有工作，晚上才聚在行人隧道裡。我記下了不同露宿者的隨身行李，有些人用衣物掩面，縮在一角打瞌睡，有些人只睡在紙皮上，有些人則有全套床上用品。無家者面貌多樣，他們的存在，說明了旺角獨有的社區文化。

做了記者之後，民族誌的研究方法繼續影響我。這種手法強調細緻觀察，收集各種符號，盡量以他者角度認知世界，有脈絡地詮譯物件和行為，並將細節組合成一張有意義的網。這個手法重視微觀事物，尊重在地感受，強調進入研究對象視角，否定由上而下的大論述和大敘事。

漸漸，我發現自己的採訪風格背後帶有社會科學的人文關懷精神。面對陌生的群體，我不願把他們物化，防範自己的獵奇眼光；記者和研究者也必須放下身段，以開放態度實地觀察，浸淫在當事人的主觀世界，嘗試感知別人的角度，再向大眾傳遞箇中體驗。

相反，傳統新聞採訪強調客觀、抽離，愛寫大事件大人物大趨勢，較不重視小人物和瑣碎生活細節。我覺得，有時與其聽領導人空洞的說話，不如觀察他的行為舉止，有時細看領導人袖口的腕錶款式，可能比聽他的話了解更多。

不少作家寫大事件，都以收集民間智慧和庶民經歷為其文學創作手法。日本作家村上春樹寫1995年於東京發生的地鐵沙林毒氣事件，其非虛構著作《地下鐵事件》不厭其煩地把數十位受害者的口述經驗逐一寫出，連每個人的回家路線、上班的工作崗位都記下來。諾貝爾文學獎得主、白俄羅斯女作家亞歷塞維奇寫二次大戰，《戰爭沒有女人的臉》記下169個女兵的小故事，細緻記錄了女兵打仗前去了買高跟鞋、穿男裝內褲和鞋子上戰場的心情。

記者打開眼睛，細心聆聽民間的雜音，不厭其煩地蒐集各種微小的生活訊息，這些都是還原真相的寶貴材料。

亞歷塞維奇說，常被質疑為何採取如此寫作策略：「我在收集日常的情感、想法與話語，收集我這個時代的生活。我感興趣的是靈魂的歷史、靈魂的日常面相，這是大歷史通常視而不見或不屑一顧的部份。」她在《戰爭沒有女人的臉》後記裡說。

普立茲特寫作品裡，寫作手法常收集了小人物的生活細節。2016年普立茲特寫獎入圍作品“The Lonely Death of George Bell”談一個平凡人在紐約的家孤獨死去，清潔工人翻他的房子，希望理解這個人。作者這樣記述：

> 廚房裡找到幾張過期的六合彩票，一張購物清單寫道：鹽、蒜頭、紅蘿蔔、西蘭花（兩包）、電視節目雜誌。浴室掛著「幸運超市」的日曆，最後一頁揭到2007年8月（距離死亡的2015年八年有多）。

本書收錄的〈只許高官豪住，不許百姓露宿〉一文用的也是這種方法，透過記述無家者的每一件家當，例如一隻用來喝燒酒的杯、貼在床位上的耶穌海報、耶穌海報下的一尊笑佛，嘗試從他們的角度，講述無家者的生活狀態。

技巧三：入微的觀察

搜集細節方法有多種，有人會側重訪問。我個人認為，主流新聞過度重視語言作為傳訊渠道，太過側重問與答。有時面對外界批評，有傳媒人這樣反駁：「受訪者如此說，我們就這樣寫。」受訪者的說話只是多種通往真相的工具之一，但卻漸漸演變成報導材料的唯一。於是新聞變成「你有你講，他有他說」這種七嘴八舌、眾說紛紜的亂局，讀者自然覺得厭倦。

我們要緊記，語言只是人與人溝通的其中一個渠道。甚至，語言能否可靠無誤地傳遞訊息，已經被質疑。

不少心理學研究發現，人與人之間的溝通，高達六至九成資訊是經由非語言渠道傳遞。這些包括身體語言、語氣、眼神、小動作、衣飾打扮等。奈何記者沒耐性或信心去採納這些訊息，一味只開口問問題，猶如拼命從石頭裡取血。

我曾經訪問一位九十歲婆婆，我不斷問她：哪一年從內地來港？哪一年開始做家傭？哪一年母親過身？她的記憶力衰退，沒法線性地說出年份，時間於她只是一些歷史事件，例如「打日本仔的時候」。我有點不耐煩，後來我反省，那是我的錯。這位婆婆沒有讀過書，記憶力衰退，我怎可以要求她像歷史學家般交待自己的故事呢？

我反思到，採訪弱勢社群時單靠語言並不足夠。記者多是讀書人，習慣用抽象語言來思考。九十歲的婆婆或者露宿者都不擅辭令，那是合理的事。他們因為年紀和階層等原因，說話技巧差勁，思考能力也薄弱。這時候記者應該收口，透過觀察來打開話匣子。

後來，我面對那位九十歲婆婆，調整了採訪策略，我轉而觀察她的家居佈置。我留意到一點，她家裡掛著多個月曆和時鐘，但每一個都停在不同時空。我忽然頓悟，一個九十歲的長者，其主觀世界可能就是如此混沌。我靈機一觸，這樣寫了婆婆的故事：

> 走進黎娟的「姑婆屋」，時空像處於混沌狀態。近五百呎的單位，像粵語長片裡的舊唐樓，數間板間

> 房，現在都丟空，或放滿雜物。牆上掛著十來個月曆，數個時鐘，恰巧地，時間和日期也錯置了。2000、2006、2007、2012；訪問的時間在下午2時許，時鐘卻指著4時、7時和8時。
>
> 98歲的黎娟，身形壯碩，有一種「壓場感」，即使她腿部發痛，夏天仍穿毛衣及襪子，健康未必如前，但開口仍然中氣十足。跟她談從前，記者請她說出確切年份，黎娟從不按本子辦事，還嘲笑記者：「點記得嗜，吃飯吃過甚麼餸你記不記得吖？」記者問問題，黎娟從不按問題回答，只說自己喜歡的。你以為她懵懂，她卻精靈過人，知道攝影師悄悄拍攝她的房間，會說：「這些破爛東西有甚麼好拍的？」黎娟的硬頸、幽默，叫大家哭笑不得。

不過，觀察到甚麼，我們也要小心跟進核實。語言以外的東西意思不明，容易引起誤會。

我有一個慘痛的教訓。事緣我的理髮師替我剪髮十多年，每月光顧一次，我們見面逾百次。我一直觀察到他穿衣風格特別，愛穿純白色恤衫。我當時覺得，髮型屋這種地方穿白，會不會易弄污？我一廂情願覺得，這位髮型師太過愛美。

直至最近，他說出原委。我坐在鏡子前，他指著我的髮型，剛好髮尾形狀醒目地呈現在鏡子裡，因為我的頭髮黑色，背景被白色襯托了。那一片白來自他的恤衫。「你看，我穿白，你們的頭髮線條就看得特別清楚。」原來他一身白是為了工作，希望在鏡子前看清楚客人的頭髮，並不是因為他愛美。我感到汗顏，故事的教訓是，觀察到甚麼，務必要問清楚。

有些時候，觀察只是一個線索，不開口追問，猜也猜不到原因。我一位記者朋友鄭美姿，以前在《壹週刊》專職做人物訪問。她曾經採訪中大人類系教授麥高登，這位研究重慶大廈而知名的教授，辦公室地上鋪了地毯。鄭美姿到辦公室找他，看到麥高登的座椅下有一灘奇怪的液體痕跡，附近的牆角則堆滿一罐罐可口可樂。她正猶豫要不要追問。

幸好她開口了。原來教授患有嚴重糖尿病，碰巧早前病發而頭暈眼花，這時候，他伸手拿一罐可樂立即喝下去補充糖分，混亂之際或許把可樂潑到地上。那灘污跡安靜地躺在地毯上，如同留給記者的密碼。誰懂得去發問，就可以取得通往別人生命故事的鎖匙。

技巧四：多找小故事，少找意見

麥高登教授辦公室裡那座可樂山，髮型師堅持穿白恤衫上班，這些小故事皆耐人尋味，發人深省，寫作行內術語叫anecdote。

好的小故事，多數會令人覺得「意料之外，情理之中」。爛的故事只要說到一半已被人猜到，往往因為太過陳腔濫調（cliché）。這些故事都熟口熟面，走不出套路，例如車禍中喪命的一定是「好爸爸」，身患殘疾的人總是「生命鬥士」。

我常跟學生說，若記者未抵達現場已經知道故事是甚麼，那並不是採訪，而是將預先設定的想法套在別人身上，於是出來的故事總是刻板、僵化、陳腔。記者必須帶著開放態度，做足資料搜集，再去現場親身觀察、訪問、思考，才能找到有趣的小故事。

每年秋天，我會派二年級大學生去採訪維港渡海泳比賽，同學呈交回來的功課數以百計，大多都是熟口熟面的「夫妻情深」、「父慈子孝」、「友誼永固」之類，直至我看到這份功課……

這學生找到一位只有十來歲的少年泳手。他說，每次下水前都要請母親為他全身塗滿凡士林潤膚膏。為甚麼呢？原來在海裡，由於參加者拼命向前游，戰況激烈，前後左右都是人，泳手的指甲會互相插入他人身上，讓皮膚留下一道道抓痕，潤膚膏成為保護層，可以減輕傷勢。第一次看到這個血淋淋的故事，讓我拍案叫絕。

我把作品投射在班房的屏幕上，和同學一起讀。我跟同學說：「這個小故事厲害，因為講述了不為人知的戰況。『比賽競爭激烈』是一句蒼白的口號，但這些血色抓痕卻生動而具體地說明了水中戰況慘烈，讓人一邊讀著，一邊也隱隱感受得到皮膚疼痛。」同學們似乎從沒想過可以如此記錄一場比賽，有人忍不住反駁：「我以為這種黑暗的故事不可以寫，因為以前讀中學時，老師叫我們寫的是美好的事。」我答：「來到大學，我們學習一件事：只寫真實的事。」

不少初學者寫文章，沒有注意多找小故事，讓受訪者侃侃而談，對方有時會批評時政、發表偉論，初學者乖乖寫到文章裡。然而，讀者也是凡人，我們並不會喜歡聽人講道理。採訪時若遇到意見太多的受訪者，我會請他們舉例：「你有親身經歷嗎？例如甚麼事件呢？」等到受訪者提供了有趣的小故事，最後才加上他說過較精警的意見，意見只用作畫龍點睛。

特寫新聞最忌一件事，就是「畫公仔畫出腸」。兩屆普立茲特寫獎得主Gene Weingarten說過：「文章裡最重要的文字，就是那些你不直接寫出來的。你用辦法去提示，直到讀者忽然醒覺：『呀！原來是這樣。』這一刻，讀者就由原來被動的旁觀者，變成你的盟友。這樣你就完勝。」

傳媒人之間有一個口頭禪，我們愛說：「這個故仔非常好，這個故仔不太好。」所謂「故仔」其實是指真實的新聞事件。如此稱呼，不無原因。人類自古以來，無論男女老幼不分種族，都喜歡聽別人講故事，透過故事讓人參透人生哲理；對於嘮嘮叨叨、終日只說道理的人，我們都會自動關掉耳朵，作出無聲抗議。

技巧五：活用比喻，化繁為簡

坊間不少新聞寫作索然無味、沉悶枯燥，有時候記者自己也搞不清事件來龍去脈，只機械式地把專業人士的術語搬字過紙。常說，記者必須先行消化受訪者的話，再用自己的話表述出來。

我在有線新聞工作時，上司馮德雄常掛在嘴邊：「講人話。」不少新聞前輩教路，新聞報導用字要平易近人，就好像我們回家被母親追問：「今日發生了甚麼事？」我們如何跟家人談話，就應該用同一種溝通風格向讀者講解天下大事。可惜，不少記者落筆時，往往忘記了受眾是平民百姓。

化繁為簡，如何做到？2016年普立茲特寫得獎作品“The Really Big One”，談美國西岸的地震帶威脅，深奧冷門的地理知識，透過作者Kathryn Schulz的神來之筆，變成每個讀者都會欲欲若試的小實驗。地殼板塊之間的互動，被簡化成任何人用一雙手都可以做的小體操。讀者一邊讀，會忍不住一邊嘗試做。

> 用你的雙手做以下動作：掌心向下，兩隻中指觸碰著。你的右手就是北美洲地殼板塊，上面承受著我們整個大陸，遠至紐約世貿大廈到西雅圖太空針塔，都在上面。左手就是叫胡安．德富卡（Juan de Fuca）的海洋板塊，面積足有9萬平方里。兩隻手的接觸點就是卡斯卡迪亞（Cascadia）隱沒帶。現在把

> 你的左手推向右手下，這就是胡安・德富卡板塊的活動，它正持續緩慢地向北美洲下方推進。當你這樣做，你的右手會掃過左手臂，動作如同捲起你的衣袖，這就是北美洲板塊的活動。它被另一板塊的表面阻礙著，無法推進。[2]

朋友鄭美姿以前在《壹週刊》訪問香港數學家楊榮基，為了表達「博弈理論」是甚麼，她說了一個麻鷹、鴿子和果子的故事：

> 博弈論講求合作和整體利益，例子有如一棵樹長了20個果子，吸引兩隻雀鳥築巢。雙方皆可以選擇當麻鷹或鴿子，以下是推算的結果：(一)若兩者皆當蠢鴿子，協商合作，可各得10顆果子。(二)若一當精麻鷹一做蠢鴿子，鷹拒絕合作而襲擊鴿子，牠可得15顆果子，鴿得3顆，另外2顆於格鬥時丟了。(三)若雙方同當鷹，兩者大打出手，終各得4顆果子，另外12顆全部丟失。假如社會就是這棵果樹，那你會選擇當麻鷹還是鴿子？博弈論的數學模型，就是計算出一個優化的市場模式，讓樹上的雀仔透過合作獲分最大利益，確保此利益高於個人獨立行事所得，牠們才沒有誘因放棄合作，最後成就出一個最漂亮的棋局。

有人會問，化繁為簡反倒令字數變多？別忘記，專有名詞表面看起好像精簡，但其實放在文章內，如同在一間店鋪門口貼上「只

---

2 英文原文見：https://www.newyorker.com/magazine/2015/07/20/the-really-big-one，作者自行翻譯。

限會員」的告示，只有少數「內行人」看得懂才會繼續讀下去，但一般讀者看不明白，會覺得文章不是寫給他們看，會感到洩氣而放棄閱讀。

反之，作者若能花一點心思，把複雜概念消化，再採用平易近人、生活化的例子來說明，讀者不但感到自己被尊重，還因為閱讀趣味增加，而不會介意字數多寡。有時候，字數應多則多，不但不會趕客，還鎖定了這位粉絲的忠誠度。就像上餐廳的時候吃了一道美味的前菜，胃口大開，更想讀下去。

技巧六：注意文章鋪排

紙媒年代版面有限，字數珍貴，惜字如金。互聯網時代字數不限，網絡空間大解放，千字、萬字長文湧現。可是，字數即使可以無限，人的注意力畢竟有限。我們要把讀者視為貴賓，想辦法令他們得到美好的閱讀經驗，而不是去測試人體對文章長度的容忍力。每一字、每一句、每一個段落如何出現，也應該是深思熟慮的成果。像一頓精緻的西餐，頭盤、主菜、甜品的份量和口味，菜色之間如何配搭，應該是廚師的心血結晶。同理，一篇特寫文章，其開端要引起讀者興趣，中段保持緊湊，結局令人回味無窮，鋪排和結構有道，才能令讀者手不釋卷。

早前提及過，好特寫應該像一套好看的電影。我曾經在加拿大主修電影，學習過著名導演如「懸疑大師」希治閣如何鋪排電影、以達至捉緊觀眾注意力的竅門。同一道理，可以用來解說文字鋪陳的秘訣。

同一組內容，不同的調動可以達到不同的觀影效果。例如一個炸彈要爆炸，究竟我們應該一早讓觀眾預先知道將有炸彈於十分鐘後爆炸，好讓他們坐立不安，還是在十分鐘後讓觀眾忽然被驚嚇，始知道有炸彈爆炸呢？電影理論家David Bordwell說，電影會以不同「情節」(plot)來帶出整體的「故事」(story)。後者是觀眾看完電影再在腦海中整合的理解，前者是作者調動鋪排的處理，有時更為了吸引觀眾，製作人會刻意隱瞞和拖延部份內容，如同賣一些關子。

同一套理論放在採訪上，可以這樣理解：記者採訪回來，把錄音帶抄下之後，執筆寫字之前，要停一停、諗一諗，思考一下手上的資料如何鋪陳推出。不少記者把採訪時的次序和寫作次序混淆，把採訪內容順序搬到文章裡，這樣做不理想。

我常跟同學說笑，某天你到百貨公司購物，先買鞋子，再買褲子，然後買了帽子。回家之後，你不會因為鞋子是最先買的，所以把鞋子穿在頭上，然後把褲子穿在上身，再把帽子套在下身吧。你會細看衣物適合穿在身體哪個部位，才再穿上。

同樣道理，最先採訪得到的材料不一定適合放在文章開端，它或許最適合出現在文章結尾，甚至捨棄不用。

讓我用一個小故事說明鋪排的重要性。這是一件真人真事，多年前我在《明報》的專欄，寫了關於一位朋友吃麥皮的故事。

> 認識一個朋友，她曾經長年累月吃麥皮。不是把它當作早餐，而是把麥皮變成午餐和晚飯，對於嘴饞的港人來說，這簡直如同壯舉。
>
> 她解釋，麥皮淡而無味，她有本事把它炮製成佳餚。市面上最大的麥片品牌，分藍色包裝和紅色包裝，前者是快熟裝，後者是即食裝。朋友說，前者有咬口，後者有黏性，她發明把兩種混合，先用熱

> 水浸泡快熟麥片，再用微波爐叮一會，加入牛奶和即食麥片，再叮一陣，便成為最美味的麥片餐。味道呢，五花八門。甜的她會加入朱古力塊，鹹的她會加入罐裝粟米湯，或者混和茄汁沙甸魚吃。我聽到這些古怪味道，也覺得難以入口。
>
> 更神奇是，這種麥皮餐，她不只是吃一個月，而是吃足三年。大家必會猜想，年輕女孩這樣做，肯定為了減肥。但任何減過肥的人都知，瘦身這動機只能讓你短時間忍口，斷不能維持幾年。
>
> 吃麥皮的原因，令人肅然起敬。

讀這篇文章之前，我總會請班上二十多個同學分享一下對「麥皮」這食物的看法。一如想像，大部份未開口，表情先流露出厭惡。有人説，這種食物健康但淡而無味，有選擇的話根本不會吃，最多只會在早餐時吃。要是誰說他喜歡吃麥皮，就會被大家訕笑。

寫文章時，我一直記掛著讀者，想像著我的讀者如何反應，一步步解答對方的疑問。一個會吃麥皮的人，餐餐吃，花款多多；對，她是個女的；不對，她不是為減肥，也不只吃早餐，她吃麥皮的原因嚴肅得多了……讀到這裡，同學們都坐立不安，紛紛要我「開估」。

我故意拖延時間，並請同學記著那一刻的感覺。寫特寫文章，就是要把讀者的好奇心引導到這個狀態，讓讀者不捨得不讀下去。

最後，我開估了。以下是文章的結尾：

> 原來她天生有個怪病，只有乳齒沒有恒齒，幼齒掉落後，需要鑲造假牙，每隻收費動輒數萬元，整棚牙更換便需數十萬元。這少女家境草根，剛出來工

> 作月薪只有九千，六千元交了給牙醫。為了籌措醫藥費，她長時間吃麥皮省錢，謝絕和朋友應酬。
>
> 今日捱過了難關，一口牙齒半真半假，但看下去整齊亮麗，更有一點餘錢吃好一些。她和我在美食當前的餐廳裡，娓娓道來這段麥皮往事。

這位吃麥皮的主角，就是我的記者朋友鄭美姿。我跟同學解釋，我是跟鄭美姿閒聊時知道這個故事的。從一開始，我就知道她為了省錢做手術而吃麥皮。但當我要把它寫出來，我沒有先寫罕有病，因為患病的人「罕有」，以此去開始文章難以引起共鳴；相反，吃過麥皮的人多如天上繁星，無論是喜歡還是討厭麥皮的人，都會對文章產生好奇。這個寫法不只提升了讀者興趣，也有助網羅最多的讀者人數。

這篇麥皮文章只是小品，數百字也講究鋪排，更何況是千字萬字長文。

要數優秀的文章鋪排，我會和學生一起欣賞一篇中國內地的特寫作品：《中國青年報》2011年作品〈永不抵達的列車〉。[3]如果把文章用手術刀解剖，可以看到清晰的結構，文章活用了有如電影常用的交叉剪接手法。交叉剪接其實即是「梅花間竹」，把同一時間不同空間敘事互相穿插。西方電影《教父》第一集結尾就是交叉剪接的經典，嬰兒在教堂領洗和黑幫廝殺的畫面穿插並列。此手法令觀眾有如擁有上帝般的視角，穿梭於不同時空，令故事緊湊，也感受到天意弄人的無奈感。

3　原文見：http://zqb.cyol.com/html/2011-07/27/nw.D110000zgqnb_20110727_1-12.htm。

〈永不抵達的列車〉記述2011年7月23日晚的列車追撞事故，以一男一女為主角，他們是同一所大學的學生，從北京登上同一班往溫州的列車，結果不幸喪命。文章細緻地述説兩個學生的背景，讓讀者投入兩位主角的生命，至事故發生一刻，文章忽然把觀點拉遠，讓人看到兩架列車裡的眾生苦難，後半部份則又聚焦回到兩位主角身上，交待親友尋人和發現兩學生遺體的悲慟。文章結尾更是神來之筆，賣了一個關子，讀來讓人心痛。

西方稱特寫文章為long read。字數多，更需要緊湊，更重視結構，更珍惜節奏。讀者如果一氣呵成把文章讀到尾，我們必須花點心思回饋讀者的忠誠。

認識你的閱讀受眾，掌握他們的心理，誘導他們進入文章。每次落筆前為文章爭取最大的讀者群，構思如何引起讀者最大的好奇心，讓讀者由始至終都捨不得不看下去，同時不在新聞真實性作出妥協，是特寫記者永恆的痛苦，也是永恆的挑戰，永恆的樂趣。

破格，可以嗎？
——特寫新聞的原創性

我曾經擔任過一個新聞攝影比賽的評判，五個評判團成員包括攝影專家、藝術學者、電影導演，我是唯一的寫字人。評審過程比想像中嚴謹，從中午熬到晚上九時，在一間房裡，五個人對著逾千幅攝影作品，時而欣賞，偶爾討論，間中爭拗。

其中一個獎項叫「人物」(Portraits)。甚麼叫「人物」呢？不少新聞比賽的參賽指引都偏向簡單，希望留有空間給評判，只要是關於「行為、特寫、個性的刻劃」就可以參加。我們看到的作品不外乎殘疾孩子、邊緣社群、社運人士、落難政客。獨有一張照片格格不入，主角是個女機械人，在攝影師鏡頭下，機器人瞇起一隻眼，似笑非笑。評判之間熱烈爭論，有人說：「機械人算是『人物』嗎？參賽者交出這張相，就是要我們回答這問題。」後來，機械人拿了「人物組」冠軍。

結果一出，有人批評，有人讚賞。

* * *

新聞不只是一門技術，它還是一門社會科學。隨著時代向前走，政治、經濟、文化局勢的演變，新聞也需要像生物般有機地成長。新聞需要變革，回應時代需要。

美國普立茲新聞獎創立逾百年，也經歷了演變。隨著科技進步，有些獎項不合時宜，「電報新聞獎」和「駐外記者新聞獎」均於1947年起停頒。隨著網媒興起，ProPublica早年獲獎，打破了紙媒對普立茲獎的壟斷；自由撰稿人也開始獲得寫作獎，全職記者不再獨領風騷。有些新聞範疇如「政治漫畫獎」則歷久不衰，自1922年到現在仍然每年頒發。

「新聞特寫」作為一個獨立獎項始於1979年，不算年輕也不太老。新聞特寫如何才算好？普立茲大會說：「優秀的特寫可以利用任何新聞採訪工具，達致高質素寫作，並以準繩和原創性取勝。」[1]

上一章我已談過新聞特寫常用的寫作技巧，這一章我想談及特寫的「原創性」。

不少人以為，新聞講究客觀、持平、公正，但是這些原則抽象。於是坊間有人理解記者的工作為被動地紀錄的工序，亦即民間所說的「有碗話碗，有碟話碟」，不知道新聞也有「原創性」可言。

事實上，近年普立茲特寫獎一些被表揚的作品，其價值正是因為敢於挑戰傳統新聞採訪方法，並敢於在寫作手法上創新。這些作品可以讓我們反思：新聞特寫有沒有不能觸碰的邊界？

* * *

1 普立茲新聞獎官方網站英文原句："For a distinguished example of feature writing giving prime consideration to quality of writing, originality and concision, using any available journalistic tool."

這年頭，不少人說不想看新聞，越看心情越低落。西方新聞學重視記者作為第四權的角色，於是新聞往往以揭露社會弊端為主，報導內容偏向灰暗。這種價值反映在普立茲特寫獎項的作品題材上。翻閱近年得獎作品，均反映美國社會的陰暗面：出戰中東的美軍患上創傷症候群，墨西哥移民投奔美國的逃亡路徑，白人至上極端份子懺悔自己過去的無知，白人青年衝入黑人教會槍殺教友，被疏忽照顧的孩子失去了童年。

不少傳媒人都說：「要拿新聞獎，一定要寫這類型題目，嚴肅、沉重、灰暗。」

這說法被推翻了。2008年特寫得獎作品"Pearls Before Breakfast"猶如一道清泉。它談都市人容易忽略了身邊的美麗事物。如此老生常談，採訪手法卻一反傳統。那些年，還未有人用「社會實驗」這個潮語，但《華盛頓郵報》記者Gene Weingarten就做了這麼一件事，他設計了一個實驗，測試都市人的審美眼光。

他邀請了著名小提琴家Joshua Bell客串一下，在地鐵站裡賣藝。他原來計劃邀請馬友友拉大提琴，可惜計劃胎死腹中。不過Joshua Bell也是頂級音樂家，紐約一場演奏會門票收費高達每張二百美元。這天，Joshua Bell在華盛頓一個地鐵站裡賣藝，記者以隱蔽鏡頭拍下來去匆匆的人，45分鐘過去，停下腳步的人不多。逾千人經過，只有一人認出這位音樂家，賣藝成績強差人意，總收入只有三十多美元。

這篇得獎報導是建基於一個設計的、虛構的、原來不存在的場景。路過逾千個路人都成為這篇報導中「被欺騙」了的人。

有一種說法，新聞記者不應參與到事件裡，也不應該干預事件發展。有人舉例，記者應該像一隻蒼蠅趴在牆上，被動地吸收四周資訊，減少對客觀現實的任何程度介入。

"Pearl Before Breakfast"的採訪過程，突破了這種說法。可是，報導不但沒有被抨擊，還有許多人讚賞。只要細讀文章，可見記者採訪之前思考周詳，計劃完善。文中交待了這個實驗的理念和做法。採訪團隊向現場人士稱，報館正在進行一項「關於交通使用者意見的相關報導」，取得過路人的聯絡電話，既不用講大話，又成功保持了神秘感，最終記者以聰明又合乎情理的手法，採訪到不同路人對賣藝者的反應。雖然採訪涉及設計一件虛構事件，但讀者都會覺得無傷大雅，沒有人受害，更有人受到感動，整件事在執行上合乎新聞倫理。

在寫作上，此文更是無懈可擊，作者用字淺白，卻能採納哲學、美學、文學等概念，讓讀者反思甚麼是美，思考賞美的環境因素，領悟到人生太多錯失了的美，從一場地鐵站裡的音樂會一直寫到關於生命意義。如此文章讓人反思人生，從採訪到寫作都具原創性，自成一家。

這種特寫可稱為「介入式特寫」。記者透過某種程度的參與，在採訪過程中適度介入，只要小心檢視沒有違反新聞倫理，新聞特寫的自由空間其實是無邊無際的。

* * *

年輕時，我也籌劃過一次介入式特寫。

2005年5月，我還是初出茅蘆的記者，到天水圍採訪一宗車禍。一名踩單車上班的婦人，從天水圍的家踩單車到流浮山途中被貨櫃車捲入車底死亡。我親身上門探望死者家屬，一室愁雲慘霧，稚子安睡在床上，丈夫和老人一面哽咽，一面在客廳摺紙元寶。

那年頭香港經濟不景，天水圍因為地理上如同孤島，居民工作困難，也因為區內時常發生倫常慘案，有「悲情城市」的外號。這家人住在天水圍北的公屋，丈夫做髮型師，太太為了幫補家計，在附近的流浮山找到一份工作。由於天水圍交通不方便，搭公共交通工具轉折，車費又貴，於是妻子想到踩單車上班。

我到了車禍地點觀察，站在馬路上不一會兒便發現，這條從天水圍通往流浮山的馬路根本不適宜貨櫃車行走。它只是一條鄉郊小路，單線行車，路面狹窄。

從我對這個社區的研究，我很快知道這宗不是「意外」，而是規劃出來的人禍。

天水圍住宅多，區內就業不足。流浮山已是最接近的遊客區，海鮮餐廳林立，斃命的婦人就是到餐廳做雜工。可惜，婦人居住的天水圍北沒有交通工具直達流浮山，婦人唯有踩單車。偏偏，她走過的馬路因為鄉郊農地被人用作貨櫃停車場而變得危機四伏，婦人才會在那個下雨的早上命喪輪下。

婦人想脫貧，婦人想自食其力，婦人勤力工作，婦人不怕辛苦踩單車也要上班，婦人最終的結局卻是這樣。一環扣一環，錯的不是這位婦人，而是社會。我義憤填膺。

我想到要跟進這件事，為的不只是這位枉死的婦人，而是為其他一樣努力的基層吐一口悶氣。不是大家不夠努力，是社會太過不公平。

* * *

在資深編輯的建議下，我們相約了時任扶貧委員會委員羅致光（2017年中，他成為了特區政府的勞工及福利局局長）。我們以報館名義邀請他一起踩單車，重走這條「死亡之路」，一起經歷婦人嘗試脫貧的路線圖。

羅致光欣然赴會。可是，我和他每人踩一架單車，踩了一半路程已經因為太危險而打了退堂鼓。我把這次踩單車的經歷寫成了一篇特寫。

事後回想，我能夠構思此「社會實驗」，是建基於我對天水圍社區的通盤理解。多年來我一直專注採訪社會福利新聞，經常跑天水圍，熟知該區各種問題。婦人的不幸只是觸發點，反映到更深層次、更宏觀的區域性貧窮問題。在此背景下，我認為邀請相關官員一起踩單車，是合適的報導方法。

那一次踩單車之後，不少傳媒也嘗試這種實驗。香港電台後來推出了《窮富翁大作戰》，節目邀請達官貴人用不同方式感受一下基層的生活，例如入住劏房、掃街、洗碗等。這些採訪手法漸漸為社會所接受，若執行得宜，即使場景是虛構出來，已經沒有人認為違反新聞道德了。

華文社會裡，由支持者捐助運作的台灣網媒《報導者》於2015年底新開張時，曾推出過一個出色的「介入式特寫」。台灣其中一個基層工種叫「舉牌人」，工作就是在馬路邊舉著推銷樓盤的廣告牌，從事這工作的都是社會最弱勢人士。記者王立柔以臥底身份加入舉牌人行列，披露勞工保障漏洞。特寫作品〈舉牌人朝不保夕的勞動真相〉[2]一文長達1.5萬字，《報導者》總編輯何榮幸跟我說，這篇文一直居於《報導者》初期文章點擊率前十名，在Facebook的轉貼分享

---

2 「舉牌人」負責在繁忙街道旁向經過車輛舉起廣告牌。該工種由低學歷基層擔任，工資低廉，保障欠佳。2015年12月中，台灣網媒《報導者》派出記者混入報社擔任舉牌人工作，紀錄者記述了自己的心路歷程，也記下了和其他工人、報社職員之間的相處，並把報社「假自僱」的情況向官方勞工機構舉報。詳見：https://www.twreporter.org/a/2015-brand-life。

相當熱烈，可見字數多不一定讓讀者卻步，只要言之有物，還是會備受讀者青睞。

* * *

事實上，不少優秀的非虛構類文字作品，搜集資料的過程都涉及作者親身長時間與受訪者生活，而不只是冷眼旁觀。這個做法接近人類學、社會科學的田野考察（field observation）研究方法。

2017年普立茲非虛構書籍得獎作品*Evicted: Poverty and Profit in the American City*（中譯《下一個家在何方？驅離，臥底社會學家的居住直擊報告》）以八個美國底層家庭來談美國貧窮問題。作者書寫時像完全潛入窮人皮下，細緻記錄了生活點滴：孩子吃不飽，搬家經常轉校；受著情緒病困擾，以毒品解痛的心態；找警察、法庭或社工幫助，到頭來被進一步剝削。黑人去睇樓，不租；作者是白人，立即獲得禮遇。如此深入描述，來源是靠作者長時間搬入貧民區，和當地居民同吃同生活。作者乃哈佛大學社會學教授戴斯蒙（Matthew Desmond），他出身基層，父母也曾被逼遷，在讀博士時致力研究美國窮人問題，此書正是博士論文改寫而成。田野考察期間，他不只面對惡劣衛生環境，社區更是受毒品、火警、槍擊問題困擾，有住處連熱水也沒有。最終他獲得住客和業主信賴，讓他揭破一批業主從貧民窟租客身上牟取暴利。

另一位美國記者梅英東，為了寫北京逝去的胡同社區，在北京奧運前搬入胡同裡，和老百姓一起生活，一起蹲公廁，體驗基層北京人的鄰里關係，他把自己的經歷寫成《消失的老北京》。不少內地人都說作品夠深入，不少老北京也沒有他這種地道體驗。

梅英東曾經在台灣接受記者房慧真訪問，他說過：「我很不喜歡像記者一樣快速的獵取，我去西安，跳下火車，採訪一些可憐的人，說政府沒幫助他們。六個小時之後我跳上火車回北京，過了一個月，我根本不知道這些可憐人到底會如何，每個故事都沒有結束。在我的書裡，我跟著我採訪的人好多年，在他們身邊看著事情如何演變，這是當記者做不到的。」

我在中大的同事李立峯教授便說過：「最好的採訪，應該就像學術研究。」

* * *

記者寫文章，究竟如何形容自己，應不應該形容自己，還是讓自己隱沒，這種討論在記者之間經常引起激辯。

有人說，好的新聞寫作，記者應該不存在，像透明一樣。

事實上，經典的新聞特寫寫法，記者的確有如隱形人。

我曾經到日本廣島並到訪原爆紀念館，紀念館書店有售賣一本著作*Hiroshima*。此書由美國記者John Hersey（約翰．赫賽）在1946年、原爆一年後寫成，被紐約大學譽為近代最重要的新聞作品。作者記述了六個日本平民的原爆故事，報導長達三萬餘字，在*The New Yorker*破天荒以一整期版面刊出，至今此書已賣出三百萬本。

作者筆觸細緻冷靜，客觀抽離地描述慘絕人寰的災難，記者角色極其低調，把自己的存在縮到最小。全書近乎找不到記者的主觀感受，連「我」字都沒有出現。如此冷靜、克制、低調的存在，被奉為西方新聞學模範記者的角色。但作品刊出於1946年，距今已70多年。

* * *

新聞版面上，一旦涉及記者的看法和觀點，究竟是要隱沒，還是可以明確寫出呢？我曾於不同媒體工作，發現每間傳媒機構、每一個部門主管的看法都不同。總的來說，如果這樣寫還是可以接受的：「記者當時看到……」、「筆者當時……」。若直接寫「我」字，則沒有多少新聞編輯容許。

碩士期間在中大跟隨馬傑偉教授學習質性研究時，第一篇田野考察報告我寫旺角露宿者，馬教授甚為喜歡，視之為佳作。整篇文章他沒有改過一字半句，唯獨是從頭到尾，花花碌碌地改掉了一個詞語——我原來自稱為「筆者」，被教授通通改成「我」字。

我思考了很久。「筆者」似乎客觀一點，「我」字顯得很主觀。我還以為客觀一點更好。怎知道，原來刻意忽視自己存在也是一種天真；承認「我」的存在，其實等於承認研究者（記者）對田野無法不作出一定程度的干擾。

這種頓悟，對今時今日的新聞界，或許有參考價值。

* * *

同事區家麟著作《二十道陰影下的自由：香港新聞審查日常》談及香港近年傳媒生態。一些新聞主管標榜「中立」、「客觀」、「專業」等新聞價值，實質卻進行新聞審查。市民也意識到，一些標榜客觀中立的新聞操作不一定等於理想，有人已批評這些做法其實是「假中立」、「偽客觀」。

記者承認自己的主觀性，某程度上也是一種進步。我要強調，承認主觀性不等於濫用，任何採訪還是要搜集足夠資料，在清晰的脈絡下作出報導才是理想做法。承認主觀性不等於以偏概全，記者選擇以主觀聲音寫作，也要審慎而有意識地使用。

碩士畢業後我到報館工作，「我」字又變回一個業界禁忌，行文時最多會自稱「記者」。不過，副刊版面自由度大得多，可以多點使用「我」字。新聞版面的話，記者通常把自己的聲音縮到最小，以配合業界公認的慣常做法。

* * *

回看普立茲特寫獎歷年得獎作品，可見不同年代的寫作風格並不一樣。早年作品多採取第三身客觀描述，近年記者的主觀聲音則明顯得多。

於2008、2010年兩度獲得特寫獎的《華盛頓郵報》記者Gene Weingarten在作品裡完全不羞於使用「I」、「me」等自稱。他曾出版特寫作品集，[3]二十篇作品裡均常見第一人稱，可見對於教條式的新聞寫作法，他不屑一顧。

事實上，2013年普立茲特寫入圍作品把記者主觀視覺發揮到極致，因為新聞題材的主角就是記者。入圍作品“Never Let Go”[4]談的是女記者第一身經歷：她作為母親誕下了早產嬰的心路歷程。

記者Kelly Benham這樣開展她的文章：「我的孩子在超聲波監察器上最初如同一團黑白色的影子。從一圈難以明狀的陰影，變成

---

3 Gene Weingarten, *The Fiddler in the Subway: The Story of the World-Class Violinist Who Played for Handouts... And Other Virtuoso Performances by America's Foremost Feature Writer* (Simon & Schuster Paperbacks, 2010).

4 英文原文見：http://www.pulitzer.org/finalists/kelley-benham，作者自行翻譯。

一個圓形，跟著生出了小手小腳，然後看到清晰的手指，再來是臉孔。按著預計的日子，她在我肚裡晃動和運勁。」

當然，故事不只是圍著「我」，這位媽媽記者在文章裡進而調查了其他早產嬰的資料，由記者個人經歷開始，寫全美國其他母親的故事，關於早產嬰兒帶出的醫學倫理反思。

* * *

2017年新聞特寫得獎作品 “A Most American Terrorist: The Making of Dylann Roof”，由一宗教會殺人事件開始說起，事件反映了美國民間的種族仇恨、槍械管制失靈、社會極右風氣泛濫等，一次過回應了美國當代最火熱和逼切的社會問題。

2015年6月17日，白人青年Dylann Roof進入南卡羅來納州查爾斯頓一間非洲裔美國人聚會的教會，槍殺了九名正在祈禱的黑人。記者嘗試訪問槍手的親友，了解他的行兇動機。

記者Rachel Kaadzi Ghansah不單有紮實的採訪功夫，她的文字流麗，寫作風格獨特。她不羞於在文中披露自己作為一名非洲裔美國女性的觀點，甚至把自己對種族關係的反思化成文章裡精彩、細膩、感人的句字：

> 我的黑色身體避無可避。它阻礙我融入群體裡。我沒法參加崇拜而不被注視。在Dylann Roof上的教會，一個年輕白人女性和一個中年白人男性友善地招待我。但當我踏進教會被安排坐在後排，卻惹來注視目光，我覺得自己像個小偷，要把別人的上帝搶走。是因為我不懂唱那些聖詩，還是因為我沒有領聖體，還是因為我是黑人？我不知道。……

> 我是一個黑人女性，奴隸的後裔，我重踏Roof走過的路，一條大剌剌被標誌為「奴隸街」的舊房子群裡。我站在一些人形模型旁，留意到這些模型是用來呈現在困苦之中的黑奴，但莊園的男女主人們卻沒有變成人形公仔被展示。我聽到一班白人女性來參觀橡樹巷莊園，其中一人忍不住讚嘆：「真美，即使照片也無法公允地呈現那種美。」

文章這樣作結，記者直接把「我」的觀點和行為寫入：

> 因為我知道Dylann Roof，他就是仇恨本身，因為我知道他是仇恨，我明白為何他以為自己不受限制，踐踏公義直到永恒。他不可以，沒有人可以。
>
> 他在沙灘上寫下仇恨，我就在旁邊寫了九個（槍擊案死者的）名字：Clementa Pinckney、Tywanza Sanders、Cynthia Hurd、Sharonda Coleman-Singleton、Myra Thompson、Ethel Lance、Daniel Simmons、DePayne Middleton-Doctor、Susie Jackson。[5]

Ghansah行文時流露的個人想法和主觀角度，成為了這篇文章的優點。普立茲獎評判解釋，這文章得獎是因為作者以獨特而有力的筆觸，混合使用採訪報導、第一身反思、對歷史和文化趨勢的分析，來解釋兇手Dylann Roof殺害查爾斯頓Emanuel AME教會九名會眾的事件。[6]

---

5 英文原文見：http://www.pulitzer.org/winners/rachel-kaadzi-ghansah-freelance-reporter-gq，作者自行翻譯。

6 原文："For an unforgettable portrait of murderer Dylann Roof, using a

如此看來，特寫新聞容許破格，鼓勵創新。無論從新聞取材、採訪手法到書寫形式，寫作者應時刻保持一顆不斷探索的心，多走一步，實驗一下，思索如何更有意思地呈現真實世界，不受限於教條式的新聞慣例。敢於開創，更尖銳地開拓書寫的可能，是新聞特寫的特性。

---

unique and powerful mix of reportage, first-person reflection and analysis of the historical and cultural forces behind his killing of nine people inside Emanuel AME Church in Charleston, S.C."

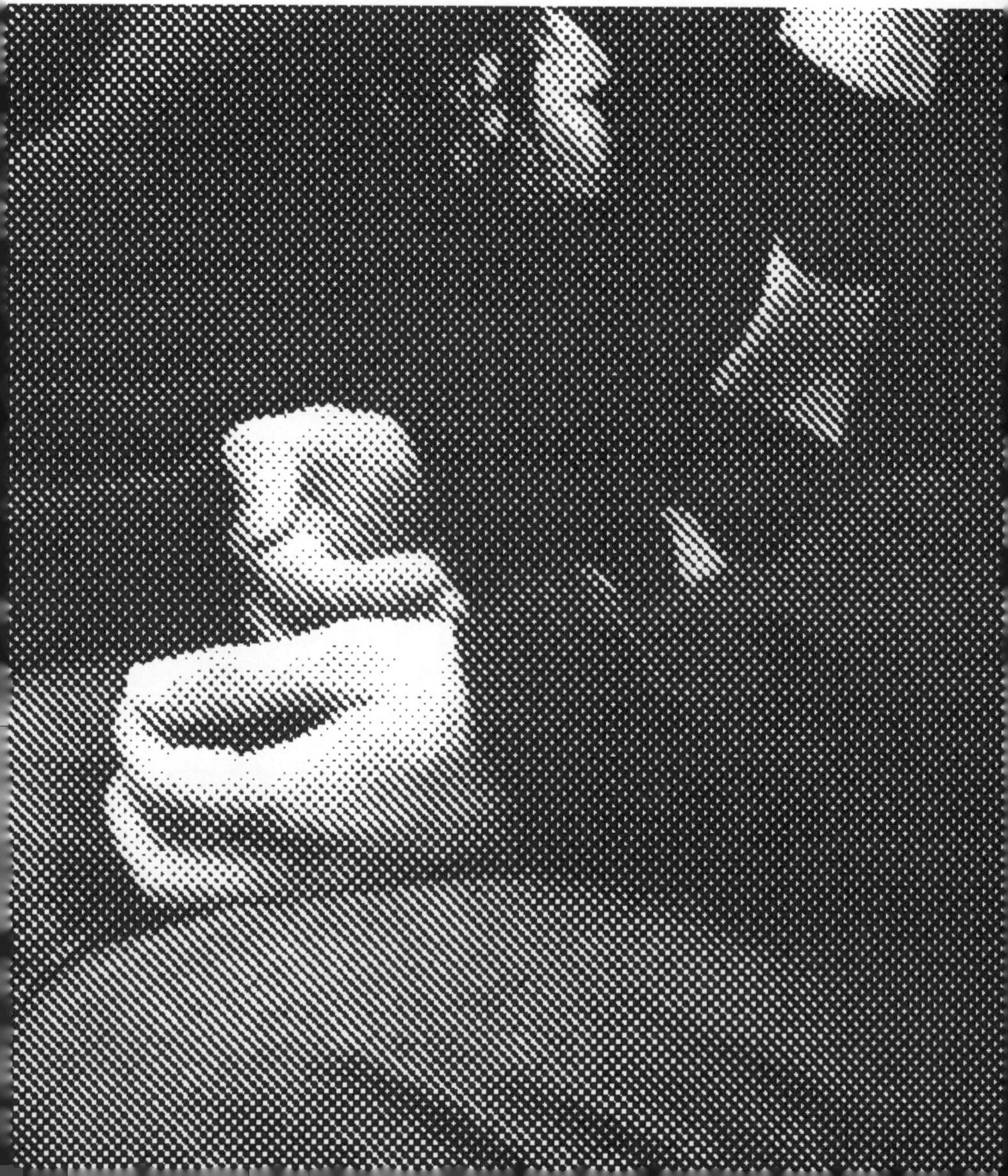

1 雞蛋·高牆

只敢和兒子搭巴士的媽媽

2017年3月12日

前言

每一個父母都會覺得自己的子女是最可愛、最漂亮、最討人喜愛的。偏偏，年近七十歲的蘇太卻向全香港的收音機聽眾説出這句話：「我兒子的樣貌醜陋得很，把其他地鐵搭客嚇得雞飛狗走。」

我記得，那天是2017年3月一個平凡的早上，我在家裡準備上班，收音機如常播出烽煙節目，主持人如常論述香港社會福利政策，受訪者的電話如常被接駁入直播室，但苦主的語氣卻不是慣常的慘情。這位婦人以嘻笑怒罵的「棟篤笑」風格講述其經歷，悲慘場面在她口中竟變成笑料：「嚇走了所有乘客，車廂就空空如也，讓我們兩母子霸佔所有空間。」

中年婦人的兒子患了嚴重智障和自閉，雖已成年，心智還是跟嬰兒一樣。收音機中蘇太説，兒子不是天生樣貌醜陋，只因沒法到普通牙科求診，甩掉了大部份牙齒才影響儀容，後來遇到適當的醫療服務，修補了牙齒，儀容得以改善。她舉了一個例，以往母子甚少搭地鐵，因為地鐵座位設計是面對面的，其他乘客看到兒子的樣貌而經常引起尷尬場面，所以她較喜歡帶兒子搭巴士，這樣別人只會看到兒子背部。

今時今日，香港還有一些家庭因為得不到適切醫療服務，而要承受這種被大眾厭惡的委屈。一個母親要有多大的勇氣，才可以向全香港公開兒子曾經樣貌醜陋得把其他人嚇跑的悲痛？

我訪問過不少弱勢社群，但這一次這位蘇太，即使和她的相遇只是從收音機開始，我已被她的風趣幽默和鋼鐵般的意志吸引。她關愛兒子，又能以一種抽離的眼光審視人間的荒誕和悲苦。她不只是一位可敬、堅強的母親，也是一位強悍獨立的女性。

做記者這麼多年，我發現這世界沒有「完美家庭」，害人不淺的往往是「完美家庭」的神話，所謂父慈子孝、夫妻恩愛的樣板故事流傳太廣，讓人檢視自身總會看出不完美的遺憾；所謂「家醜不出外傳」的文化根深柢固，家庭難題成為了不能説的秘密，變成了羞恥的禁忌，加深了家庭成員的創傷。

蘇太承認，已離世的丈夫生前一直未能釋懷，始終不願意在公開場合拖著兒子的手。蘇太為了智障人士的福祉，公開説出自己的故事，願意拖著兒子大方逛街。面對苦難，她打開心窗説亮話，這種豪邁氣魄和爽朗性格就如陽光灑進暗黑的房子，也照亮其他有類似困惑的家庭，讓人如沐春風。

"

上週二，收音機傳來一位中年女士的聲音。她說，兒子以前的牙齒很醜陋，三尖八角的：「我不敢帶他坐地鐵，因為地鐵座位是面對面的，那些靚女看到我個仔個樣就會雞飛狗走，逃到老遠，那時整個車廂只剩下我和他。」原來他兒子是嚴重智障的，今年已41歲，早陣子傳來一宗很小的新聞，政府過去四年給智障人士的牙科保健計劃，不過2,000萬撥款，要暫停了。[1]

如此令人心痛的畫面，這位母親應該習以為常，說來語調沒有悲情，好像在述說別人的事一樣平淡。「所以我們多數選擇巴士，因為在巴士上別人只看到我們背脊。」

這位母親名叫蘇太，在《千禧年代》[2]節目裡續說，帶兒子修整了牙齒後，整個人生180度轉變：「棚牙靚咗之後，除咗可以搭地鐵，在街上陌生人問路，竟會問他不問我。和親戚朋友出來食飯，以前別人當睇唔到佢，只當他是我的附帶物體，現在會走去佢面前同佢傾兩句，當佢正常人。所以智障兒子的牙齒醫好咗，不只解決牙痛牙患，還解決了我們的心痛。」

---

1 經傳媒廣泛報導後，食物及衛生局在2018年3月終於宣佈，考慮到智障人士牙科需求殷切，會再推出一個為期三年的「護齒同行」計劃，於2018年7月中推行，由多個非政府機構提供智障人士的免費牙科醫療服務，預計可令5,000人受惠。不過，計劃以三年為期，家長仍然希望服務能夠常規化。

2 《千禧年代》是公共廣播機構香港電台的長壽phone-in節目，節目形式為開放大氣電波讓公眾致電直播室，表達對時政的意見，因廣東話諧音而被民間喚作「烽煙節目」。早年烽煙節目影響力甚大，一些電台主持甚至有「十點前特首」的稱號，意思是節目可以影響政府施政，權力媲美特首，但多名主持人後來被更換或自行離職，惹來言論自由被收窄的關注。

一項每年不過500萬的服務，就能令一個家庭帶來翻天覆地的巨變，富裕如香港社會，竟然要對這班弱勢家長斤斤計較。我把這個「只敢和兒子坐巴士」的故事寫在臉書上，打動了逾千人。

此後，我對蘇太念念不忘，終於在立法會爭取延續牙科服務的記者會[3]上，遇上69歲的蘇杜麗蓮。她是一個罕有的受訪者，對事物觀察入微，述説悲痛經歷沒哭哭啼啼，還夾雜著笑料。記者會上她不忘發揮黑色幽默本色：「去飲宴之前，我會預先問人家，我坐那圍枱有沒有『唯美主義者』? 我擔心帶兒子赴宴，別人會嚇得不敢吃飯，嘔吐大作就不好意思了。」此話一出，全場哄笑，笑聲背後令人感嘆，這種自嘲會不會太殘忍？不過，當筆者和蘇太相處了大半天後就明白，沒有鋼鐵的意志，根本沒法與兒子克服一個個難關。

羅馬不是一天建成，牙患也不是一天醫好。智障人士牙齒健康，不光靠政府撥款和愛心醫療人員。嚴重智障兒子最初極度抗拒戴假牙，這麼微小的動作最終成為日常，是靠蘇太絞盡腦汁的地獄式培訓：「沒人相信佢可以戴到棚假牙，於是我和他每天練習，過了半年，佢終於戴到，是接近奇跡。」兒子不知道，為了令他吃得好笑得好，換來年邁母親頭髮花白、腳痛連連；但看到兒子能夠在眾人面前露齒微笑，回家後能享受嘴嚼麵包和甜橙的樂趣，蘇太還是甘之如飴。

---

3 2017年3月8日，立法會議員張超雄及郭家麒聯同智障人士家長舉行記者會，申訴無障礙牙科服務計劃有可能停辦的影響。筆者當日到立法會會議室參加記者會，目睹多名智障人士家長塞滿房間，來採訪的記者人數卻不多。

41歲的阿豪身形比媽媽更高大，恤了一頭軍裝，眉清目秀。最初他怕生，看到筆者和攝影師有點緊張，逃避我們的眼神，重複做點頭的小動作。每當過馬路，蘇太緊緊牽著兒子：「他心智還是BB，不能自己上街。在家裡我出門倒垃圾，若不小心反鎖大門，他以前也不懂開門給我，現在我訓練到他可以。」在路上兒子鞋帶鬆了，蘇太彎腰替他綁好。

在蘇太「特訓」下，兒子現在負責三項家務：「他可以出門倒垃圾，但常忘記揭開垃圾桶蓋；會晾衫，但不會理順褲腳或袖子；會收拾碗筷，但會太心急而敲碎碗碟。」談到兒子最稱職技能，蘇太又顯露搞笑本色：「我形容為『做駱駝』，若要買米買油，讓他搬就最好。」

和兩母子逛公園，筆者留意到阿豪爬樓梯時身體搖晃，不斷用鞋底磨擦地面。蘇太解釋，兒子視力不佳，要以觸碰物件來定位：「鞋頭很快便磨穿，有段時間頻密得要一個星期替換一對新鞋，於是每次我會買定六對鞋，老闆還會給我買六對送一對的優惠。」智障子女從腳到頭、由鞋到牙，都令家長費心。

40年前阿豪出生，蘇太說，當時並沒異常，兒子還會說簡單的詞語，直至3歲後，老師察覺他發展遲緩，6歲時確定有自閉症和嚴重智障，後來語言能力也喪失。阿豪後來入讀特殊學校至18歲，20歲開始入住院舍，逢週末回家。

半小時相處後，阿豪開始不怕生，他雖然不說話，但臉部表情和喉嚨發出的聲音，流露著情緒變化和敏感的內心世界。筆者中途離開讓攝影師拍照，阿豪立即回頭，想看看筆者去了哪裡。蘇太透露，阿豪性格很體諒別人，她曾在男廁外等了20分鐘也不見兒子出來，其他男士說，阿豪在廁所內不斷禮讓別人先用尿兜，於是站了很久也未能小解。她記得，兒子小時候聽到她朋友說：「這兒子會是你一生的負累」，12歲的阿豪臉上流下了兩粒豆大的眼淚。「自此我知道，不要在他面前這樣說話，他是聽得懂的。」

筆者隨兩母子搭巴士，阿豪很安靜。蘇太解釋，兒子愛看風景，她會安排兒子坐窗邊，搭巴士問題不大：「迫不得已才會搭地鐵，在車廂裡看到有空位，我會煞有介事問兒子：『你坐不坐？』其實是預告給旁邊的搭客知道，看他們臉色如何。和兒子坐下了，也會借故按著他的手，以免他騷擾別人。」

回到家裡，蘇太找到舊照，相中阿豪門牙掉清，只剩犬齒。兒子的樣貌是母親的心疼，蘇太又發揮自嘲本色：「以前成個表情不同，有點像鹹濕佬、色魔，擘大口得個窿，殭屍一樣。」蘇太的直白讓筆者不好意思，她語氣平淡，只因殘酷經歷是日常。她說搭地鐵時，旁邊的靚女曾嚇得避走到兩個車廂以外：「搭完地鐵回來，我緊張得像『擠完泥』般虛脫，以前是好唔想……好唔想別人看到他的樣子，會想盡辦法擋著別人的視線。」

這天搭巴士回家後，阿豪一支箭衝入房間，自行脫下波鞋，安靜坐在床邊。蘇太說，兒子有自閉症，對習慣有偏執：「他脫鞋後，一定要擺放得整齊，每次要放在同一塊階磚上。」筆者看到波鞋在地磚正中央，如同一架停泊妥當的汽車。

離開了熟悉的環境，智障人士會感到不安。所以，普通人也會懼怕的牙醫診所，智障人士更加卻步。約廿年前，阿豪牙痛得很，要出動「全身麻醉」才能剝牙。為何智障人士牙患如此嚴重？蘇太解釋，刷牙這動作對智障人士並不簡單：「普通人要接受一輪教育，才明白不刷牙會蛀牙和口臭，這些概念對智障人士很抽象。若

蘇太和智障兒子阿豪坐巴士（攝影：曾憲宗）

遇上生飛滋或喉嚨痛，他們更不願意刷牙；入住院舍後因為人手不足，刷牙也是馬馬虎虎。」阿豪自12歲開始便經歷爛牙痛苦，晚上因牙痛發脾氣，蘇太徹夜照顧，如同精神折磨。有家長帶智障兒去看私家牙醫，經驗也負面，造成心理創傷，惡性循環下，智障成年人幾十年不看牙醫是等閒事。

2013年中，蘇太知道政府推出專為智障人士而設的「盈愛．笑容」無障礙牙科服務，[4]立即替兒子掛號。「我個仔都差唔多40歲，等咁耐至等到，簡直係遲來的春天。」經檢查後，發現了四顆爛牙，剝掉後因為其中一個傷口不癒合，轉介到播道醫院和菲臘牙科跟進。整個療程長達一年，17次見醫生，蘇太形容為「驚心動魄」：「其中一次療程需要用針插入他口和鼻之間抽組織，我跪在手術室地上，揑著他的手安慰了一個半小時，護士看到我臉都發青，我也不放心離開。」儘管過程艱辛，但蘇太形容，過程不需要全身麻醉，[5]由此可見牙醫團隊有經驗和耐性，獲得智障兒子信任。

蘇太以為剝了蛀牙，療程就告一段落。想不到醫療團隊竟提出大膽建議：替阿豪配一副假牙。蘇太聽到這個消息，戰戰兢兢，因為知道智障人士難以接受戴假牙：「院舍的職員都說，有人配過假牙，不是給踩爛，就被塞到鞋子裡。」配假牙第一天，兒子就把整副假牙遺留在酒樓男廁，嚇得蘇太衝入男廁尋找。

筆者忽然醒覺，原來有愛心團隊造了一副頂級「假牙」，智障人士不肯戴也沒用。蘇太解釋：「你要明白他們心理，要塞一些東西入他的口，會有恐懼。」說到這裡，蘇太示範逗兒子接受假牙的語

---

4 2013年，食物及衛生局資助2,000萬推行為期四年的「盈愛．笑容服務」，為有經濟困難的18歲以上智障人士提供免費無障礙牙科服務，計劃受惠者共3,100人。此先導計劃於2017年初接近尾聲時，傳出政府不再資助該項服務的消息。

5 一般牙科醫護人員若不懂得照顧智障人士，會擔心他們身體晃動影響手術過程，因此傾向選用全身麻醉進行牙科治療。但若涉及全身麻醉，一般都需要到醫院進行，即使政府補貼，醫療開支仍高，家長亦擔心智障子女的其他健康問題會增加全身麻醉的風險，進一步阻礙智障人士看牙醫。相反，牙科醫護團隊受過訓練後，掌握和智障人士溝通的技巧，能減少以藥物麻醉方法來穩定他們的情緒，令智障人士安全地接受牙科治療，亦減少使用醫院資源，相得益彰。

氣，以誇張口吻指著空氣裡一副虛擬「假牙」說：「嘩！呢啲咩嚟？咁得人驚嘅？試吓啦！擘大口，你都要幫手喎！」筆者的心智忽然變成一個3歲小孩，感受到一種既驚恐又躍躍欲試的心情。

蘇太說，兒子第一次戴假牙抗拒得整個口腔僵硬，嚇到不敢呼吸。蘇太於是用驚人毅力，設計了一個馬拉松式訓練計劃：「我每天到院舍替他試戴假牙，第一天戴一小時，第二天戴兩小時，第三天戴三小時，餘此類推；最初每日去，後來隔日去，再減到一週兩天，逐步讓他習慣，持續了半年，後來連院舍護士也受到感動，願意每天協助兒子佩戴假牙。」這半年，蘇太勞累得白髮叢生，還患上腳痛。

戴假牙已一年，蘇太笑言：「兒子現在變了俊男一個，有面帶他去見江東父老。」筆者留意到，只要向阿豪說出「牙」字，他就會咧嘴微笑。儀容之外，原來假牙也能改善健康：「以前吃東西要挑軟的，現在可以吃肉吃菜，營養均衡點。」回家後，阿豪示範假牙的威力，不一會便啃掉整個麵包，以前只能撕成小塊吞嚥。困擾母子幾十年的牙患問題得以緩和，蘇太說如同放下心頭大石，她稱讚「盈愛」牙科團隊的體貼：「最難得是這班醫護人員連儀容也關注，他們對人性的尊嚴比我們看得更高。」

蘇太在澳門出生，中學畢業後在澳門教小學，認識了港人丈夫後，27歲嫁來香港。婚後開過小型工廠，在家裡接玩具加工，曾任庇護工場導師，故此對訓練智障人士有一定心得。蘇太強悍和不服輸的性格，讓筆者留下深刻印象。記者會上，她拿出小型理髮器和口腔檢查小鏡控訴：「兒子的頭髮我會剪，牙齒我也試過幫他檢查。我想告訴政府，我們家長不是坐著等你幫，自己做到一定做，是忍無可忍才向你們『官爺』出聲。」說完全場喝彩。

我問蘇太，如何練得如此好口才？她說，多年來與兒子相處，原來性格內斂也變成多言：「個仔不會說話，我講埋佢果份，我就像他的『代言人』。跟他相處要讓他聽多一點，這是一種尊重，表示我放他在我眼內。」

蘇太像女鐵人，一人分飾幾角，既要照顧成年智障兒子，又要接送8歲孫女放學。整個訪問就是筆者跟隨她馬不停蹄地環遊九龍才能完成。蘇太說，兒子3歲時發現智力有問題，此時小女兒已出生，幸好女兒心智健全。蘇太坦言，一家人之中，女兒與哥哥親近，經常牽著手逛街，反而是已去世的丈夫生前和兒子出席公開場合仍感尷尬：「我知道有些家長不願意拖著智障子女出街，但我不會為別人眼光犧牲了這種(親密關係)。」

蘇太說了一個故事，讓人明白智障子女家長的掙扎：「有一個家長，孩子約八九歲，最初要告訴別人自己孩子是智障，他對著鏡子每天練習說這句話：『我個仔係弱智』，怎知最初一次也說不完，後來堅持下去，由每天說三次變成五次，每次都淚流滿面，到後來要折磨自己，不但能夠說完這句話，還要笑得出(蘇太苦笑)。」看到筆者說不出話來，蘇太幽幽地道：「我們是要這樣熬過來的。」

蘇太叮囑筆者別把她寫得太偉大：「或許別人會說，你生了這個仔很委屈，但我信天主教，信仰令我覺得我們來這個世界像是一趟旅遊，表面上角色扮演是『我是阿媽，你是仔』，其實在神面前我們都是弟兄姐妹。我的態度好像嬉笑怒罵，只因我覺得沒所謂開心或屈辱，面前純粹是一個task，只能一往向前完成佢。」

後記

採訪蘇太故事的過程，我如同進入無人之境。

大部份時間記者採訪時，千方百計不願意競爭對手得到新聞訊息，希望跟進的只有自己一個，最終以獨家報導完勝。但採訪像蘇太這類弱勢社群的新聞，你會希望多一些人一起參與報導，引起社會關注。但不知怎的，能夠讓記者有時間採訪、並提供版面給這類故事的傳媒，寥寥可數。

我是幸運的，因為是自由撰稿人身份，只要我堅信一個故事有價值，自己願意抽時間去採訪，就可以成全報導。從一開始，聽到蘇太在收音機説出她那個「搭巴士」故事開始，我就像著了魔一樣，肯定蘇太是我想訪問的人，別無他想。

不少人理解這類新聞採訪是以「主題」定調，例如把這宗新聞定義為「弱智人士牙科保健」。從新聞特寫的角度來説，我不同意這種分類。因為若不是認識智障人士或是醫療專業人士，一般市民對這個議題興趣不高，是可以理解的。

我相信，如果一單新聞連採訪的記者也打動不了，根本沒有可能打動讀者。

蘇太打動我的，是她對待逆境的態度。當她訴説那個關於只敢和兒子搭巴士而不敢搭地鐵的故事，更是如一支箭射中我那「記者魂」的紅心。我聽到巴士小故事之後，心裡暗叫了一聲：Bingo!

為甚麼呢？很簡單，你跟我説智障人士，我未必認識幾個；你跟我説牙科保健，我沒興趣。但你跟我説，香港有一對母子不敢搭地鐵，因為怕別人看到兒子的樣貌，我沒法子沒有感覺。要知道，全香港每日有多少市民搭地鐵？地鐵的面對面座椅設計，讓不少樣貌娟好的都市人都感到社交焦慮，更何況一位介懷兒子儀表的母親？這可憐天下父母心的共鳴感，就能光速跟廣大讀者接駁上了。

特寫新聞即使採訪面對奇難雜症的邊緣社群，也要致力發掘他們和我們相類似的日常經驗，讓我們覺得「他們」和「我們」有相同之處。當讀者忘記了故事主人翁的「特殊」，接通了大家作為人的共同感受點，就是營造同理心的開端。

其實，我第一天把這個烽煙節目的小故事寫上臉書，有二千人按讚，也有傳媒轉載。其他記者也興致勃勃説希望跟進，可惜到最後，記者們都説相同的話：「我也想去採訪，但無奈有其他更重要的新聞要去採訪。」所以到最終，只有我一個人去跟進蘇太的故事。

採訪那一天，我從下午三時一直採訪至晚上七時：跟著她去接送剛放學的孫女回女兒家，再陪她到宿舍接兒子，環遊了整個九龍，直到回到她的公屋單位安頓下來，還抓著她詳談至太陽下山。蘇太一直有參與智障人士互助組織，見慣記者，面對著我那洶湧的熱情，還是有點訝異。她笑著對我説：「我想訪問番你這個記者，你做乜對我咁有興趣？」

我想説：從那一通接通大氣電波的電話開始，蘇太你在我心目中就是一個小巨人，你的新聞價值不下任何名人高官。蘇太，你絕對值得貴賓級的新聞採訪待遇。

時光飛逝，若不是要籌備《文字欲》這本書，我便沒有再跟進關於智障人士牙科保健的問題。在互聯網搜一搜，原來剛好在文章刊出一年之後，政府宣佈會推出為期三年的牙科服務給智障人士，估計受惠人數五千。換言之，這篇小小的文章聯合其他傳媒的力量，似乎埋下了種子，讓事件往好的方向邁前了一步。在如此容易令人頹喪的社會氣氛之下，也是一支強心針，令我相信文字還是有其力量的。

後記之後

2019年4月的一個早上，手機傳來蘇太訊息。看一看短訊，嚇了一跳，文字如其人，開門見山，沒多餘情緒：「我在3月驗出了肺癌。」她不是求安慰，以她這種性格，若不是到絕境，不會開口求助。

她因為久咳痛楚而到急症室，醫生建議不如到私家醫院檢查，發現了她的肺癌屬罕見，發病初期已驗出「T790M」基因突變。醫生指，第三代標靶藥物正針對此病變，但由於藥物面世只有幾年，價格極昂貴，一個月藥費高達五萬多港元。之前看私家醫生花了近十萬，藥費更百上加斤，原來留給智障兒子將來作生活費的老本也調動出來應急。可幸是蘇太服用藥物兩週便見效，癌指數下降了四成。

回到公立醫院，蘇太滿心希望可以獲政府資助，怎知卻聽到一個晴天霹靂的消息。原來政府資助有一個規定，病人須服食第一及第二代藥物並證明失效，才可獲資助第三代藥物。此規定建基於大部份肺癌病人初期沒有「T790M」病變，於服用第一二代藥物後產生抗藥性才出現。原來和蘇太一樣病情的病人，在現時僵化制度下只能選擇勉強回去吃第一二代藥物，待病情惡化才獲得資助。

蘇太感到震驚，不只因為自己的病情，也為了事情反映出來的不公義。就像她之前爭取智障牙科時，已經有公眾人士提出不如眾籌解決，當時蘇太斷然拒絕：「這是政府的責任。」

我連忙把蘇太的情況在臉書專頁公佈，不但主流媒體追訪，一直認識蘇太的立法會議員張超雄也跟進。大家希望蘇太接受捐款，但蘇太不為所動。蘇太女兒跟我解釋：「我們已經比很多人幸福，還有一點積蓄，還有選擇的權利，其他連一點錢也沒有的病友就更艱難。媽媽找你幫助（報導）也是希望同途人一起受惠，我不知道是否應該優先得到大家支持。」

於是，蘇太又再次踏上抗爭征途，帶著病軀接受訪問，到立法會申訴。最初我擔心她的身體，為了兒子福祉，也希望她先接受民間捐款。但相處日久，明白蘇太一家想法：即使在患難中仍不忘同途人，希望改變制度不公義。這種精神值得我們尊重。

蘇太抱恙，我和她女兒聯絡多了。已為人母的蘇小姐現於出版界工作，多年前在我服務的中大新聞與傳播學院畢業，她看過將出版的這一章，有點感嘆：「我自己也是從這篇文章去了解媽媽和哥哥。我們這樣一個平凡至極的家庭，旁人怎會感興趣？偏偏你卻不離不棄，感同身受。願意花這心機去了解我媽和哥的人，大概只有你一個。蕙芸姐姐，慶幸媽媽遇上了你，衷心祝福你，你是我們家天使，謝謝！」

只許高官豪住，不許百姓露宿

2012年6月3日

前言

每次要介紹這篇文章，我都會首先和同學玩一個遊戲：在班房裡隨便挑選一兩個學生，請他們把書包裡的物件翻出來，逐一向同學介紹，過程不時引起哄堂大笑。翻出來不是甚麼私人物件，不過是文具、衣飾等隨身用品，但經我解讀後，大家都覺得趣味盎然。

如果我們用心看，物件好像一扇窗，讓我們窺見物主的內心世界。

有一次，一男一女同學的書包裡剛好翻出同一品牌的手機耳筒電線。女同學袋裡那條線有如糾纏不清的蛇餅，男同學那條線卻被整齊捲起，放回原裝小盒子裡。反差之大，説明了物主性格的差異：一位隨心，一位拘謹。**原來物件也會説話，問題是我們有沒有細心聆聽。**

我解釋，這遊戲不是我發明的。青少年不是愛看日本時裝雜誌嗎？雜誌裡不時會刊登一些照片，主角是一位在日本街頭截停的路人。這些路人打扮入時，他們被邀請逐一向讀者介紹其身上衣物出處和價格。

我反問大家，為甚麼我們從沒有想過要請露宿者也介紹他們擁有的物件？這時全班鴉雀無聲，班房裡彷彿聽到學生們腦子轉動的聲音，有人嘗試回答：「因為我們覺得，他們不會擁有有趣的物件。」另一位學生說：「因為我們覺得，他們擁有的物件太少。」

我說：「因為我們視『露宿者』為一個與我們不同的群體。我們誤以為他們擁有的物件不值得欣賞，其實反映了我們對無家者的無知，以為他們人人一樣，因為我們沒有嘗試視每一位無家者為一個獨立個體。其實，這也是一種無形的歧視。」

然後，我請同學們猜一猜，露宿者擁有甚麼？答案來來去去都是衣物、銀包、床墊，反映的不是無家者的生活形態，而是我們對露宿者理解的貧乏。其實無家者也有依戀的物件，也會享受從物質生活得到快樂，也會因為遺失了珍視的物件而難過，跟你和我都一樣。

這個城市病入膏肓了。號稱「人民公僕」的特區之首豪花納稅人的血汗錢，窮奢極侈入住數萬元一晚的海景總統套房；[1] **那邊廂，在社會底層**

1 2012年5月底，香港政府審計署檢討時任行政長官曾蔭權外訪開支，發現曾蔭權經常入住最高級的總統套房，超過政府對外訪人員的津貼標準，例如一次到訪巴西利亞，津貼每人每晚千餘元，曾氏夫婦入住一間4千呎、每晚收費5萬餘元的總統套房。多次外訪的酒店開支也超過津貼標準5至掙扎求存的無家者，只渴望於寒風刺骨的冬日暫借街角露宿一宵，政府卻派人粗暴地掃走他們的家當，用腳踢露宿者，不准他們穿拖鞋戴眼鏡離開，更威嚇露宿者若擅自取回自己的物品，會被控「盜竊」。[2]

我們這個社會，是否淪落到只許高官豪住總統套房、不許百姓露宿街頭的悲慘地步？週五（6月1日）曾蔭權在電視上為自己的罪狀哽咽，我卻想起2月15日早上，深水埗街頭一班露宿者眼白白看著自己的床褥、被鋪、身份證、銀行簿、珍貴家庭照被強搶再扔到堆填區的欲哭無淚。哭，更應該為了香港這個城市，我們似乎失去了一個文明社會對弱勢社群應有的公義和關愛，連對人起碼的尊重也失落了。

露宿者大部份都是擁「三粒星」的香港居民，有人一邊露宿仍辛勤上班，有人流落街頭前曾經也是納稅人，只是因為個人困境或染上惡習，暫時無處容身。[3] 我們應該扶持他們而不是打壓他們，可是政府的

22倍。審計署認為涉及公帑時，特首要注意成本。傳媒連番追訪，揭發曾蔭權在深圳籌建居所、出外旅遊時涉嫌收受利益，廉政公署展開調查，曾後被控一項行政長官接受利益罪及兩項公職人員行為失當罪。2017年2月，曾蔭權因「公職人員行為失當」罪成入獄20個月，2019年初出獄，曾氏仍在上訴中。

2 2012年2月15日早上，由民政署統籌的行動中，食環署聯同警方等部門到深水埗通州街天橋底，將所有露宿者之床鋪、衣物、日常用品等搬走及沒收，事先沒有告知該處之露宿者，以致他們於寒冬之下盡失所有禦寒、替換衣物及基本用品。

3 據社會福利署2018年的數字，已登記的露宿者人數為1,127人，當中女性亦有所增加。多年來協助露宿者的社區組織協會幹事吳衛東表示，露宿者主要為男性，年約50歲，逾半人以綜援過活，有人打散工仍需露宿；三分一是從內地或澳門工作回流的港人。即使香港有綜援制度，但2018年單身綜援每月2,455元（亦即每天約80元），只能應付基本生活。社署提供的租屋津貼每月只有1,835元，而同期市場提供的沒窗劏房每月租金動輒數千元。即使應付了租金，租屋需要交按金上期和佣金，水電按金亦無常規津助。社署1999年取消租金按金資助，現在只能每次靠社工特別申請。香港雖然有公屋供低收入人士申請，但非長者單身人士上公屋需輪候6至10年。以往政府有市區廉價單身人士宿舍（月租430元），2005年卻取消這服務。

露宿政策只有倒退沒有改進，如今連他們僅餘的一點生存空間也要壓榨消滅。過來人阿祥形容露宿者的委曲處境：「把我們的東西當垃圾，即係當我哋露宿者都好似垃圾，不單只是我們的日用品，連我們個人也當成是(垃圾)。」垃圾，或許更應該用來形容那些濫用公帑的貪官。

露宿者在深水埗與社區相安無事十多年，為何今次釀出事端？原來以前食環署慣用「《公眾衛生及市政條例》第20條」洗街，須於24小時前張貼通告，讓露宿者有時間搬走個人物品。今年(2012)2月15日卻忽然轉用「《廢物處置條例》第9條」，[4] 由20多名食環署、警方和民政署職員掃場，不需要通知，就把露宿者物品視作「廢物」移走。慘失家當的露宿者，事後和各部門開會商討不果，最後入稟小額錢債審裁處向食環署索償。5月24日案件提訊，審裁官麥國昌也忍不住斥責食環署沒有「從露宿者的角度設想」，勸說雙方和解，案件6月中再審。我們向食環署查詢案件進度，署方稱事件已進入司法程序，不作回應。[5]

要重新了解露宿者作為一個「人」，可以從他們的「家當」開始。筆者邀請了幾位受今次掃場事件影響的露宿者，請他們介紹自己過

4 多年來，食環署洗街皆按照《公眾衛生及市政條例》第132章第22條進行，會給予4小時通知，讓物件擁有人移走自己的物品。服務露宿者的社區組織協會指出，食環署一向預先通知後才洗街，但今次是十多年來第一次沒有如往常慣例一樣，事先在露宿地點張貼告示通知有關行動，導致露宿者財物盡失。

5 19名露宿者入稟小額錢債審裁處索償，2012年10月底雙方最終和解，政府向每名申索露宿者賠償2千元，但當局拒絕為事件道歉，其中兩名索償露宿者於訴訟期間病逝。

去幾個月如何重建安樂窩。我們發現，即使風餐露宿的生活需要面對惡劣天氣和物質匱乏，他們依然可以發揮創意和主動性，靈活變通利用物品來滿足實用和精神需要。我們發現，原來不只小資階級才有權從物質上獲得樂趣，即使是無家者，個個也是「生活達人」。

我們對露宿者這個社群缺乏想像。我們刻板地以為他們是污糟邋遢、臭氣薰天，可是有露宿者愛好整潔，不但勤打掃，連衣服也會拿去乾洗；我們偏見地以為他們衣衫襤褸、不修邊幅，原來有露宿者會「貪靚」，會穿西裝皮鞋去社交；我們歧視地以為他們都精神失常、胡言亂語，原來部份人比你我都清醒，他們知道有傳媒罵他們「喪屍」，[6]更知道官員僭建豪宅，樓市狂飇，大律師和醫生也負擔不了上樓。[7]我和他們踎在街邊議論時政，還以為自己在收聽《自由風自由Phone》。[8]

我們希望把「人性」歸還給露宿者。他們和你我一樣，每人都是有名有姓的個體，有獨特性格，有獨特性情，有喜怒哀樂。傳媒太習慣把露宿者極端化，不是把他們描繪為邪惡的「喪屍」，就是把他們書寫成為可憐軟弱的「受害者」。露宿者作為一個比邊緣更邊緣的群體，固然需要社會關注和協助，但關懷並不是由上而下、「我來幫助，你受助」的單向施捨，而是由平起平坐「你説話，我聆聽」

---

6 2011年8月7日，《蘋果日報》頭版報導大角咀一條地下行人隧道的治安問題，引述區議員指露宿者在隧道中吸毒，內文指路過女士感到安全受威脅，題為〈道友露宿，烏煙瘴氣，冇人敢行，浪費二千萬，喪屍隧道〉。

7 2009年10月中，時任特首曾蔭權出席電台節目，接聽電話收集市民意見。一名女醫生致電稱，與律師男友想結婚，但投訴像他們這種專業人士也買不到樓；她續指，希望在港島中環找到單位。當時曾蔭權提及市場有二至三百萬的私人樓宇。往後十年，樓價飆升更嚴重。

8 《自由風自由Phone》是香港電台的長壽節目，公眾人士可以致電直播室，就時事表達意見。

的互相尊重開始。讓我們還他們每人一張獨特的臉，一張有尊嚴有人性的臉。

張木倫，50多歲：住「洋樓」，嘆杯酒

張木倫髮色金黃，髮尾向兩邊翹起，造型活似麥當勞叔叔。[9]他笑起來露出一口爆牙，訪問期間經常「吃吃笑」，總愛加句口頭禪「係咪先！」，間中呷一口燒酒，十分傻氣。在南昌街騎樓底下，他的住處可謂是「精心設計的洋房」(宿友形容)，擺滿古靈精怪的寶物，衣服也比別人多，是最懂得生活情趣的露宿者。

別人的衣衫隨便塞進紅白藍袋，他卻用衣架掛起，還用乾洗公司袋子套著，原來他習慣把較名貴的衣服一年兩次送去乾洗。別人的衣服是T恤，他卻從天光墟搜購西裝，亦有人送他型仔皮褸。問他：「穿得這麼靚幹甚麼？」他說：「要出街㗎嘛！」記者不明白，為何住在街上也有「出街」和「不出街」之分；他解釋，在深水埗一帶走動就不是「出街」，「出油麻地聽歌跳茶舞，就是出街見人」。[10]可惜的是，他從前擁有兩套共千元「很啱嗰屎(size)」的二手西裝，在2月15日的食環署行動中被撿走，現在「出街」也沒心機：「出街要穿得整齊，梗係啦！人要面，樹要皮。」阿倫床邊放了一個木製笑佛，奉有水果香燭。笑佛是朋友送來的，阿倫每朝會上香祈求「心安理得」。他說：「梗係鍾意個佛啦，唔鍾意都唔會擺出來先

---

9 「麥當勞叔叔」乃美國連鎖快餐店的吉祥物，梳有爆炸裝髮型，類似小丑造型。

10 深水埗住有大量露宿者，附近油麻地的廟街有「平民夜總會」之稱，有不少地道小食店、雜貨攤及歌檔等，為基層提供娛樂。

阿倫（攝影：李澤彤）

啦。」佛後的十字架海報，是來服務他們的牧師貼上，耶穌與笑佛共存，阿倫不介意。

問他最矜貴是甚麼？他煞有介事翻開櫃下膠布，介紹朋友送給他的二手電視：「這個古老了，之前被市政[11]（即食環署2月15日行動）拿走的，是一隻扁的很輕的二手電視，熒幕有十幾吋㗎，一隻手也拿得起。」筆者問：「是LCD電視嗎？」「對。」原來阿倫曾打算向附近車房借電，享受看電視的樂趣。

11 「市政」是指市政局，1997年回歸前一直負責地區衛生、街道清潔、文娛康樂、食肆監管的法定機構，1980年代加入民主成份，讓地區居民投票選出議員，為香港民主政制的最基層結構。1999年，特首董建華決定廢除市政局，其職權改由民政事務局、食環署等部門處理。文中受訪者在「殺局」十多年後仍稱呼清潔工人為「市政」，可見其對早年香港生活的深刻記憶。

阿倫和我們聊天，不時以膠杯沾唇，以為他在喝水，但見每次只呷小口，瞇起眼睛狀甚陶醉，就知道不是水了。「這是燒酒吧！」記者揭破。好杯中物的阿倫笑起來，介紹他最愛喝「羅漢果牌燒酒」，28元一支。記者留意到，膠杯是從蒸餾水瓶底部切下來。「我以前有隻飲酒用既玻璃杯，在天光墟[12]買，又畀市政（食環署）拿走了，用玻璃杯飲燒酒，梗係正啲啦係咪先！現在焗住用個膠樽剪出嚟。」果然是露宿界的「品味陳豪」，[13]喝酒也講究要用玻璃杯。

阿倫憶起2月15日被人用腳踢向他的床，連拖鞋也趕不及穿，赤足離開床位：「我睇住自己啲嘢畀人搬上車，想偷偷地拿回來，但佢話：「你唔可以郁啲嘢！全部都係政府嘅！」我話：「點會係政府嘅嗜，我講得出裡面有啲乜，成堆嘢都係我㗎啦，係咪先！」我想這樣回答阿倫：「梗係啦，係咪先！」

李添財，65歲：愛吃，愛打掃，愛創意

露宿者之中，財叔年紀較大，卻很有親和力，一頭白髮黝黑皮膚，臉上綻放如小孩般天真的笑容。他是露宿界的饞嘴食神，難忘和義工們一起圍爐吃火鍋：「那陣時天氣凍，有學生送來邊爐，又送咗幾罐新的gas，大家十幾廿人圍住一齊食，有蝦有魷魚呀，有時煮飯仔放個罐頭落去，一品鍋，哈哈哈！好掛住果種滋味呀。」不久食環署來洗地，才吃了兩次的一品鍋被掃走。

---

12 每天清晨五至七時，深水埗北河街一帶街頭有人擺攤售賣二手物品，包括衣物、玩具、電子產品等，擺賣的貨品讓該區基層人士可以用廉價購買生活用品。

13 香港男電視藝員陳豪曾主持一系列關於欣賞咖啡的電視節目，在主流文化中有「中產品味代言人」的形象。

財叔愛整潔，會用掃把打掃地方：「唔可以畀人周圍屙尿㗎，屙就扔佢去公廁。要自動自覺整乾淨，污糟是自己承受番，點解扔垃圾係自己身邊啫。」財叔住過很多地區，認為某些地方人品較「雜」，衛生惡劣。

財叔早陣子跌倒，弄傷腳部十字韌帶，現在要靠拐杖走路。他發揮民間智慧，拾來一把別人棄置的雨傘，把帆布和鐵枝拆去，DIY改裝成拐杖。我們讚他有創意，財叔滿足地笑，卻投訴DIY拐杖底部沒有膠塞，咬地不夠穩陣。

2月15日食環署洗地時，財叔有事走開，回來連拖鞋也被沒收。幾個月來就靠一對焗腳白飯魚走天涯，直至採訪當日，社工送他一對拖鞋。記者很難想像幾個月腳趾不見天日，財叔穿上新拖鞋天真地笑：「隻腳終於有得透氣，唔會腳臭。」

財叔原來的睡床有圍板，但被食環署掃走，現在只有一張墊褥，他幾次在睡夢中失平衡滾下床。說起政府無理掃場，甚為氣

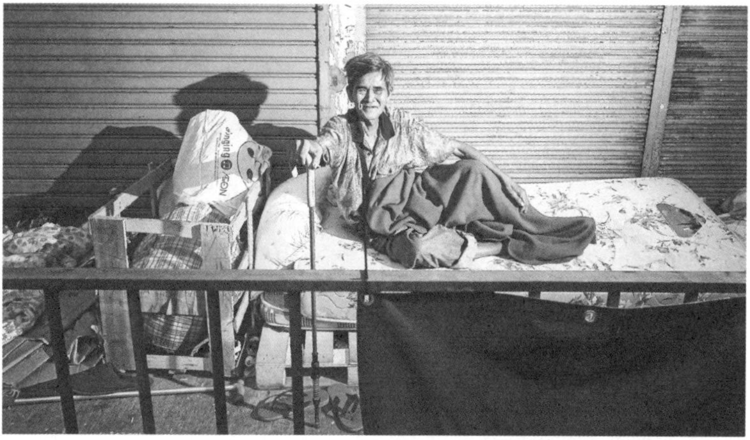

財叔（攝影：李澤彤）

憤:「欲哭無淚呀,你叫我搬走啲嘢我好樂意,係我唔啱,阻住啲地方,始終地方係(屬於)半個政府嘛,我們是無法子暫住先。」財叔說,知道現在樓價颷升,連律師、醫生也負擔不了買房,不少人迫於無奈瞓街,對於政府清走他們的物品,感到欺人太甚:「佢哋真係唔當我哋係人,當我哋係直情係……低下層嘅低下層。」

鴻志海,50歲:我露宿,但我認真「上堂」

阿海身材瘦削,較害羞,說話陰聲細氣,熱身之後又口若懸河。阿海說,露宿生活今日唔知聽日事。食環署洗地之前,他是睡在張木倫現在的「靚位」,那裡是騎樓底轉角,簷篷擋雨能力較佳,但食環署掃場後,露宿位置大洗牌,遊戲規則是先到先得,他遲了回來就挑不了好位。現在他的床旁邊是店鋪門口,要小心放物件,不想阻人做生意。

他品評各個露宿社區的優劣。他說,以前睡過馬路旁,較有私隱,卻很大塵;然後睡過涼亭,早上6時被護衛員叫醒;現在這裡是空置公寓騎樓底,只要不重建,尚算「好地方」。但他較不喜歡花錢添置物件,因為怕被偷:「你買新嘅有乜用?瓓街呀,唔係瓓屋企呀大佬,買新被偷就大鑊啦。」為了防止被人偷東西,宿友會想辦法把東西藏在隙縫,或用布蓋住。

阿海在2月15日被食環署掃走了存摺和一些衣服,現在買了些二手波鞋,問他穿戴整齊時會去哪裡?他答道:「上堂。」記者天真地以為他去上課進修,還追問他:「上堂學咩嘢?」旁邊宿友笑破肚皮連忙解釋:「犯法那些上堂。」原來阿海曾因毒品問題上庭,阿海說:「上堂唔通著拖鞋咩?畀官印象好啲,會著件好啲嘅衫去。」

阿海（攝影：李澤彤）

陳志祥，60歲：痛失全家福，真正斷六親

陳志祥形容食環署那天的大清洗手法「粗暴」。他回憶，早上近11時，通州街橋底[14]三十個露宿者大都不在場，只有他和另外一人。他說當時自己睡在床上，突然有人用腳踢他的臉和頸，驚醒後看到廿多名警員和食環署職員展開清洗行動：「他們是從頭執到

14 位於深水埗的一個露宿者聚集地點。

尾，所有的東西細微到一支牙籤都執上車，床褥棉被日用品證件無一遺漏。」阿祥被檢查身份證後，被警員要求站開，他屢次要求回床位拿物品，但直到東西上車後始終被阻：「（警員）話：你埋去攞吖，你爬上車我就charge你盜竊。」

據了解，當日食環署展開行動，是因為有區議員投訴。[15]阿祥憤憤不平道，露宿者經常被驅趕。他自己睡過西鐵南昌站隧道，知道那裡被人謔稱為「喪屍隧道」：「報紙登過那條是喪屍隧道嘛，通晒天。」「喪屍」標籤一出，警方每晚查露宿者身份證，大家都怕怕，唯有搬家。

阿祥年輕時做過司機，亦曾經納過稅。據他形容，自己後來走上一條「偷呃拐騙壞份子」的歪路，和家人關係變壞而開始露宿。今次掃場事件後，獲得大批有心人關懷，讓他發憤圖強，終於找到一個信任他的老闆聘請他做雜工，現有穩定收入，不用再領綜援。無獨有偶，申請了四年的公屋亦於早前獲批。阿祥估計，自己「加快上樓」是因為今次事件後接受傳媒訪問而因禍得福。雖然自己已告別露宿行列，但仍希望為兄弟發聲。

他回顧露宿生涯，不少警員和露宿者有「默契」，遇到有人投訴，警員會叫他們「拍硬檔搬吓個位」，食環署每月洗地也會預早通知，想不到今次有人趕盡殺絕：「掃場那幾天天氣最凍（其後幾天寒流襲港，最低氣溫只有12℃），不少露宿者都是60幾歲老弱傷殘，那幾天才來收東西，禦寒衣物一件不留，不是想逼死我們麼……

15 在香港選舉制度裡，區議會選區面積細小，每區居民人數只有萬餘人，居民有時會投訴露宿者構成治安或衛生問題，區議員會向政府部門反映並要求驅離露宿者。有社工認為，如此處理手法不能幫助露宿者脱離露宿生涯或改善生活。

阿祥（攝影：李澤彤）

佢即係當我們露宿者好似垃圾，不單是我們的日用品，連我們個人都係（垃圾）。」

阿祥那天狼狽得連眼鏡也沒戴，600幾度近視矇查查，幸好後來有朋友借他眼鏡才能開工。他還被掃走了身份證、回鄉證（補領費共要一千元）、銀行卡和手機。早前他親自上庭，親身向審裁官申訴，除了要求賠償，也希望當局道歉：「人是有尊嚴的嘛，雖然我淪落到瞓街，未至於要畀你用腳踢。身為一隻流浪狗，雖然佢通街行，都未至於被人用腳踢，我作為一個人卻要被你踢？」

向小額錢債審裁處申索的文件裡，獨有一樣遺失了而貴重的物件，阿祥沒有申報，就是多年前和妻兒合攝的全家福。阿祥十年前和家人決裂，此後未曾和親人見面，相信今日孩子已長大成人。流落街頭多年來，那張全家福是唯一可以讓他睹物思人的憑據，阿祥一直把照片珍藏，想不到最後竟被當成「垃圾」扔掉：「最可惜是這張照片，別的東西丢了還可以補救，這張相失去了就是失去了，無價寶，你怎麼賠？」[16]

(此文章獲得由香港記者協會、香港外國記者會及國際特赦組織香港分會聯合舉辦的2012年第十七屆人權新聞獎「報章特寫大獎」。)

後記

這篇文章反映了新聞特寫的一大強項，講究的不是時間性，而是一個理解事物的角度。不過，我沒有那麼厲害，不是一開始想到「請露宿者説明家當」這條絕橋，還是因為採訪過程遇到阻礙，嘗試化解、誤打誤撞才衍生出最後方案。

還記得當我知悉深水埗露宿者被收家當，已是事發之後幾個月。當我去到現場，採訪並不順利。露宿者的家當已被清走，餘下物件是後來重新囤積的。我第一反應如同大部份記者一樣，舉起錄音機請露宿者開腔談感想，卻處處碰壁。

為甚麼？因為他們語言能力不高，説話內容重覆而空洞，但錯不在他們，而在我身上。採訪弱勢社群多年，我一直知道弱勢社群除了經濟

16 祥哥接受傳媒訪問不介意曝光，因為希望家人可以看到他的改變。報導刊出後，他一直住在公屋並有做散工，其身體健康變差，但仍間時做義工；傳媒曝光後，更與家人聯絡上。

上拮据，他們的社交能力通常也欠佳。其實，在香港地如果一個人「死淨把口」還可以做推銷員搵食，但露宿者的「弱勢」不只是因為他們窮。窮是果，導致貧窮的原因多樣，包括不懂得與人打交道。

這讓我反思，記者這行業多為讀書人，我們學歷偏高、語言能力強，於是往往沒意識到別人的難處。如果我們要求弱勢社群有系統、有邏輯、用豐富詞彙交待身世，實在強人所難。

幸好我立即腦筋急轉彎，隨機應變修正採訪手法。當時我瞥見無家者囤積在一旁的物件，靈機一閃，請他們逐一講解這些物件的故事。這下如魚得水，因為物件可觸摸，大家看著一件物件說話，不用太高深的理解能力，話匣子便容易打開，也順理成章談到被沒收的舊物。如此，文章最終變成了請露宿者暢談家當的結集。

採訪期間我察覺到，每一個無家者的喜好不同，於是特別請求他們每一位清楚告訴我他的全名和歲數。可是要搞清這麼簡單的資料，也花上好一些時間。原來無家者自己也未必記起自己的全名和歲數，因為大部份人只會以暱稱例如「財叔」、「祥哥」等稱呼他們，平日根本沒有人記起他們的全名。我更覺得在報導裡需要名正言順地寫下他們的名字，以表示對受訪者的尊重。

攝影師李澤彤用心地替各人拍下特寫照。幾位無家者各有性格，有人笑得開懷，有人冷眼看世界，有人憂心忡忡，但所有受訪者都樂意正眼望著鏡頭，和一般傳媒裡展示無家者那種暗沉的照片有顯著不同。

你癲定我癲？

2012年12月9日

前言

當了十年記者，容易對事物麻木。學生採訪窮人心軟，我教他們別太輕易同情受訪者，以免寫出偏頗的文章。

可是，每逢遇上這一個議題，我根本沒法冷靜——當社會出現懷疑「無定向傷人事件」，例如有人在街上隨機斬人，有人在地鐵放火，我就會暗暗祈求：「萬萬不要，請不要……」不用多久，新聞就會出現一個關鍵詞：「兇徒有/沒有精神病紀錄」。若兇徒的行為沒合理解釋，記者就會訪問行兇者的鄰居，探問這位疑犯平日是否「自言自語」、「目露凶光」。我不禁想起，精神病人的家人這刻有多難受。

對於精神病，我有切膚之痛。因為我是精神病者的親人。我與嚴重精神病親人相處數十年，多年來親歷社會對這個病的禁忌、不解、恐懼，默默承受著內疚、憤怨、創傷。做記者時有機會採訪精神病家屬，看到他們緊張的表情，只要我說一句：「不用擔心，我家人也是精神病患者，我明白。」這句話如同解咒的話語，對方聽到之後，繃緊的表情會立即鬆弛下來。

當記者多年，我由一個旁觀他人痛苦的家屬，變成首當其衝的情緒病人。2008年，我因為忽然耳聾引致失眠及耳鳴，誘發抑鬱和焦慮症。病情嚴重時，我連打開家門搭電梯到樓下走動的力氣都沒有，每天覺得窗外都是灰色的，聽到別人鼓勵自己「加油」只會激起我的反感。每天晚上失眠，白天失去對生活的安全感，甚至輕生的念頭有一刻閃過腦海裡。是怎樣熬過的？一匹布咁長。現在我知道，可以每天起床吸呼一口空氣，覺得有勇氣活下去，已經是上天對我最大的祝福。

以前，我不明白為何自己要經歷這麼多。直到復原後，我再有力氣跑新聞，每當看到受到精神病折磨的人被不公平對待，我沒法子像以前一樣冷漠，我感受到內心一團按捺不住的火，要把他們的委屈寫出來，於是有了這篇文章。

《新報》七天前以〈精神病新症每年3萬 小心，癲人出沒〉[1]為頭版標題，配以一幅設計圖，圖中人目露凶光、雙眼發紅、面目猙獰，並手持染血菜刀。事件引起軒然大波，平機會接獲逾百宗投訴後發聲明譴責，指報導涉煽動大眾對精神病患者反感。

---

1 就2012年12月2日《新報》頭條〈精神病新症每年3萬 小心，癲人出沒〉，平等機會委員會收到逾130宗投訴，並在翌日發出新聞稿譴責《新報》以歧視性的字眼「癲人出沒」作頭條，認為有關報導中的文字及圖像涉嫌煽動社會大眾對精神病患者的反感。平機會時任主席林煥光認為，傳媒對精神病的看法對公眾認知有重大影響，以煽情及誇張手法報導精神病，會加深公眾對精神病人的誤解及負面感覺，還令患者不敢求助，影響其康復進度（參：http://www.eoc.org.hk/eoc/graphicsfolder/ShowContent.aspx?ItemID=10995）。另外，壓力團體「香港人權監察」對《新報》標題亦表示遺憾，認為「癲人」是侮辱性的「標籤」用詞，配圖暗示精神病患者有暴力行為，助長公眾對他們的誤解、偏見和歧視，要求該報公開道歉。報導出版後，亦有關注精神病者權益團體到《新報》辦公室抗議。

《新報》今次委屈了。細讀全文你會發現，報導並非一面倒中傷精神病者，更弔詭的在於編採態度的兩極化：一方面把精神病描繪為「失常狂徒」，另一方面又勸讀者對病者要「接納支持」。[2] 神又係佢，鬼又係佢，報導進退失據。

這種「兩極話語症候群」反映的，正是社會意識低落，對精神病欠了解，唯有遊走於兩種極端：排斥不熟悉的事物，或裝出對弱勢的關懷。資深精神病康復者鄭仲仁抗病三十年，感慨傳媒思維落後：「喺香港，六個人有一個有精神病，既然個病咁普通，即係大部份人都係癲嘅。話人癲嘅，或者佢本身都癲癲地。」學許冠傑話齋，你黐定我黐，無咁易會知。

「癲人出沒」一文的「受害者」除了一眾精神病康復者，還有社區組織協會幹事彭鴻昌，他是此新聞的主要採訪對象。上週六晚，彭接到《新報》記者訪問電話，談及香港精神病狀況和醫療資源；翌日打開報紙，彭覺得最奇怪，是標題與內文不符：「內文沒有大問題，引述亦準確，係條大題同個美術圖好有問題。」

逐字分析，「癲人出沒」整個版面，取態遊走於兩極。它一方面用「隱形炸彈」、「失常狂徒」、「可怖」、「癲人」字眼來形容精神病者，加上目露凶光持刀狂人美術圖，效果是把精神病人「異類化」、「非人化」。

---

2 詳見當天《新報》頭版多篇報導，包括約1,000字主稿〈精神病新症每年3萬 小心，癲人出沒〉、700字副稿〈失常狂徒傷人案頻生 張建宗稱僅屬個別事件〉、500字列表〈精神病患者斬人 一個月6宗〉及470字配稿〈心病還需心藥醫 接納支持乃康復關鍵〉。

A1　2012年12月2日

西九金鑽地段

新報

Hong Kong Daily News

新聞撮要

崩牙駒：賭會有事

振英：適時講僭建

美愛心家庭贏彩票

精神病新症每年3萬

小心，癲人出沒

精神病患者斬人

一個月6宗

《新報》2012年12月2日頭版部份

可是另一方面，文中卻有幾處對病者顯「關懷」，如配稿小標題的「接納支持乃康復關鍵」，用詞十分政治正確，內文提及「應視（精神病人）如正常人，細心聆聽其傾訴；社會人士應尊重他們作為社會一份子之權利，主動認識精神病正確知識，便可免卻不必要之猜疑」。

被平機會譴責後，《新報》亦引述報導中正面字眼作辯護，[3]證明其意圖並非歧視，又指斥外界「部份人只聚焦於當中的一個標題和一個圖像，作出偏離了報導主題的延伸思考」。但另一方面，《新報》亦承認，其標題可能有嘩眾取寵成份。

3　《新報》曾於12月4日及7日兩度於報章版面回應事件。首篇800字回應題為〈致平等機會委員會〉於4日A2版刊出，7日A6版逾千字「編者的話」則以〈全面閱可釋除誤解〉為題。文中曾承認「這則報導的標題也可能有著嘩眾取寵的成份」，但解釋「癲人」不等於「精神病患者」，指由於社區發生多宗懷疑精神病人斬人事件，故是「報導事實」，更指出「以公眾利益為先，而精神病患者的問題，只能居於次位」。文中亦強調，內文及標題其餘部份都顯示正面及關懷病患者的內容，質疑坊間批評並不全面。

這種「一文兩種相反取態」的矛盾性，比純粹惡意操作更弔詭，更發人深省。過去幾年，我在大學教授一個關於傳媒與暴力的課程，其中一課討論「傳媒如何報導精神病人」，同學分析報導後發現，傳媒傾向把精神病人放進兩極角色，要不是冷血暴力的妖魔，就是可憐無助的受害者。[4]

前線社工也有類似觀察。從事病人權益倡議工作12年的彭鴻昌形容，風平浪靜的日子，傳媒近年對精神病人報導頗正面，較少形容他們為「癲人」、「瘋人」，更多是關懷病者是否有足夠支援。可是每當發生涉及精神病患者的暴力事件，如2009年5月深水埗小童受害事件、[5] 2010年5月葵盛東邨斬人案，[6]傳媒對精神病人的描繪又傾向負面。當然，無辜受害者固然值得同情，然而把事件籠統指向精神病，並使用「狂性大發」、「喪心病狂」等用詞，無助預防下一宗慘劇。

---

4 關於精神病康復者及家屬的處境，傳媒也偶有佳作。2001年，美國電影《有你終生美麗》(*A Beautiful Mind*)呈現諾貝爾經濟學獎得主、數學家約翰·納殊面對精神分裂症困擾的主觀世界。2019年，台灣公共電視推出電視劇《我們與惡的距離》，劇集完整呈現面對精神病人士與家屬的日常生活與挑戰，為華語傳媒優秀作品。

5 2009年5月29日，3歲男童余錦晉在父親陪伴下於深水埗通州街臨時街市外空地，被39歲男子梁全永以長刀斬向男童頭部，男童身中六刀傷重不治，男童父親阻止事件時亦告受傷。一年後法庭審訊中披露，梁全永患有精神分裂症達15年，曾到醫院求醫但數年沒有覆診，案發時受幻聽影響而傷害小童，因誤殺及蓄意傷人罪被判無限期住院治療。法官指若事主有覆診或院方有跟進，悲劇應可避免。

6 2010年5月8日，居於葵涌葵盛東邨的43歲男子李忠民，與鄰居發生磨擦，受刺激拿出軍刀，連環傷及街坊及保安員，導致兩死三傷。李被控告誤殺及蓄意傷人罪，被判無限期住院治療。審訊期間披露，李於2000年被診斷有精神分裂症，並受妄想徵狀困擾，曾傷害前妻而被判入獄，出獄後於葵涌醫院接受精神科治療，病情一度穩定，但後來對上門探訪的社康護士感到敵意，妄想感到被逼害。

誰是公眾，誰是精神病人？

似乎，要忠實反映精神病人複雜獨特的經歷，傳媒會變得語塞，缺乏詞彙；茫無頭緒下，唯有把精神病人的「可怖性」或「可憐性」誇大。彭鴻昌認為，這種搖擺兩極的態度，不只反映傳媒心態，亦是政府和公眾對精神病人的觀點：「所謂的『關懷』和『支援』，其實到尾，都係怕佢地去傷害其他市民。這種關懷，是否真正的關懷呢？」

回歸基本步，傳媒究竟對「精神病」了解有多深？《新報》回應平機會指，其報導「用意是幫助精神病人」，然而「小心癲人」整個頭版四篇文章共2,700字，有訪問社工、醫護人員、議員和官員，卻沒有一個精神病康復者的聲音。這種把精神病人權益放在次等的潛意識，在《新報》回應平機會聲明表露無遺：「站在傳媒立場……以公眾利益為先，而精神病患者的問題，只能居於次位」。

資深精神病康復者鄭仲仁形容，《新報》這說法猶如指「精神病人不是公眾一份子」，把「正常人」和「病患者」清楚區隔，是「好落後的思想」。41歲的鄭仲仁有三十年精神病經驗，先後患過焦慮症、抑鬱症、強迫症和精神分裂症，曾入住青山醫院，康復後修讀社工，現於中途宿舍擔任社工。他曾創立精神病康復者自助組織，亦是向醫管局反映病人意見的「病人諮詢委員會」[7]委員。

鄭仲仁記得十年前他閱報，有評論指為減少暴力事件，應把精神病者和普通人區隔。他感憤怒，聯同其他病人家屬投訴，報館沒

---

7 醫院管理局於1990年成立，管理全港數十間公立醫院，2011年成立病人諮詢委員會，作為一個平台讓醫管局與病人代表對話。

有道歉，只肯另刊一個關於精神病的正面報導了事。對於今次《新報》的「小心癲人」報導，鄭仲仁慨嘆：「已經過了十年，傳媒的觀念似乎無乜改變。」

誰是公眾？誰是精神病人？數據證明「公眾」和「精神病人」有大幅重疊。醫管局2011年數字[8]顯示，香港人口約690萬，估計有100至170萬精神病人（其中7至20萬為重症），即每四至六個人中就有一個精神病人。另外，世衛推算到了2030年，精神病將會成為引致殘疾的疾病第一位，比第二位的心臟病和第三位的交通意外，消耗更多人口的生命年數。

「病」和「無病」，如何說得清？

《新報》指公眾利益為先、精神病者問題為次，是建基於一個謬誤，以為「公眾」和「精神病患」是兩類人。鄭仲仁說：「健康和病，不是兩個獨立沒關連的點，而是一條連續的線。有些人有時會健康點，有時會病多點。沒有完全健康的人，沒有完全病的人。『病』和『無病』沒法完全分清楚，定出一點為有病，只為方便醫生診治和下藥。」甚麼為之有病，是一個界定過程，甚至受社會和文化影響。美國《精神疾病診斷與統計手冊》（DSM）[9]會按時修訂，經典例子是同性戀早年曾被列為精神病，七十年代初才被剔除。

---

8 《醫院管理局2010–2015年成年人精神健康服務計劃》（香港：醫管局策略發展部，2011）。

9 DSM全名為*The Diagnostic and Statistical Manual of Mental Disorders*，由美國精神醫學學會出版，是一本在美國與其他國家中最常使用來診斷精神疾病的指導手冊。五十年代至今共四次改版，特別是關於精神病的篇章，曾因為文化社會背景而修訂。

對於有人設計「小心，癲人出沒」標題，鄭仲仁笑說，精神病如此普及，「每六個人有一個精神病，既然個病咁普通，即係大部份人都癲嘅。話人癲嘅人，以為人可以分為正常同癲，咁落後咁無常識，或者佢本身都癲癲地。」

對於「癲人出沒」這標題，《新報》亦有另一辯解：「『癲人』的意思，並不等同於『精神病患者』，市民需要警惕和『小心癲人』，而不是小心精神病患者。」這道理似是而非，其實把精神病者進一步分類：其設計圖那個目露凶光、拿著染血刀的是「癲人」，即是有暴力傾向的就是癲人。

多項文獻指，精神病和暴力沒有必然關係。香港精神醫學院[10]李永堅醫生說，數據顯示，在精神病人之中，約5%–10%有暴力紀錄，而一般市民有3%–5%的人有暴力紀錄，所以精神病人有暴力紀錄的數字「稍微高少少」。但李醫生說，在精神病人之中，更明顯和暴力有關的因素其實是濫藥、反社會性格和出現幻覺而沒有進行治療。另外，2009年一項研究[11]更顯示，一個沒有暴力紀錄以及濫藥或酗酒習慣的重性精神病康復者，三年內做出暴力行為的可能性不高於一般普羅大眾。李醫生強調：「精神病人並不可怕。」

鄭仲仁說，近年每有慘案涉及精神病人，康復者都感到社區氣氛收緊，在街上只要有推撞，若涉事人被翻查出有精神病紀錄，就會被送到醫院：「形成好大壓力，康復者無乜自主權，像一個惡性

---

10 香港精神科醫學會成立於1967年，由本港一群精神科醫生成立，於1993年升格成為「香港精神科醫學院」，為香港醫學專科學院之一，主力於香港培訓本港精神科專科醫生，並舉辦專科考試及頒授院士資格。

11 E. B. Elbogen and S. C. Johnson, "Intricate Link between Violence and Mental Disorder—Results from the National Epidemiological Survey on Alcohol and Related Conditions," *Archive of General Psychiatry*, 66 (2009): 152–161.

循環，康復者和社會中間好似有一道牆咁。」

鄭仲仁形容，病了三十年，除了藥物，最有療效的就是和別人分享經歷：「以前好難搵到人去分享自己嘅感覺，無人傾到偈，好禁忌。」後來他創立病人自助組織，倡議政策，參與社會行動，感覺過程十分有治療效果。鄭接受筆者訪問，還有心情把《新報》那個持刀公仔用文藝角度分析。他說，覺得那公仔有點像《蝙蝠俠》電影裡的「小丑」：「電影裡的小丑角色引起社會恐慌，是失去人性的象徵，仿如精神病的原型。」

筆者問，作為一個精神病過來人，看到「小心，癲人出沒」的報導，會否覺得文中指涉的就是自己？「以前會諗，你係咪話我係癲？覺得報紙好唔公道，睇唔起我，一竹篙打一船人。但現在我反而係覺得佢好無知，係一種憐憫，多過一種恨。」

當英國政府已經進步到建構全人治療觀念，去年（2011）提出新政策「沒有和精神健康無關的健康問題」（no health without mental health），[12]將精神健康與所有疾病整合，香港卻仍停留在提出把精神病者分隔、要求社會人士避開他們的落後思維。或許以為自己正常的，才是最不正常的人。日本電影大師黑澤明說過：「在瘋狂的世界裡，只有瘋子才是正常的。」指控別人是瘋子的，才是創造瘋狂世界的幕後黑手。

（此文章獲得由國際特赦組織香港分會、香港外國記者會及香港記者協會聯合舉辦的2012第十七屆人權新聞獎「評論和分析大獎」。）

---

12 參：https://assets.publishing.service.gov.uk/government/uploads/system/uploads/attachment_data/file/138253/dh_124058.pdf。

後記

記者採訪弱勢社群，最忌諱只想要「幫一下」他們。這種思維讓弱勢社群變成被動的受助者，讓記者不自覺成為了英雄。可惜，大部份傳媒都難逃這種思想框架。

還記得2011年8月初，《蘋果日報》頭版標題為〈道友露宿烏煙瘴氣冇人敢行 浪費二千萬喪屍隧道〉，不久之後，同一報章頭版卻用上語調滿有同情的〈政府趕絕露宿者〉為題。兩篇報導只不過相隔十日，露宿者便由城市安全隱患，變身成為值得公眾同情的群體。

如此搖擺不定的論述其實同出一轍，一樣把弱勢社群置於一種被動狀態，把他們簡化成為一堆符號，要不是引起社會不安的惡魔，就是等人幫的弱者。

讀碩士時，我學習文化研究理論的「充權」(empowerment)概念。這理論強調不應視弱勢社群為等人幫的被動客體，而是要把社會結構不公義造成的各種欺壓披露，並讓社會聆聽其聲音。論者相信，不公義是可以扭轉過來的。

面對弱勢社群，記者的工作不是從上而下去幫助他們，而是提供渠道，讓弱勢者充份發聲，讓社會承認他們的主體性(agency)，讓他們的想法可以被聆聽，找回自主自立的可能性。

文中提及那篇強差人意的《新報》報導，最大問題不是醜化了精神病人，而是整個頭版報導長達數千字，竟然連一個精神病康復者的心聲也沒有紀錄下來，來來去去都是訪問社工和醫生等「專家」，讓他們代替病者發言。

我當時心裡想：怎可以寫一篇文章談精神病，完全不讓病患者發聲？如此的採訪手法就如漠視他們、當他們透明，還怎麼談尊重精神病康復者？

我當然明白，要找曾經患過精神病的人具名受訪難度甚高。就以這篇文章為例，訪問過程不容易。精神病復康者的心理狀況較為敏感，亦因為過往受過傳媒傷害，難免對記者有疑心，要讓他們放低戒心暢所欲言，是要額外花心思的。前前後後，我與精神病康復者鄭仲仁在電話裡消磨了好幾小時。訪問完成後，累得在家中沙發癱軟了一會兒。

不是因為困難，我們就可以隨便令人噤聲。**記者的工作就是盡力找對的人，讓他們為自己發聲。**

我慶幸自己有這樣做，因為我認為，要寫一個篇關於精神病的報導，必須充份聆聽病人第一身的心聲。我視弱勢社群為與我一起完成報導的「同行者」和「伙伴」，我不甘心做一個「消費了別人的不幸」來吸引眼球的新聞人。

2 烈女·烈佬

2017年1月14日

因女藝人欣宜「高調肥」捱轟，我重讀了約翰·伯格

前言

沒想過，這篇文章最後會「衝出香港」，吸引了一批內地和台灣讀者。

有趣是，最初完稿呈交給端傳媒時遇到一些阻滯，其中一位編輯是台灣人，他忍不住點評：「香港以外的讀者未必認識誰是欣宜，要不要修改一下題目，好讓多一點讀者明白？」端傳媒的目標讀者群設定得比較寬，除了香港人，還希望吸引來自中國大陸和台灣的讀者，即所謂「大中華讀者圈」。

他這樣説，我對這篇文章的迴響也打定輸數。事實上，此文把「票房毒藥」元素集一身，開宗明義談學術理論，內文還引述了原著的理論，我做好心理準備，文章應該沒太多人感興趣。

沒想過，原來不認識欣宜根本不是問題，只要文章談「女性」和「肥胖」，就輕易炸開了鍋。文章上載於端傳媒臉書後，編輯告訴我：「點擊率攀升得很快，網民熱烈留言，反應很好。」當然，批評也隨之而來。讀者在留言裡分成敵我兩陣營吵起來，連著名電台主持人卓韻芝也加入戰團寫文章回應。我親身體驗到，似乎在互聯網世紀，有爭議的文章點擊率自然會上升，縱使我撰文的時候，完全沒想過會惹來爭議。

最後，文章在香港、台灣地區獲得約七萬點擊，內地微信公眾號「女權之聲」當時亦有轉載，在內地吸引了三萬點擊，故大中華地區總點擊十萬。時任端傳媒總編輯張潔平曾經半開玩笑道：「究竟有沒有所謂的『大中華華文閱讀群』我們也不知道，只能試試。」經過今次實驗，我可以說是有的，尤其是談關於女性外貌，整個華人圈子的女性（或男性）彷彿都有話兒要說。

“

我讀碩士時曾研究過「明星現象」，[1] 發現娛樂圈明星的私生活必須被公眾談論，因為討論明星其實讓我們討論甚麼叫理想人生。例如，我們說謝安琪是「女神」，不只因為她唱歌好，還因為她漂亮，更演活一個「理想人妻」，潛台詞是「如果我是女人，我都想像謝安琪一樣」。至於

1 英國電影研究學者Richard Dyer是其中一位最早提出以理論研究「明星」現象的人，他於1979年出版*Stars*一書，以荷里活影星為例子，分析明星作為建構的文本，承載著時代的意識形態及社會價值，亦與商品文化掛鉤。我曾於2002在中大完成碩士論文“Domestication of the Cultural Icon Chow Yun Fat: From Subversion to Domination”，研究香港明星周潤發與香港人文化身份認同的關係，論文裡詳述關於明星研究的理論基礎。

那種「民間討論」是真是假未必重要，因為輿論反映的不是明星的私生活有多真實，而是市民大眾對自己日常生活的價值觀。簡單來説，我們討論明星，其實在討論自己。

這樣看來，欣宜近日被網民痛罵，可以理解為坊間對「女子應該如何自處」的一場大辯論。有人指，欣宜近日在音樂頒獎禮上得到的獎項並非「實至名歸」，而且又重提亡母沈殿霞，以及之前肥胖被訕笑的慘痛遭遇，猶如「消費亡母」和「消費脂肪」，[2]令他們感到煩厭。觀眾對欣宜如何理解自己身形和家庭背景有強烈看法，潛台詞是「女人不應該整天把自己肥得自信掛在口邊」；「在事業上你已有母蔭，機會比普通人多了，不要再裝受害者了」。

欣宜其中一個「罪狀」，就是在頒獎台上提及十多年前（2005）在主題公園開幕綜藝表演上，因飾演白雪公主並親吻男藝人吳卓羲而遭猛烈抨擊。當時市民向監察廣播的政府部門作出三百餘宗投訴，內容指欣宜的表演「不雅」、「令人噁心」、「嚇壞孩子」等。[3]有男藝人更在電台公開揶揄，指欣宜扮白雪公主令他「很驚」，更形容欣宜適合演「小矮人」而不是「白雪公主」。那時候，欣宜已成功減肥，然而仍惹來群情洶湧的批評。

---

2 鄭欣宜父母均為演藝名人，父親為鄭少秋，母親沈殿霞2008年因肝癌去世。生前沈殿霞多年來體型肥胖，以「開心果」形象於香港演藝界獲得觀眾歡迎。女兒鄭欣宜自小已於電視節目中曝光，也是胖女孩一名，長大後欣宜以歌手身份加入香港樂壇。2017年1月1日，商業電台「叱咤樂壇流行榜頒獎典禮2016」上，欣宜憑《女神》一曲獲得三獎，上台領獎後，她戴起也是演藝明星的亡母沈殿霞的招牌黑色膠框眼鏡，被網友指「消費母親」；她亦重提多年前扮白雪公主被投訴一事，感觸落淚，因提及減肥的痛苦經歷，被指「消費脂肪」。

3 2005年9月11日，香港迪士尼樂園開幕。電台播映開幕特備綜合節目，鄭欣宜和男藝人吳卓羲以白雪公主及白馬王子扮相參與演出，台上鄭吻了吳一下。有觀眾不滿並向廣播事務管理局投訴，共361宗。

過去十年，欣宜從肥變瘦變肥，在公眾領域裡演活一個「減肥不成功」的案例。2014年，欣宜在臉書公開表示：從小到大，她認為自己等於「肥」，面對過多番恥笑，後來減肥成功的確令她覺得自己由一個「死肥婆」、「終極豬扒」變成一個「普通人」、「正常人」。但減肥過程很辛苦，令她持續胃痛和失眠，她宣佈對減肥採取「順其自然」的態度，希望「做回自己，令自己快樂」，並表示會繼續做運動。[4]這個帖文，曾獲逾十萬個讚好。

然而兩年之後，民情又再逆轉。欣宜一首主題為鼓勵女性自愛的流行曲《女神》獲得多個音樂獎項，其獲獎後的言論和表現卻被狠批。我翻查網上文章，發現早於去年（2016）10月已有一篇題為〈高登仔：欣宜，你要肥你既事，但請唔好再宣揚「肥」〉的網絡文章，頗能預視並綜合今次坊間的負評。內容提及欣宜唱歌水平不錯，但認為她經常「消費自己」。高登仔寫道：「你現在是做歌手不是去參選『最有自信肥人』的代表，有些時候低調一點，肥沒有問題，但不需要經常拿來做話題宣揚肥胖。不要再説肥得健康這些白痴説話……我絕對無歧視你的意思，亦希望你唔好成日講肥。」[5]

有人解釋，肥一定不健康。但若我們轉換角度，理解「健康」包括「心理健康」，若一個體重過輕的人仍視自己太肥而不斷減肥是一種「心理不健康」，那為何欣宜認為肥胖的自己比一個瘦削的自己更令她快樂，是難以接受的？非要她感到煎熬才可？

我認為這種關於欣宜外形的討論，其邏輯的奇特在於評論者

---

4 參：https://www.facebook.com/joycecheng.page/photos/a.612125695516786.1073741830.125033077559386/726498317412856。

5 主要以書面語節錄。

「容許」欣宜保持肥胖身形，卻「不准」她把「肥」掛在嘴邊。亦即是，肥的欣宜可以存在，但她卻有責任低調沉默，不可以表達快樂和自信，不能張揚地表示「自我感覺良好」。也就是說，她不能就自己身形有發言權。

為何欣宜「自我感覺良好」會令部份觀眾困擾？近日我翻開約翰．伯格(John Berger)《觀看的方式》[6]這本經典著作。早年我在多倫多大學修讀電影分析，《觀看的方式》是指定讀物。伯格是西方學者中其中一位最早提出，在「觀看」這個活動裡，男人和女人角色的不同。雖然著作早於1972年寫下，讀來仍然一針見血，言簡意賅，歷久常新。伯格指出，在看與被看的關係裡，男人是行動者，女人是被觀看物：「一言以蔽之：男人行動，女人表現。男人注視女人，女人看自己被男人注視。」

伯格解釋，這種關係難以扭轉，女性從小就學習：「長久以來，生為女人就……必須時刻關注自己。她幾乎是每分每秒都與眼中的自我形象綁在一起。在她穿過房間時，她會瞧見自己走路的姿態，在她為死去父親哭泣時，她也很難不看到自己哭泣的模樣。從她還是個小女娃的時候，她就學會了時時打量自己，而且相信這麼做是應該的。」我們從小已被教化，女孩子要裝扮，男孩子看漂亮女孩；長大後，我們牢牢地相信這些價值。

女性能否憑自己能力扭轉這種不平等關係？伯格指：「(觀看的分工)並非由於男女之間的不同特質，而是因為我們的文化依然把『理

---

6 約翰．伯格(John Peter Berger)，英國著名藝評人，其《觀看之道》(*Ways of Seeing*)成為BBC頻道經典電視節目。伯格在2017年初於巴黎逝世，享年90歲。本文引述的節錄來自台灣繁體版，吳莉君譯：《觀看的方式》(台北：麥田，2010)。

想中』的觀看者假定為男性，女性的影像則是用來取悅男人。」欣宜作為一個女性，堅持說不瘦也美，如同逆水行舟，怎不焦頭爛額？

伯格指出，女性沒有能力定義別人眼中的自己，只能好好飾演「景觀」，取悅觀眾。說白點，女人不好看就是罪，也就是為何欣宜扮白雪公主還主動獻吻，會招惹強烈批評，無論她如何反駁也徒勞無功。《觀看的方式》裡寫道：「（女人）在別人眼中的形象——說到底就是她在男人眼中的形象——是決定她這一生是否成功的最大關鍵。」伯格一鎚定音：「別人眼中的她，取代了她對自己的感覺。」

我認為，欣宜堅持胖可以自信快樂，挑戰了這種「男人觀看，女人展示」的權力關係。這種挑戰或令主流社會感到不安，才會出現叫她「保持低調」的彆扭說法：欣宜可以肥，但只能低調存在，不可以經常高調宣揚，因為這說法顛覆了女性作為漂亮景觀的主流價值。

女性打扮，只為自己？

還記得第一次讀這本書，最令我震驚的是，伯格強調女性看自己或其他女人時，也會採取一個男性視覺。這亦解釋，為何批評欣宜的人包括女觀眾，而有時批評女人外觀的人，最狠心的是女人。伯格說：「男人注視女人。女人看自己被男人注視。這不僅決定了男人與女人之間的大部份關係，同時也影響了女人與自己的關係。女人的內在審視者是男性：被審視者是女性。她把自己轉變成對象——尤其是視覺的對象，一種景觀。」亦即是說，女性沒辦法不用男人眼光看待自己。

伯格指，每個女性的內心都住了兩個面向：一個男性角度在觀看自己，一個被觀看的女性形象。女性從早到晚就在這兩個角色之間轉換。讀到這裡，我隱隱感到「醒覺了」的澄明，但醒覺後伴隨是一種痛苦。我開始明白一個女性為何連獨處的時候也未必自由，因為她連面對自己的時候，都忍不住用男性眼光看待自己。

之後，我多次在傳媒嘗試談這種「凝視理論」，[7]不時惹來批評，論調皆為「哪有這種事？」，「女為悅己者容是自願的」。我只能說，伯格等學者提出的「凝視理論」是一種分析框架，提醒我們社會文化如何令我們產生一種錯覺，認為女性打扮完全出於自己意願，沒有被社會風氣影響；當我們看到漂亮的女性在社交、婚姻和事業上被獎賞，不好看的女性被懲罰，我們不會反思一下，這種遊戲規則有甚麼問題。

後來我在香港一間大學本科班教授「傳媒與性別」科目，談到伯格理論時，也會遇到反駁聲音。女學生說：「老師，我自己真心喜歡打扮得漂漂亮亮，沒有討好男性目光這回事。」但後來，當學生用上三個月時間慢慢以這套理論來分析廣告、電視、電影等媒體對兩性的描繪，他們漸漸信服了。

有學生做實驗，以短片把男女在觀看的角色上倒轉，當短片播放，全班錯愕，並發出訕笑聲。他們發現這「女人在暗角窺視一個漂亮男生」的短片令全班同學渾身不舒服，飾演被偷窺的男同學更強烈要求不能在班房以外播放，彷彿他做了甚麼觸犯了社會禁忌。這個時候，大家不得不承認「觀看」這個表面看來好像透明的活動，帶有如此濃厚的社教化痕跡。

---

7 英國電影學者Laura Mulvey在1975年撰寫文章“Visual Pleasure and Narrative Cinema”，以女性主義者眼光剖析電影觀看的觀點與性別權力關係，此後關於「凝視理論」的補充修正論文在學界產生持續影響。

欣宜反映的社會焦慮

至於欣宜，也有同學希望研究一下不同背景的人看欣宜會否有不同效果。學生們在校園找來一批不認識欣宜的海外學生，主要為美洲或歐洲交換生，給他們看欣宜的照片和演出片段。結果，海外學生均認為欣宜「活潑可愛」、「身形沒太特別」。值得一提，當時正是「白雪公主」在香港被三百人投訴之後不過數年。我仍記得學生做簡報的表情有點不自然，因為這批本地學生本來都認為欣宜不漂亮，還傾向恥笑她的體型，怎知最後發現地球上仍然有些人認為欣宜外形「沒太大問題」。

為何海外觀眾對欣宜比較友善？我相信，所謂「漂亮女性」在不同文化有不同定義，而近年西方社會對女性身形「肥胖」看得比較寬鬆。我曾在北美洲生活過五年，那裡偏胖的女生穿性感衣物是常見事，不會像在東方社會被批評得體無完膚。還記得剛從北美洲回港，最不習慣是香港女生一天到晚說自己「胖」。

所以，欣宜的身形在香港是「問題」，在部份西方社會未必那麼嚴重，取決於觀看者身處的社會對悦目女性的定義。伯格在《觀看的方式》一開首便寫到，同一件事物，不同人看有不同效果：「我們注視的從來不只是事物本身；我們注視的永遠是事物與我們之間的關係。」香港觀眾和欣宜之間的關係，十幾年來跟一個「肥」字捆綁著，反映的是觀眾對「肥女子」的過度焦慮而引致的化學作用。

還記得，兩年前(2015)的某天，我在辦公室收到一張明信片，是一位曾修讀我課的女學生在畢業旅行時於海外寄給我的。沒想過，這位女孩會在卡上寫這番話：「一直想說，慶幸在大學遇到你。你在堂上教的理論，可說是畢生受用，亦改變了我一直以來看事物的角度。尤其是male gaze theory（凝視理論），它讓我終於理解一些我從小就有的疑問、奇怪的想法，原來很多時候是社會建構出來的。只有明白到社會結構、風氣、文化，才能更認識自己，然後再慢慢在社會上尋找自己的定位。」

後記

我自小對自己身為女性在華人社會的存在狀態充滿了問號。為何男孩可以這樣，女孩就要那樣？直到在加拿大讀本科時，在研究電影的課堂接觸西方女性主義，才開了竅。別誤會，我沒有成為「信徒」；事實上，當時我覺得西方女性主義頗偏激，如同對我這個亞洲女子進行了一場shock therapy。我記得，在多倫多大學的電影研究課室裡，只有我一個亞洲來的學生，其他亞裔同學都去了上工商管理課或工程課。

那是接近二十年前，想不到關於性別的話題至今還是惹火的題目。近年由荷里活片場開始的反性侵「#metoo」運動，從演藝圈蔓延至各行各業，並由北美洲蔓延全球，但隨之而來的反撲力量也強大。今時今日在網上寫性別題目，無不引發激烈辯論。

幸好，寫這篇文章的時候，對女權的反彈還沒有後來那麼厲害，我還可以隨心書寫。在諸多性別理論之中，我一直喜歡約翰·伯格，他寫的東西簡單易明，給大學本科生講解也不困難。適逢2017年1月初伯格離世，我立即聯想起當時被網民狠批的藝人欣宜，興之所至，就把理論與香港本土娛樂圈現象結合起來了。

現在回望，其實我的做法頗大膽。約翰·伯格是西方藝評大師，他逝世後，有藝術學者寫了回顧他生平的文章，但只在小眾讀者之間流傳。相反，欣宜是娛樂圈中人，不少讀者會認為這種題材難登大雅之堂。伯格和欣宜，一個代表小眾學術圈子，一個代表通俗大眾文化，把兩者連結，漠視高級與低級的分界，打破學術和通俗的界限，我實在「膽生毛」。

我本來預料文章像把石塊投入無底洞，遊戲文章只為自娛，還計劃悄悄發表了就算，沒想過引發海嘯般反應。有時，follow your heart 寫自己相信的事，少點計算，會有出乎意料的結果。

有一次在香港書展偶遇香港作家小思老師。她和我本來並不認識，但原來她有留意我寫的東西。我忍不住向老師埋怨：「老師，有時寫東西好像得不到回應，如同把石塊掉進無底的井口，連『撲通』那個聲音也聽不到。」她安慰我説：「文章不是為回應而寫的。文章要寫，因為你有話想講。」

對，我想起寫這篇文章時，那些話憋了很多年，敲打鍵盤時，好像有股力量從身體深處像泉湧一樣爆發出來。有想要説的話，就是寫文章最大的原動力。

盛女愛作賤

2012年4月15日

前言

這篇文章書寫年代久遠，應該是全書最早見報的一篇文。

重看寫作風格，可以看出手法稚嫩。當時我覺得一個社會現象有問題，坦白批評，無遮無掩，直插核心。後來才學懂這樣做不聰明，以後採訪類似題目時會婉轉點，醒目點，自我保護一點。當年寫法直白，引爆坊間討論，也是自招。事後回溯，文章惹火原因有三。

第一，寫一個人人都覺得自己有話語權的題目——港女。

第二，批評全香港最多人看的媒體——大台。

第三，議論一個廣為主流社會接受的價值——女為悅己者容。

2012年春天，一位原來在無綫電視新聞部拍攝紀錄片的記者轉到綜藝節目部工作，推出參考外國電視的真人騷節目，第一炮《盛女愛作戰》安排五個找不到男友的「剩女」被改造，引起全城討論。當時只有娛樂八卦雜誌關注，像我這種以性別角度切入的作者寥寥可數。這位幕後製作人是我的舊同學，大家在碩士年代一起讀過學術理論。我找上她，她替我約了節目其中一位參加者Bonnie一起來。

訪問中我多次質問Bonnie為何要參加這種貶低女性的節目。文章刊出後，有讀者認為我這樣做對Bonnie不公平，評論指Bonnie自願參加節目，算是一種自主的表現。

文章至今刊出已七年。舊同學繼續拍攝其他大受歡迎的真人騷，但那次之後，我和她沒有聯絡。至於Bonnie，她曾經嘗試踏足娛樂圈，後來淡出，期間我們一直保持聯絡，更成為朋友。

這篇文章如果有一種教訓，應該不是關於做女人的奧秘，而是關於寫文章的道理：**不要以為批評你的受訪者，對方一定會不喜歡你；批評得有道理，她甚至會欣賞你。**

且看香港文化如何摧毀一個人的個人意志。《盛女愛作戰》[1] 參加者之一Bonnie原來是一個率直爽朗的少女，曾經在澳洲生活的她，知道快樂

1 2012年4月9至20日，無綫電視於晚上黃金時段播放一連十集《盛女愛作戰》，為香港電視業界最早仿效西方國家的「真人騷」節目形式。節目製作人岑應出身無綫新聞公共事務科，曾參與製作紀錄片節目《星期二檔案》，推出關於「港男港女」探討兩性關係的製作後，脫離新聞部系統，製作此一節目。香港像大部份先進地區一樣，一批女性到30歲後仍單身，在中國和亞洲有「剩女」、「敗犬」的貶意稱號。參與節目製作的有五位女性在節目裡接受一批包括婚姻介紹所老闆所組成的「人生教練」團體，改造外形及傳授待人處事態度，目的為求偶成功。節目引起話題，平均收視24點，推算有逾百萬觀眾。外界曾質疑參加者是「做媒」的演員，但據了解，部份參加者是透過朋友關係介紹參與製作，拍攝時因為製作團隊背景而曾誤解為接近寫實的新聞紀錄片，故同意參加。

可以很簡單。她記得在沙灘上玩滾地葫蘆的瘋狂，脫下鞋子赤足走路的痛快，和三五知己喝冰凍啤酒的樂趣。但回到香港，這些行為卻被批評為「男人婆」。作為一個年近三十的女性，她害怕這種性格會變成「孤獨終老」的催命符。她選擇參加一場真人騷，皈依「港女」這個宗教，學習打Botox瘦面，[2] 學習為吸引男人說謊，學習變得溫馴得體。

改造旅程完結，自己亦成為全港市民茶餘飯後的話題。筆者挑戰她，為何放棄那個自由自在的我，隨波逐流成為千人一面的港女？她說：「我要在香港生存，要在香港識男仔，就要妥協。」昨日的她赤腳在草原奔跑，今天卻穿著三吋高的高跟鞋。筆者只能感嘆，盛女不是在作戰，而是在作賤。

《盛女愛作戰》是一個無綫真人騷節目，講述五個單身女子踏入30到40歲仍然單身，為了脫離「剩女」行列，接受形象改造，嘗試結識異性。節目迅速在香港引起話題，觀眾不但對女主角大肆評頭品足，亦能享受那種「醜女大翻身」的快感，主題強調「女人結婚才是歸宿」亦配合異性戀霸權和保守的家庭價值。五個參加者中，最後只有外形女性化的Suki在拍攝期間找到男朋友（已被奉為「高登女神」），其餘四個包括Bonnie仍然單身。[3]

Bonnie表示，是經一間「極速配對」公司介紹認識《盛女愛作戰》

2　Botox是一種流行的醫學美容程序，以注射抑壓肌肉活動的藥物，達至減淡皺紋效果。

3　五個參賽者年齡由28歲至40歲，有已離婚並育有女兒的快餐店經理Gobby、曾任職銀行的Suki、客戶經理Mandy、具碩士學歷的大專院校行政經理Florence，和本文受訪者Bonnie。

製作人。她說，參加之初已有心理準備被取笑為「不靚女」，並需要學習社交禮儀。較意外的是節目不但改變女孩外形，連做人處事態度也要干預。她回憶，「導師」[4]教導她們吸引異性必須要手段，例如哄騙對方。一次Bonnie要拒絕一位異性，於是按導師指示撒謊說自己沒空約會：「我以為，男孩應該因為我的直率性格喜歡我，但我卻說了一個大話欺騙他。但那一刻大家（製作團隊）看著我，我要在鏡頭前這樣做，很尷尬難堪。」她納悶地說。

但製作人強調，節目沒有半分「造假」，因為拍攝團隊不會干預，女孩做的事是心甘情願。問題是，鏡頭存在本身，已經影響了事情發展。

Bonnie承認，不少男孩子知道有人拍攝，會為了令她好過而約會她：「件事好唔自然，所以（這些關係）拍攝完畢也完畢了。」

曾經在澳洲生活一段長時間的她，難忘當地的自由風氣，不論男女，生活方式可以多樣化。「我在澳洲在沙地上打滾已很快樂。但香港人會說，滾沙地會弄污名牌外套。香港人好物質主義，好偽善，好堆砌。我在澳洲的窮鄉僻壤生活，有錢人和窮人過的是一樣的生活，我們可以不穿鞋子走路，沒有人覺得你有問題。你外表漂亮，我們會欣賞；你不漂亮，我們不會看扁你。」Bonnie曾經是一個獨立思考、活出真我的女子，但今日卻妥協了。訪問當天，她為穿上三吋高跟鞋，舉步維艱，終於遲到20分鐘。

---

4 節目最具爭議性的安排是一班被稱作「人生教練」的人物，教導五位參賽者改善自己的求偶能力，當中包括含商業推廣成份的美容院老闆及婚姻介紹所老闆，一些以近似輔導手法來責備參賽者的人士卻欠缺專業心理學家資格或相關輔導專業背景。有教人認識異性的所謂專家，因其理論古怪，例如建議參賽者以「45度角的眼神來跟異性溝通」，更成為坊間笑柄。

Bonnie個人照（攝影：李紹昌）

既然明白香港文化的膚淺虛偽，何苦要去學習自己不屑的生活方式？Bonnie說，自己在香港獨居，覺得沒安全感，希望結識一個心靈相通的男伴。她認為自己性格「有問題」、「不懂得做女朋友」，「需要重新學習」。

這種「女人之所以單身是因為她們不夠好」的論述，正中節目裡一班所謂「導師」的下懷。這個節目邀請了一班「導師」去改造參加者，但導師大部份都沒有專業資格，個別導師亦強烈推薦女性作美容整形。於是，這班「不夠好的女人」結識異性之前就要光顧美容院，做各種心理分析和輔導。意見不外乎一種，就是女人要找男人，就要把自己的行為外形塑造成男人眼中的景觀：芭比娃娃和性感尤物。

節目中唯一「勝利者」、結識到男友的Suki，本身已經瘦削、女性化、長髮、小鳥依人，在高登文化裡，這類女生被稱頌為「Girlfriend-able」(可成為女友的人)。那邊廂，仍然單身的Bonnie形容，她參加節目就是學習如何成為一個「港女」。筆者問：港女不是負面標籤嗎？「雖然香港男人經常投訴港女不是，但轉過頭來，他們卻仍會找港女做女朋友。我想，成為港女會否是出路呢？」Bonnie放洋歸來，理應擁有強大文化資本，有能力抗衡主流論述，但最終卻選擇以「港女」為學習對象，令人錯愕。

於是，她接受一系列改造，例如說話斯文一點。外表亦由牛記笠記變成黏假眼睫毛戴大眼仔穿裙子，又接受瘦面菌美容。不過筆者覺得，她未變身前反而爽直可愛，受訪當日卻成為倒模一式一樣的「港式美女」。

筆者進一步挑戰，節目把女性改造為男性眼中的尤物，又宣傳獨身是女性的懲罰，正正是對女性尊嚴的踐踏、赤裸裸的性別定型。Bonnie卻辯護指不覺得這個節目的價值是「原創」，認為只是回應社會需求：「節目的力量不足以推動你們所謂鼓吹拍拖的歪風，是一些人對拍拖有憧憬，才會被吸引過來」；而且Bonnie強調，參賽者也會反駁導師意見，堅持一些「反叛」的想法。不過，筆者卻認為節目內「專家」和女角權力不平均，結果製造了一種「女子頑劣不受教」的效應。每集播放完畢的觀眾投票，「民意」往往狠批拒絕扮靚、拒絕追求者的女參賽者。故此，女參賽者即使在節目中曾經嘗試反擊，但效果卻像螳臂擋車，無損整體節目定型女性的主旋律。諷刺的是，家庭觀眾的獎品竟然是「美容禮券」，好把「女人要改造」的神話延續下去。

據了解，《盛女愛作戰》製作人出身無綫新聞部，因為拍攝「港男港女」等紀錄片題材大受歡迎，於是借調到綜藝科開拍此節目。節目標榜「真人騷」，參與者和「導師」均沒有金錢報酬，但女主角接受的「改造」卻完全免費。據悉，製作人本身亦是單身女性，相信女性都期望拍拖和結婚，相信這類題材會受歡迎。節目內容會否形成對女性的歧視和定型，消息指出製作人認為這種討論「較學術」，非考慮重點，亦認為女大當婚是大眾接納的價值，適合在主流傳媒播放。[5]

事實上，節目的拍攝時間長達半年，Bonnie和製作人員已在合作過程中成為了好友，並對節目帶給她的改變，例如增廣見聞，心存「感激」：「幸好我參加了這個節目，這是一個寶貴的機會，讓我學懂很多東西。」筆者作為一個局外人，看不到Bonnie的收穫有多豐富，但至少讓筆者見識到一種現象——斯德哥爾摩症候群，[6]就是那種明明你是受害者，卻因為長期相處而會為加害者講好說話的奇特心理。

5　製作人陪伴Bonnie一起接受訪問，但當時只願意以匿名身份講述其理念。考慮到我的文章內容對節目具批判性，讓製作人說其回應，可讓讀者了解不同觀點，自行判斷。

6　1973年，瑞典斯德哥爾摩銀行發生劫匪挾持人質事件，人質與賊人相處五天，最後人質對綁匪不但沒有仇恨，還衍生憐恤之情，此後心理學以「斯德哥爾摩症候群」形容被挾持者對加害者懷有好感的心理現象。

後記

文章刊出後，Bonnie成為了我的臉書朋友，當時她因為拍攝這個真人騷節目接受大量傳媒訪問，有些篇幅甚大，記得一次我在便利店瞥見《明報週刊》的封面女郎正是她。此後，仍有人批評我的文章對Bonnie不公平，但熱潮過後，她於2012年4月中在臉書分享這篇文章，並寫道：「雖然我和譚蕙芸持不同的意見，但這是我這麼久以來最喜歡的一篇訪問。謝謝譚小姐。」

當時我感到受寵若驚，也摸不著頭腦。我批評她，説她作賤自己，説她有斯德哥爾摩症候群，她還欣賞我？但我們總算保持聯絡。後來我在香港電台電視部客串做節目主持人，找了Bonnie拍攝一套關於女性生活感想的短片，她二話不説便答應。

她外表大癲大肺，説話粗魯率直，在臉書上Bonnie經營了一個專頁叫「花生痾肥屎」；在真人騷節目說了一句金句：「靚女都要大便」，顛覆了主流社會對女性斯文有禮的形象。但私底下，她也是一個愛思考、對知識有渴慕的女子。她在科技公司做推廣工作，偶爾要寫文宣，也算半個傳媒人。她説，知道訪問別人不容易，有機會想學習一下，我以為她説笑而已。

過了兩年，她從臉書上知道我在中大教授「新聞特寫」，私信我查問上課資訊。不少人説要來當旁聽生，最後也未必會來，畢竟上課地點偏遠，加上時間又在晚上，對上班一族來説不容易。但Bonnie講得出做得到，不只出席一兩次，而是一個學期13節課差不多次次都來，她的出席率比有些學生更高。

我忍不住向學生介紹這位特別的旁聽生，她其實是我的受訪者，還要曾經被我「奚落」過，班房裡都學生紛紛報以好奇眼光。反而關於那個風靡一時的真人騷，年輕一輩已經沒有印象了。

面對二十多個已經認不出她是誰的年青人，Bonnie站起來，腼腆地說了一番話。這番話我聽了不只一次，但每次聽到都感到窩心。2013年4月，我拿到新聞獎，當時Bonnie在臉書上詳細地剖白對我的看法：

> Vi姐係我最喜歡嘅記者。
>
> 係《盛女》一役，大部份記者只會片面地寫啲花生稿畀大家睇。而Vi姐，係唯一一個花時間做專訪嘅記者。雖然大家立場不盡相同，文中有各自觀點分析，亦有其個人看法，但我感覺無比尊重，因為佢「聽我講嘢」，而唔係只問娛樂性嘅問題。而該篇訪問，亦是我唯一係Facebook share過嘅報導。……（省略）
>
> 要知道寫一千幾百字唔難，但寫一個好嘅專訪，所需要嘅準備同功力並不簡單。從佢嘅文字，除咗報導相關嘅內容，佢對新聞嘅熱情同執著，表露無遺。當然，仲有正義，公義。
>
> 記者，應該係咁樣做嘅！

感謝Bonnie的寬宏大量，你能看透文章表面的褒貶，體會記者背後的心意，更領會了新聞工作者的使命。沒想過，在被視為最膚淺的娛樂演藝圈，竟給我碰上一個最有深度的受訪者。時至今日，是剩女還是盛女已經沒有人關注，令我難忘的卻是你的智慧和內涵，這種漂亮，不會過時。

赤裸，作爲一種穿著

2012年6月19日

前言

當初寫這篇文章，由好奇心開始。全城都在談論一班赤裸上身的男子，在空氣污濁的中環街頭光著上身，為了新開張的美國時裝品牌新店造勢。他們吸引了大批市民去看熱鬧，有女孩相約去和裸男合照，照片中女孩們抱猛男、親猛男、被抱起；男士呢，在網絡上表示不滿，批評女子們這樣做實在太過「不矜持」，有學者更批評女士這樣做有辱中華文化、道德敗壞云云。

眾說紛紜，我的意念卻很簡單：回歸原點，想了解裸男在想甚麼。既然裸男引來各方不同意見，為甚麼不去訪問他們，聽聽他們的心底話？如果我們說「物化」別人不要得（其實「物化」這詞源自學術界，漸漸流落民間，更變成貶義，淪為恥笑學者太理論化的反諷用詞），如果讓裸男露肉，卻不讓他們發言為自己的行為表白，不也正是漠視他們主體性的做法？

當然，物化容易，歸還主體性艱難。幸好我已有訪問《盛女愛作戰》主人翁的經驗，今次處理上更小心，我把男士們裸露身體旅程中的掙扎詳細紀錄，用他們的內心交戰説明性別牢籠的無形壓逼。結果文章內容既風趣又無奈，既荒謬又真實，既惹笑又發人深省。最後，我找到一位迷戀過這品牌、夢想加入這公司、曾改造自己來配合公司標準的女孩，把她的心路歷程紀錄下來。讀完你會發現，男人和女人其實同坐一條船。

這兩週，香港無人不知中環有間美國時裝店開張，逾百裸男在鬧市展示六舊腹肌。港女們歡喜若狂，又攬又錫又摸的合照把Facebook洗版。[1] 究竟六舊腹肌後的腦袋在想甚麼？和兩名本地裸男深入訪談，發現品牌要求的「裸」不只是健碩或健康。裸男平日已做大量運動，但為求滿足品牌要求，還要加工塑形，曬黑減肥地獄式操練，才能造出客戶標準的「完美身形」。

一間賣衫鋪竟叫模特兒不穿衣服，荒誕如同賣梳店請和尚代言。然而，當你知道品牌要求的「裸」，其加工修飾程度不下一件時裝，你就明白這種「裸」背後其實是Foucault[2] 所說，身體最嚴厲的discipline

1 美國時裝品牌Abercrombie & Fitch於2012年8月以月租700萬港元在香港中環畢打街開設一萬餘平方呎旗艦店，並邀請不同國籍肌肉男模特兒赤裸上身、只穿短褲站在鬧市宣傳，吸引不少女性到場與模特兒合照，引起熱潮。但不敵市道疲弱與租金昂貴，中環旗艦店於2016年關閉，2017年夏天該品牌改於尖沙咀商場再開設店鋪。

2 法國學者米歇爾・傅柯（Paul-Michel Foucault）在七十年代研究懲罰與規訓，解構社會有形與無形的監控手法如何深入生活最細微的小節，令人民不自覺內化有權者的論述。

和policing。這種所謂的「裸」不是天體營的自由自在身體大解放，而是排斥失敗者的殘酷遊戲。正如一裸男說：「A&F講究的實力是看腹肌，它要的就是你這部份，誰的腹肌漂亮，誰就贏。」公平不公平，看你是贏還是輸的那人。

兩位受訪裸男20歲出頭，本地長大、華裔香港仔，正修讀大學或已大學畢業，有做模特兒經驗。Marcus氣質似吳彥祖，做過泳衣內褲show，拍過平面電視廣告；Ernest似陳冠希，曾在海外留學。（為免品牌追究，Marcus和Ernest均為化名。）

他們說，今次有110多個裸男，大部份來自世界各地，六人來自香港。香港挑選過程個多月前起動，兩人透過朋友或該公司職員介紹面試，同場競爭者最少數百。Marcus說，他參加英文問答環節時不積極，最終選上，「可見都係睇樣同身形」。他說，公司專挑「陽光、sporty、大隻，但不要像健美先生，唔要個胸超大，是合比例、線條靚的」。

最後一輪篩剩20人，連續四星期，每週要拍攝一張光著上身的照片，讓公司「監察」身形變化。兩人都有玩高強度球類運動，平日常去gym，然而運動員體型也未符合要求。候選期間，Marcus加倍做gym，由原來隔天、每次個多小時，變成天天做三至四小時：「操練好辛苦，個肚像被刀割。」

Ernest本來只有兩舊腹肌，被品牌要求「曬黑啲」；下腹肌唔夠勁，於是每早狂吃蛋白、雞胸等高蛋白食物，焦點練下腹，又去曬黑。最後減了十磅，成功製造「6-pack朱古力」。其朋友說，見證Ernest身形大改變，卻取笑他「愛型唔愛命」，正餐只吃沙律充飢。

裸男薪金不高，平均時薪200元(每更工作5小時，基本時薪40元，每更額外津貼800元)，雖比A&F店員時薪40元多，卻少於廣告界泳衣內衣騷時薪1,500至2,000元水平。

Marcus和Ernest卻甘心，因為A&F model是業內身份象徵。Ernest說：「朋友都proud of你做到A&F model，好少亞洲人做到。」Marcus說：「入圍證明你身形好。」

Marcus指出，較一般模特兒工作，今次工作特別，不太看樣貌，純粹看腹肌：「A&F要求的實力只是看腹肌，它們要的是這樣嘢(指著自己個腹)，邊個呢度好啲，邊個就贏囉。」

然而有完美腹肌，並未大功告成。兩人稱，這份工另一要求是要裸男長期表現亢奮，他們形容為「自high」。

無論在開篷巴士上還是店面，都要「狂嗌狂叫跳舞」吸引途人。Ernest真人性格幾cool，向筆者示範如何剎那亢奮，他忽然裝出笑容，用美式英文說："Hey, what's going on, hey, high five!"他說，中途也累，為保持「專業」，也要假扮興奮。他會飲公司提供的Red Bull[3]充電。

性格內斂的Marcus對於這種「自high」較難適應。他形容，上司不斷叫他keep energetic、keep smiling、keep waving、keep dancing，他卻吃不消：「最初覺得這份工幾新鮮有型，後來覺得悶、無聊，有啲厭倦，是當份工去做，high係扮出來。」他說中環街頭酷熱，五小時不停嗌很辛苦：「我成日被責備不夠活力同笑容，做得不夠好。」他甚至形容：「這份工學到啲咩？學到自high囉，有咩學呀？無嘢學喎。」

---

3 源於泰國、被奧地利公司收購的能量飲品品牌，經常贊助極限運動，建立提神、陽剛、歷險的廣告形象。

訪問A&F模特兒（攝影：李紹昌）

為何要裸男要不斷扮high？以公關角度分析，這種「自high」是品牌想展現的美式青春文化。A&F要求店員無論男女，當值要保持活力。有學者形容，這種「情緒勞動」[4]（emotional labor）是現代營商手法，要求僱員投入特定的情感，例如空姐要保持親切微笑，主播報導天災人禍要嚴肅，追數佬則要「扮惡死」。

若以女性主義角度分析，筆者認為扮high可令裸男保持男性化，不會過份挑戰主流性別定型。例如童話故事裡，白馬王子負責斬妖除魔英雄救美，漂亮公主則負責昏睡；[5]傳統男人應該有活力，女人漂亮被動。今次男人袒胸露背畀人睇已挑戰主流價值，不加上活力，更難被大眾接受。

所以，「裸」作為一種穿著對女性來說，可以是靜止被動的；對

4 情感勞動指工作崗位需要員工展示或壓抑某種情緒，大部份涉及服務業。

5 電影性別理論指出，驅動劇情的一方多為男角，而被動等待事情發生的多為女角。

男人來説，「裸」要配合動態，才不會被批評「不夠man」。像近期倫敦奧運，游泳和體操男健兒赤裸上身的照片被網友瘋傳，因展示動態和力量，會被認為是男性化的體現。

受訪者也用類似邏輯，來解釋他們不是賣「色情」而是賣「健康」。Ernest説男人在海灘赤裸是平常事，但裸男在沙灘會游水，中環馬路卻無水游。他進一步形容，中環店內外的裸男是在進行「扮開派對」活動。Ernest續稱，裸男「不低俗」，因為是「企喺度同人影相，不是瞓喺度」，強調裸男的主動性。

百多裸男出巡沒令人眼花繚亂，其同質性更令人嘆為觀止。裸男透露，他們被送進W Hotel，有專人造型，過程猶如品質檢定，每一個都是瘦削、六舊腹肌、沒多餘體毛(鬚鬚和胸毛要刮淨)、沒紋身，由公司髮型師理髮，再派發一樣衣著。最後，裸男外形非常相近，和櫥窗公仔Mannequin一樣完美。有意見認為，在品牌影響下，裸男身體被淪為「商品」，千人一面被複製，失去獨特性和身體自主。

Marcus不認同他們是「同質」，更指每人腹肌也有「個人特色」。我們想替Marcus腹肌拍照，他推卻，擔心被人認出「腹肌線條」以致身份被揭穿。但筆者檢視過幾張裸男集體照，真分辨不了「邊個腹打邊個腹」。

兩裸男更強調他們不是「被商家慫恿」，他們表明沒有經濟壓力，是自由選擇去做裸男。Ernest説：「我自己都想keep fit，想大隻，想做沙灘男孩。」Marcus也説，平日做運動也需操練肌肉，今次借機再提升體型。

成王敗寇是資本主義的核心價值，然而總是贏的人少、輸的人多。A&F這場「裸男大選拔」，數百名港男爭奪，只六人選上。令我想起，做到嘅模的女孩寥寥可數，萬千少女卻在照鏡時感到自卑；同樣道理，過百裸男被捧上天，間接把多少男性的自我形象打下了地獄呢？

男人身體作為觀賞對象

二戰前，香港出現首屆香港小姐選舉，當時女性選美被批評為傷風敗德，被認為是在風月場所工作的舞小姐出身女性才參加的活動。男性選美則與專業健身運動掛鈎。及至1973年，無綫電視開辦一年一度的香港小姐選美，女性穿起泳裝展示身體給觀眾欣賞，漸漸洗脱污名，電視台宣傳口號為「美貌與智慧並重」，公眾開始認同女性選美活動可以高貴大方。回歸後，香港兩家主要電視台也曾嘗試舉辦男性選美活動，但候選者得到的尊重一直不及港姐，今年(2012)無綫電視更表示因難以做得「有品味」而停辦。[6]

為何「靚女」被人睇合乎禮儀，「猛男」擺上台卻是歪風？兩名受訪A&F裸男均認同，男人賣body比女人露肉更難被社會接受。一裸男更形容：「我自己都唔接受一個男人靠身形搵食。」更反問筆者：「好似好無目標，係咪呀？」

---

6 「香港小姐選舉」早在1946年開始舉行，主辦單位不同，女性穿上泳裝被觀看，惹來萬人空巷場面，有勝出佳麗遠赴海外代表香港參加國際選美活動，但參賽者往往「被揭」曾任職舞小姐；後來由無綫電視接手舉辦，宣傳上刻意推廣「高貴大方」路線，標榜參賽女性有高學歷、從海外留學回來等背景。首屆「香港先生選舉」則在1949年舉行，由南華體育會與東芬健身院聯合主辦，參加者為健身運動愛好者。（感謝小思老師，提供了更多有關香港女性及男性選美活動的昔日報章材料。）至於電視直播的男性選美活動，則由亞洲電視於1998年推出「亞洲先生選舉」至2014年止。無綫於2005開始舉行「香港先生選舉」至2012年最後一屆，電視台非戲劇製作總監余詠珊於2012年4月解釋：「不知道未來要將選舉辦得高還是低，更爆炸、娛樂性，還是走高雅路線，既然暫時未能在低俗與高貴中取得平衡，便先停一停」，一直未有重辦。

筆者答他：我不覺得，只是覺得在兩性世界，有太多雙重標準。除了男人賣色相會被訕笑外，女人向男性表現「性主動」也會被狠批。今次港女向A&F猛男苛索攬攬抱抱，竟惹來學者批評，指港女敗壞道德，更斥她們向外籍裸男投懷送抱有辱國體云云。[7]筆者只能回應，「性主動」向來是男人專利，男人「拈花惹草」會被讚風流，女人「紅杏出牆」卻是死罪。港女丁點的「性主動」被批評得體無完膚，可見父權如何用「道德」來操控女性。

裸男們承認，港女的瘋狂程度是意料之外。Marcus在開篷巴士上感覺自己像明星：「巴士經過，下面全部女仔好似朝聖咁拜我哋，嘩！(扮尖叫)」還有女粉絲連續十天來看他；Ernest說，有女孩等他放工等了四小時為送禮物，還從中環站一直跟他坐港鐵到九龍站。看裸男的人群迫滿畢打街，哄動全中環，一個美國品牌搞宣傳要出動納稅人的錢，派警方維持秩序，真令人啼笑皆非。Marcus認真問：「我都好奇怪點解政府咁幫手。」

有人以為，裸男們「艷福無邊」，他們卻基於工作需要，被要求與陌生人親密合照。他們說，公司沒有明確指示甚麼合照不能拍，裸男自己有權話事。Marcus較內斂，只接受被女仔熊抱，女仔要求被抱起或惜面，Marcus均婉拒，他笑言：「我好守身如玉㗎！始終唔係外國人，唔係好玩得。」較洋化的Ernest則應女孩要求，十天惜了十多個女仔面珠，抱起了三十多個女仔：「我同好耐無見嘅女性

---

7 文化人陳雲於2012年8月14日撰文評A&F裸男，題為〈莊敬自強，韓國榜樣——論A&F裸男宣傳案〉，內文指：「港女有道德責任，照顧香港女子集體形象，以免降低香港女子身價。這種公然向西方白人男子自動獻身的行為，貶損香港女子共同聲譽，令西方白人視港女甚至東方女子為玩物……在中環鬧市，涉香港公共形象，必須自重，以免拖累其他不參與行動的香港女子。」

朋友見面都會擁抱，我覺得OK。」

但Ernest也有底線。他說，較抗拒同性粉絲。一名男性向他表明欣賞他身體，讚他漂亮得像自己男友。另一次，有男性指著他胸部問：「可否掂？」然後摸著他胸部合照。還有一次，有嚫模在記者前摸他胸部拍照，Ernest抗拒但來不及反應。記者問兩裸男會否感覺被「性騷擾」？兩人異口同聲表示，覺得某些接觸是「過份、猴擒，有點猖狂，但未至於性騷擾」。

對於有學者批評女性「性主動」是道德敗壞，兩裸男均表示不能認同。自稱沒女友的Marcus承認，假設自己女友向裸男投懷，他也會不滿，但他認為女性有權這樣做：「只要女仔覺得開心就做啦，佢做完此生無憾，我不會批評。」Ernest則說：「佢哋只係初中妹妹仔，做得啲乜嘢？」

坊間有人問，點解女人摸裸男就係趣，男人摸裸女就係鹹。兩裸男均認為，這種差異待遇可以接受。Ernest說：「身體被人觸摸的底線，女人應該比男人高一啲。」Ernest認為，相較女性粉絲，同性傾慕者的熱情令他較「不自在」。

但總的來說，兩裸男頗享受「秒殺」中環儷人：「你咁辛苦做gym，都係為咗畀人睇啫。如果你身形唔靚，唔會有人尖叫。」

然而，男性以裸體作為招徠，收錢替商戶賣廣告，對香港主流文化仍是有衝擊。Marcus感到有批評聲音，覺得男人賣body不好：「男仔標榜要有才華，女人未必需要有才華，女仔樣靚有身材就有人欣賞，好似周秀娜咁，佢可以為自己身體被欣賞有滿足感，但男人畀人欣賞身體，壓力會大過女仔。」

Marcus更明言，自己也不接受男性賣色相：「我自己都唔係好接受，我推崇男人要有才華有內涵，唔會欣賞一個男人靠身形搵食。」

A&F在中環開幕，連日安排大班男模助興(《明報》圖片)

他只參與了集體裸男開幕活動，對於其他裸男要一個人站在店內供客人排隊輪候合照，他有點抗拒：「好似好cheap。迪士尼米奇老鼠同人影相，都唔使除衫。」

男人賣body不務正業這種看法，似乎根深柢固。Marcus和Ernest明言，裸男這份工只是一個短暫章節。Marcus說：「用身體去搵錢，是後生可以做吓for fun，玩吓就算，是短期的。」他長遠計劃做健身教練。Ernest說：「我有正職，裸男只係暑期工，當多一條後路。」他長遠計劃做工程師。

香港先生選舉令港人見識了裸男選美文化，然而節目卻被視為「低俗」。今次過百裸男走上中環鬧市，品位高得多。兩者差異關鍵在裸男的「膚色」，在百多裸男之中，七成是白人，兩成是黑人，一成是黃種人。Marcus心水清：「中國人做同一件事沒有這效果，始終外國人做出嚟『得體啲』，沒有那麼『肉酸』，我們黃種人係『戥腳』。香港人係崇洋嘅。」

Marcus形容，自己作為黃種人，站在白人為主的裸男人海之中，始終覺得自己「次一等」。他形容：「就算中國人和外國人一樣大隻，都係外國人受歡迎啲。一排企喺度，女仔都會先去搵白人影相。」Ernest明確指出，品牌來自美國，公司挑選多一點「白人裸男」是合理的：「公司想做這種形象，我覺得無問題，這是商業考慮。」

裸男陣，如何樂而不淫？Marcus和Ernest都覺得，相比香港先生，這場「裸男鬧中環」「有型有品味」得多。說到底，「裸得有品」還要借助白人臉孔和美國品牌威力。當你踏入店內，看到白人裸男巨型相片，你會想像即使自己唔夠大隻，花一千幾百買條沙灘褲，自己都會是個「品味裸男」，比「香港先生」要高出幾個檔次。

「白人至上的美學」

A&F在英美曾多次涉及種族、宗教和殘疾歧視，並被告上法庭。品牌設定嚴格的「Look Policy」，要求員工符合「自然、經典美國風格」。外國傳媒披露，品牌除要求員工有「乾淨經典髮型」，指甲長度亦不能「比手指長多過四分之一吋」等等。這種「美式風格」被指間接排斥了非白人僱員和求職者。[8]

---

8 資料來源包括《衛報》（*The Guardian*）、英國廣播公司（BBC）、哥倫比亞廣播公司（CBS）及美國廣播公司（ABC）。

2004年，A&F被控告種族歧視，當時在美國有八百家分店，員工只有一成為非白人，判案後，才開始積極聘用少數族裔。

2005年，美國學者出版論文集*Why I Hate Abercrombie & Fitch*（我為何憎惡Abercrombie & Fitch）。作者為西北大學African American Study教授Dwight A. McBride，紐約大學出版社出版。書內指出，A&F對員工外貌要求含「白人至上」美學（white aesthetic, a celebration of racial and cultural whiteness），披露公司要求員工拇指不可以戴戒指、男僱員不准戴金鏈、男職員戴耳環只能戴一隻等，鉅細無遺。[9]

BBC曾引述高檔時裝宣傳策略專家Chris Sanderson：「A&F活化了一個保守美國長春藤大學形象，加點性感⋯⋯但賣的是遠東造便宜棉質衫（cheap cotton），以美式品牌作包裝。」[10]筆者觀察，香港A&F店的男裝牛仔褲索價800多港元，商品製造地有中國、孟加拉、越南等。這批亞洲製造、美國包裝衣服，來港後大受歡迎。集團前職員Michelle（化名）亦指品牌在美國深受亞洲人追捧。

集團亦涉及歧視事件如下：

- 2002年，A&F推出一款T恤，印有亞洲人經營洗衣店卡通公仔："Wong Brothers Laundry Service—Two Wongs Can Make It White"（黃氏兄弟乾洗店：兩個黃可以把這件變白）。美國華人抗議後，T恤下架。[11]

---

9 Dwight A. McBride, *Why I Hate Abercrombie & Fitch: Essays on Race and Sexuality* (NYU Press, 2005).

10 參：http://news.bbc.co.uk/2/hi/uk_news/magazine/8118941.stm。

11 參：http://news.bbc.co.uk/2/hi/asia-pacific/1938914.stm。

- 2004年，多名亞裔、非洲裔和拉丁裔男性和女性指控A&F聘請職員時優待白人男性。雙方庭外和解，獲賠償四千萬美元，公司承諾加強多元聘用政策。
- 2009年，先天缺少一隻手的英國22歲A&F女職員Riam Dean，上班穿著白冷衫遮掩義肢，但白冷衫跟不上公司每季造型，經理指她「破壞公司外貌政策」，把她從店面調到貨倉。她指控A&F殘疾歧視，獲賠償15,000美元。
- 2009年，美國一名14歲自閉症女孩Molly Maxon要求家人一同進入A&F更衣室協助試衫被阻止，獲賠償11萬美元。
- 2009年，19歲回教徒女生Samantha Elauf 因戴頭巾而不被Abercrombie Kids 聘用，獲賠償兩萬美元。

離職女員工：「呢間公司定義嘅靚只有一種」

A&F要求裸男個個fit到漏，同一集團年輕線Hollister的離職女員工指出，公司對她們外貌要求一樣嚴苛：不是靚女不會請，腳甲只能搽紅色，眼線不准畫。員工買公司貨品做制服後，穿著亦嚴格：褲腳要摺兩次，白背心須襯藍外套。本來對品牌夢寐以求的女生，入職後疑因「短髮」不符品牌形象不獲升職，美夢粉碎：「我覺得個品牌洗緊大家腦，佢定義嘅靚得一種，你畀佢洗到腦就好蠢。」

Michelle大學畢業後，到Hollister香港店行街，被店內經理邀請她加入：「我覺得你個look好啱我哋。」Michelle自稱有點崇洋，喜歡美國貨，更酷愛這品牌。她雙眼發亮回憶：「那刻好有虛榮感，開心咗一日，好嚮往入呢間公司。」

Michelle形容這公司「專請靚仔靚女」，經理以下全是兼職，透過大量轉換漂亮面孔令品牌生光，被選中是一種認同。筆者認識Michelle三年，她一直束短髮，是爽朗性格型，臉蛋身形非常漂亮。讀大學期間，有潮流雜誌為搜刮「索女照」，上她Facebook不問自取相片刊登。

Michelle稱，店內基層職位分三種，有負責關店後執貨的Overnight、倉務員Impact，以及在店面接觸客人的Model（工作和sales無異）。三種職位時薪為40至45元，但Model必須「靚仔靚女」，所以身份較優越。

Michelle入職後被派Model職位，上班後仍為品牌瘋狂，員工需要每季購買一套指定貨品作制服，[12]她卻額外入貨，遇上減價更一款不漏。每月打工收入約五千元，每季卻花千元買衫。職員有優惠價，第一套五折，之後八折。

Michelle和前同事Angel（化名）補充，雖然公司曾指同事可自行買「風格近似」的衣物作制服，但她卻見過有人穿了其他牌子衣服上班，被要求回家換衫或乾脆不讓這人上班。

她們說，公司對員工外貌要求鉅細無遺：「牛仔褲腳要摺兩摺，第一摺要高啲，第二摺低啲，凸條邊出來。白背心只能襯藍外套，藍背心不可以穿外套，所以你怕凍一定要買白背心，才可穿外套保暖。化妝不能濃，mascara只可塗一圈，長髮要把頭髮撥到一邊。」外人看來苛刻，她們卻甘之如飴：「品牌經營一個鄰家女孩look，個個穿出嚟一樣，你照做，就係靚。」

---

12 2013年，A&F於美國被兩名僱員控告，指控該公司要求僱員必須購買每季新出衣物作為制服配合其Look Policy，違反加州勞工條例，後來有25萬名僱員加入訴訟，公司於2018年初承諾賠償2,500萬美元和解。

這集團店鋪的氣氛刻意經營到燈光昏暗，強勁音樂震耳欲聾，瀰漫濃郁香水味。原來它刻意製造「震撼五官」的購物經驗（業內叫sensory marketing）。視覺上，店內昏暗，只向衣服打燈，商品閃閃發光；聽覺上，音樂聲量調到聽力不會受損的上限（80分貝）；嗅覺上，會四圍噴品牌香水。Angel說：「我有次返工病病哋，噴完香水我勁咳。公司亦有安全提示，提醒我們不要上班多於八小時，因為80分貝不能聽多過八小時。試過有細路入到店內，被音樂嚇得揞住耳朵喊，有客人更會發脾氣問：『咁黑咁嘈，你哋點忍受？』但年輕店員卻覺得「咁至型」，趕走了大人細路，更似在夜店clubbing。

Michelle說，開鋪前經理會要求職員"let the show begin"，並要求店員隨音樂跳舞，興奮跟客人以英文打招呼：「上司會叫我哋"bring energy guys, be happy"。」

她不諱言，亢奮過幾小時就會累，但總的來說，Michelle和Angel上班之初還是很快樂：「他們賣個look令你好想追求，覺得著咗就係一份子，係潮人。」

Michelle性格開朗，常被派到店面當眼位置工作，她以為自己已被公司認可。

然而，Hollister香港店去年（2011）夏天開幕，擁有大學學位的Michelle自9月入職開始，便一直申請經理職位，公司卻要求她先做Model。上班期間，她多次要求轉職經理，10月底獲面試機會，面試卻失敗。同事Angel從分店經理打聽道，負責招聘的總公司人員說："The moment she stepped into the store, I knew she wasn't an MT"（她甫踏進店裡，我就知她不適合做見習經理）。

Angel形容，同事公認Michelle工作能力高，估計因為Michelle短髮，不配合品牌長髮女孩形象。Angel說，工作半年從未見過有女同事頭髮短過肩膊；她更表示，店內經理全由Model擢升：「夠靚才可以做管理層，不靚的管理層會成為公司同事話柄。」

面試失敗的Michelle說，沒想過一直引以為傲的短髮會成為升職阻礙，她不肯為份工留長髮，忿而辭職，轉到一英國品牌。比較兩公司，新公司一樣高檔，但對員工外觀卻沒諸多要求：「那英國公司更重視我的工作能力和經驗。」她和Angel已離開零售界，轉職公關推廣。

兩人認同，A&F集團在市場推廣非常成功，而且產品有可取之處，如剪裁漂亮。她們又同意在商言商，品牌希望控制貨品形象是商場慣常手法，只是做法比其他公司極致。Angel說：「這個品牌不只要求你漂亮，它的漂亮更只有它定義的一種。它想clone（複製）這個特定形象，令全世界都有呢個clone（樣板）。」

Michelle說，入職前已知品牌在外國多次被控「歧視」，還是直到自己樣貌被指為不能符合，才感到失望和夢醒：「我覺得著這個品牌是膚淺的表現，它在替大家洗腦，你讓它洗到，就是好蠢。」她們說，年輕人對此品牌趨之若鶩，前仆後繼入職，然而職員流失率亦高：「你最初入去覺得好虛榮，做兩三個月就知咩事。」

記者就Michelle疑因外貌不符公司形象而未能轉職經理一事，週四中午向Hollister及A&F公關公司查詢，至截稿前未獲回覆。

後記

一個好的特寫記者，應該深明臥底之道。做記者之前，我讀過心理學、電影、文化研究，涉獵範疇從科學調查方法到艱澀的文化理論都有。當時我還是學生，每次要研讀西方文學理論時經常感到苦惱，即使每一個英文字我也看得懂，但在文章裡組合起來就看不明白。那時有一個頓悟，知道知識可以改變命運，但首先你要讀得通。自此，我對任何人把「艱澀」等同於「深度」的說法嗤之以鼻。

有幸在修讀碩士的歲月遇到馬傑偉教授，他教曉我理論是死的，人是生的。他帶我遊走民間，把西方的艱澀理論套用在民間，並敢於修正。我的碩士論文題目研究周潤發和香港人的身份認同。在香港，周潤發是家傳戶曉的明星，用到如此街知巷聞的演員做研究，讓我學懂必須平衡理論和實際處境，絕不能「學術霸權」。

碩士之後，香港步入經濟低潮，科網股爆破、沙士襲港、通縮連年，人浮於事，畢業後求職了一段長時間才找到記者工作。為了不嚇壞同事和上司，我懂得偽裝，裝作自己不是高學歷，裝作自己沒有讀過甚麼高深理論，天天快活地遊走在橫街窄巷與草根階層對話，悄悄地利用學術觀點，協助我理解社會。

在《明報》，我的第一個崗位是國際版記者，當時大部份記者都只會在辦公室裡翻譯外國消息，我忍不住走出去做採訪。2001年九一一恐襲，世貿大廈倒塌，我在翌年秋天訪問了香港的建築師，談摩天大廈包含的環保、政治、文化意義，該報導被當時的香港考試局選為2003年高級程度會考中國語文及文化科的閱讀理解考材。這件事肯定了我的想法，即使談城市化等嚴肅議題，寫得淺白，讓中學生也看得懂，有助文章訊息傳播得更遠。

普立茲得獎者 Gene Weingarten 講過，年輕寫手常犯一些錯誤：忍不住在文章裡展示自己詞彙的豐富、對事物理解有深度、強調作者的重要性，反而扼殺了故事本身的趣味性和吸引力。寫特寫新聞時，我盡可能深入淺出。**能夠用最淺白的用字說明最深奧的道理，是功夫所在。**

就像這篇七千字長文，說的是性別理論，但我用的每一個字盡可能接近平民用語。當我第一眼看到這班裸男引起的「港女也瘋狂」現象，就知道這個例子夠生活化，可以說明傳統性別觀念的矛盾。我樂於做一個「新聞無間道」，覷覷著適當時機，一旦發現熱爆新聞點，準確快速地出劍，暗地裡滲入學術觀點，讓讀者快樂地閱讀，不知不覺間經歷一場思想上的激盪旅程。

3 天上星星

從天橋走入人間——專訪馬詩慧

2012年9月2日

前言

傳統新聞採訪講究「分工」，政客由港聞版記者跟進，演藝人士則由娛記接觸。隨時代改變，分工的做法會令新聞變得套路。我喜歡挑戰傳統，熱愛跨界嘗試，加上大學時代曾研究過電影和流行文化，有信心可以訪問來自演藝界的受訪者。

每次訪問完藝人，對方會說：「你和其他記者不同。」我會答：「只因你沒有遇上過，記者其實也有很多種。」不少藝人面對記者已被訓練出一副驚弓之鳥的模樣，他們回答問題時顯得小心翼翼，瞻前顧後，欲語難言。有時他們會說：「無論我說甚麼，報導刊登出來總是變成另一回事。」受訪者顯得無力，對傳媒失去了信任，或接受了這是遊戲規則。

幸運地，我遇上的藝人都信任我，他們大都暢所欲言。我喜歡跟演藝人士聊天，他們沒有政客的計算，對社會的看法也顯得充滿市井智慧。那邊廂，讀者對藝人感到親切，閱讀樂趣也加倍。

採訪藝人的時候，我背後還有一個理念。我認為演藝人士也是公民。在西方社會，演員經常為著本土或國際議題發聲，即使影響前途也在所不計。回到香港，我們現正經歷動盪的大時代，如果香港是屬於每一個香港人的話，從事文化演藝工作的人，説到底也是香港公民。

“

和馬詩慧見過兩次面。第一次，國民教育家長關注組[1]約她拍攝短片，她約我們在中環IFC city'super門外等，她一個人如風飄來，在烈日當空下的公眾天橋，讓我們擺佈半小時。見她這麼隨和，筆者打蛇隨棍上，再約她做今次專訪。

為方便拍攝，我們在一間咖啡室的室外花園談足兩句鐘，當日攝氏34.5度，我們大汗淋漓，談得更熾熱。

筆者單身，她已婚；筆者不熱愛孩子，她有三個；筆者五呎一，她五呎九。

---

1 2011年，香港政府籌備在小學和中學開設「德育及國民教育科」，並計劃在2012年9月於部份學校試行。參考教材《中國模式國情專題教學手冊》曝光，內容提及中國共產黨是「進步、無私與團結」，引起關注。中學生組織「學民思潮」最早關注事件，家長則稍後組成「國民教育家長關注組」。兩組織和民間團體於2012年夏天推動「反國教」運動，連續十日於政府總部舉行集會並絕食抗議，政府最終宣佈暫緩及其後擱置獨立成科。筆者曾經以義工身份協助家長組，並替馬詩慧拍攝關注國教的短片。

相差八吋的距離，我們卻找到相同話題：在現代社會，如何做一個有想法、有性格的獨立女性。

即使婚後，她沒有隨夫姓變做王太；即使模特兒界沒有人談政治，她夠膽在大國崛起的世代不去「歌唱祖國」，而是坦承自己愛的地方叫「獅子山下」。

今次站出來反對洗腦教育，遠在美國的女兒越洋傳短訊撐她。

說到這裡，模特兒媽媽突然哽咽：「個女話，好proud of me做了這些事，你就知道無論結果怎樣，至少你是做對了。」

說罷，她隨手抓起在枱面曾經包著我杯咖啡的餐紙來抹淚。好一個烈女。

國民教育家長關注組地氈式搜刮全港演藝界，希望找公眾人物出來表態，至今挺身而出的只有黃耀明、森美、周旭明和馬詩慧(Janet)。Janet是唯一的女性、唯一的媽媽。筆者跟她說：「我們很意外你會出來。」Janet打趣說：「我知，你們覺得模特兒無腦㗎嘛。」

Janet說，她對時事一直有想法：「我有參加過六四遊行，對於李旺陽事件[2]都覺得很無奈。說他是自殺？很多疑點吧。你還要毀屍滅跡嗏！你都把(證據)拿走了，才說做報告做調查？」只不過，

2 湖南民運人士李旺陽在1989年參與六四事件，坐牢累計廿多年，至2011年出獄，雙眼失明，兩耳失聰，行動不便。2012年5月底，他接受香港有線電視中國組記者林建誠訪問，訪問6月2日於本港播放，提及他對六四事件感到無悔，希望中國早日民主化。6月6日，李旺陽家人收到通知，指李在醫院病房「自殺」，家人趕到，卻看到李旺陽伏屍窗邊，手搭在窗上，頸纏白繩，白繩綁在窗口，雙腳著地。照片公開後，輿論指李旺陽因接受傳媒訪問而「被自殺」，其遺體被移走及迅速火化。

一直只有娛樂記者圍著她，甚少有港聞記者懂得去找她。

至於今次國民教育，Janet說，是因為看到家長關注組的陳惜姿在電視新聞裡説「不想下一代接受洗腦教育」，才開始留意。怎知，新聞愈看愈不對路。「那些國情考察團，小朋友參觀前後要喊口號，甚麼『我愛中華！』，我覺得，愛或者尊重一個國家，不需要刻意營造出來。」對於要求學生對國旗要表現感動，Janet揶揄：「我們這裡不是北韓嘛。」

她又説：「好似近日奧運金牌選手來香港，你會看到大陸好多做事方法慢慢滲入香港，只會把國家堂皇的一面展示出來。」[3] Janet把對國家感情比喻為教仔：「你愛惜一個小朋友，怎會只讚他？他做錯的時候，還仍然讚他？還是指出他的錯誤？若他做錯仍讚他，他便不會改過。我們不能只看國家好的一面，要全面的、批判的思考。」

教育制度逼迫孩子

説起教仔，Janet有一籮苦水，筆者覺得她的風範有點似Tiger Mom。丈夫王敏德在美國讀書，是中國人和荷蘭人的混血兒，對管教孩子很「鬆」，覺得子女只要「有書讀」便可。Janet卻有要求，即使經濟上負擔到國際學校，她還是挑選本地名校：「孩子小的時

3 2012年8月底，倫敦奧運獲獎的中國運動員訪港三天，團長劉鵬幾次致辭時，將奧運代表團的優異成績「歸功於黨中央的英明領導」和「偉大祖國的進步發展」，又指佳績「激發海內外中華兒女的愛國熱誠及民族自豪感」。副團長段世傑也指，中國運動員在奧運會「展示了改革開放30年來的文明進步，是全體中華兒女的光榮」。

候，我和丈夫經常為教仔而吵嘴，他批評我像軍訓，他不明白香港的教育制度為何那麼辛苦，整天是測驗考試。」筆者和Janet兩名女兒，同是港島瑪利曼中小學的校友；她的幼子今年（2012）9月升讀華仁中一。

Janet出身基層，由外婆帶大，在一間地區天主教中學畢業便工作，她自己也不太喜歡讀書；做了母親後，認為本地學校比國際學校在訓練兒童「品德上」還是勝一籌：「至少我三個小朋友是乖的，在禮貌和待人接物上，也達到我的要求。」

作為用家，Janet對香港教育制度感到無奈。她形容，家長、學校和社會形成一個「壓迫集團」，要求孩子不但成績好，也要有「百般武藝」和「特異功能」：「學琴唔當係一樣樂器專長，你六級，別人八級；小學補習有名師可以收一千蚊一個鐘。有啲家長看到小孩95分會咆哮：剩番五分去咗邊？」

她回憶道，自己無奈作為一份子，從早到晚日哦夜哦，陪孩子讀書考試，既痛心他們太辛苦，又擔心他們升不了班。「有人話，求學不是求分數，但升唔到班，你又會問，唔求分數唔通求籤咩？」Janet兩女兒還是應付不了香港學制，中三和中六後到美國升學。「到這刻，我只是希望小朋友健康開心，做自己想做的事，已是我的成就了。」

Janet丈夫王敏德擁美國護照，三名子女亦有美國籍。唯獨Janet是土生土長香港妹，拿香港護照，沒入籍美國。嫁了老公，她行不改名坐不改姓：「我結婚咁耐，無想過要轉姓，點解我嫁畀你就要轉？我不要人做我又做，我覺得沒這需要。」她和丈夫各有自己空間，她拍攝反對國民教育短片，亦不必問准丈夫。她說，王敏德不太關心這些時事，但亦不會阻止她做自己認為對的事。

筆者問Janet，覺得自己是一個「香港人」還是「中國人」？Janet吸了一口氣，認真地答了兩次「香港人」：「從出世到九七，一路都係經歷英國統治，這地方叫香港，我住在這裡，我認為自己是一個香港人很正常啫。」筆者告訴Janet，現在正常已被扭曲，有人提出，中國大於香港，要求港人認同祖國先於香港，Janet反駁：「我不是一個很『祖國祖國』的人。當然我會為中國的發展而自豪，但這些發展現在好像只限於經濟上，中國很多方面仍待改進，例如民生。」

Janet承認，自己的敢言在模特兒或娛樂界較罕見，她早前替國民教育家長關注組拍攝短片，模特兒界沒有人給她回應，親友卻給她很多正面迴響。一個在報館工作的朋友給她傳短訊，只有三個字，就是「好！好！好！」

遠在美國讀大學的大女兒曼喜的支持，令Janet最感動：「我個女畀咗好多鼓勵我。佢話，訪問出咗，佢以前嘅中學老師聯絡佢，告訴她很多鼓勵的說話。她寄番畀我，說好proud of me做咗呢件事。」說到這兒，Janet哽咽得說不出話來。「當她說這些話，你會知道自己做對了。無論結果點，至少我做咗，而且你會覺得原來好多人支持你。」

婚後Janet間中會行模特兒騷，或做幕後策劃工作。現在內地客戶主導不少時裝活動，她不怕反對國民教育會令廣告商卻步，影響生計嗎？「我出來說這些話，不是先想後果的。說了，就不要害怕。我覺得某程度上，某一個階段，要為自己的良心良知去做番啲嘢。」

若國民教育真的推行，今年升中一的幼子，好可能要修讀這科。Janet說，若真的成事，她會在家裡「再教育」兒子。至於會否把兒子「調去」國際學校免遭洗腦，她卻說：「這做法是斬腳趾避沙

馬詩慧替國民教育家長關注組拍攝短片，其大女兒力撐她，談及此事她感觸哽咽
（攝影：陳淑安）

蟲。仍然有大批人在本地學校，他們也會影響未來的香港，不等於自己小朋友不在那裡就沒事。」她說，希望港人為未來打算：「未來香港要靠這班小朋友，若他們沒批判思想，怎管好這個社會？國民教育要三思而後行。」

入世模特出世師奶

Janet說話快，行動快。她處理家庭主婦、模特兒雙職，如同耍雜技，幾個波同時在半空仍應付自如，現在連國家大事都不介意抽時間表態。問她如何應付這麼多工作？她解釋，要很懂得走位和「攝罅隙」，把日程管理好。訪問這天選平日下午的中環區，她剛把兒子送去補習，訪問完就再接兒子去剪髮。其他名媛空餘會去high tea，她卻願意和我們思索香港未來，她形容：「要有自己的生活，這個才是我自己。」

但原來少女時的Janet並不像今天般獨立：「剛出來做模特兒，記得有次飛去法國，又迷路又想家，臨開騷前受不了寂寞，逃回香港。現在人長大了，有三個細路仔，個個都倚賴你，你還怎樣倚賴別人？」但Janet倔強的性格應該是始於年少。她未成年時已嫁了一次，後來遇上王敏德一見鍾情，離婚再嫁，不少人勸她：「好多人警告我王敏德係playboy，你還黐埋去？我話，不入虎穴焉得虎子。」

筆者對「模特兒」很多遐想，覺得她們很漂亮，過著夢幻般的生活。但身為香港名模之首的Janet卻很入世。她說，自己近來停用菲傭，一星期兩天有鐘點幫助，其餘時間家務由她打理。所以，一雙玉手完全沒有塗甲油，「洗碗一陣就甩啦」。她沒有方向感，沒有開私家車，出入除了搭地鐵，電車是好選擇。有娛記曾拍下她把兒子送上電車的照片。她大讚電車好：「電車甚少塞車，夏天大家怕熱好少人搭，上層有風其實好涼快。」

Janet為了和三名子女溝通，已成為科技通。記者找她很容易，WhatsApp跟她通訊，她回覆得很快，還發揮師奶慳家本領：「WhatsApp是很偉大的發明，免費的，現在有人寄SMS給我，我不會覆的，要錢嘛。」[4]平日和女兒溝通會選Skype，還成功讓女兒add了她做Facebook friend。

自八十年代已是香港頂尖模特兒，Janet今天卻穿戴樸素。她的手機是女兒不用的第一代iPhone，揹環保袋而不帶名牌袋。她

4 2012年訪問時社交媒體興起不久，手機收發SMS短訊通常需逐條付費。

說，年輕時已穿過最頂尖的品牌，現在反而反璞歸真。但對於扮靚，她還是有心得。筆者五呎一，很害怕高跟鞋刮腳，Janet苦口婆心勸說，高跟鞋會令女性腿形變得修長，建議筆者學習穿著。她有一條絕橋：「我去活動時，會穿平底鞋去，去到商場後樓梯，就換對高跟鞋，只需要走一小段路，一樣靚。」

後記

在課室裡談及訪問技巧，我愛播放訪問馬詩慧的錄音。節錄出來的聲帶長8分鐘，馬詩慧談到為何就國民教育發聲。她語調輕鬆，但廣東話不太流利，夾雜了英語，偶爾還會運用中文四字詞，但卻詞不達意，笑料百出。

那時候，訪問已過了一小時，我很焦急，覺得她雖然態度友善，但由於說中文吃力，其背後理念我還未清楚了解，忍不住請她再三說明。我感到好奇，一位模特兒為社會事件表態，為何不怕影響前途？最初她爽朗地簡短回答：不怕。但我還是不明白，背後支撐她的是甚麼。

一小時過去了，我兜了一個圈再回到這舊話題上，為何她願意出來表態？忽然，氣氛由輕鬆變得沉重。她一頓，說了一句："By the way..."你可以看到她的思維忽然飄到老遠，像在半空中抓到一條重要的記憶線索，然後她的眼眶紅潤，豆大的眼淚滴下來。

我看到一個真實的人，從靈魂深處受到觸動。距今多年，這一幕還是清晰如當初。

她dead air了十秒。我清楚知道，這一刻不要追問，讓她盡情流淚。

她隨手拿起枱上的紙巾抹眼淚，我從手袋裡替她找出另一張乾淨的紙巾，擾攘了十秒，我看到她安頓下來，輕輕一問：「為何剛才那麼感觸？」然後，她用力思考，説出訪問裡最感人的一句話：「女兒説了這句（支持我的）説話，你會知道，自己做對了一件事，無論結果怎樣，至少我做了。」這段話，是經過沉澱思考才説出來，顯得真摯動人。

我跟同學説，做記者太久，人會急功近利。我們期望受訪者甫坐下，毋須熱身，會像按掣一樣説出心底話。這種反應根本不像一個真人。

有時記者時間緊逼，無奈地找熟悉新聞操作的人受訪，受訪者在鏡頭前懂得剪輯自己的話，知道需要15秒的聲帶，竟然準確地説到第14秒便停，「專業」得令人吃驚。但有選擇的話，我還是覺得要多走一步，找一些不太「熟手」的受訪者。

馬詩慧這類型受訪者，真誠、開放、善良，但她的説話技巧未必高超。説到底，她的職業是模特兒，記者採訪這類素人時，必須要體諒，要扶持，要有耐性。

整個訪問足足有80分鐘，即使可使用的內容多集中在後段，但每一分鐘都不是枉然的。沒有之前的傾心吐意，便沒有後半小時的真情流露。我和她一邊聊天，一邊培養感情，直到遇上了一個觸動心靈的時候，受訪者就自然説出心底話。整個訪問如同一趟旅程，每一步都是必須用腳走過的。

常言道，人與人的溝通必須投放足夠時間，和家人朋友的相處如是，傳媒訪問別人時何嘗不是如此？我們忘記了，記者和受訪者的關係，回到最基本也只是一種人與人之間的相處，沒有捷徑可走。

死水翻不了波濤——專訪廖啓智

2013年10月20日

前言

經歷過抑鬱症，我對人生體會豐富了。還記得最悲傷時，朋友嘗試開解我，往往越善意的說話越令我反感。後來我忍不住預告：「麻煩你別跟我說加油，別跟我說要積極。」有一次，我在友人的車廂裡爆發：「我有權不快樂吧！別告訴我連灰心也不可以。」

抑鬱症後來好了，我也重拾文字工作，沒想過我對情緒的高度敏感，竟然有助我感應受訪者，撰寫更真實的文章。

這篇是全書在香港最受歡迎的文章之一，寫於2012年10月香港電視不獲發牌之後，憑著我平日的新聞觸覺，我找到演員廖啟智，和他做了兩個小時訪問（訪問過程之難，也是我採訪生涯的一個突破，見後記）。文章在《明報》網站獲一萬個讚好，連中國內地網站也轉載。文章見報後，無綫電視時任行政主席梁乃鵬也公開回應，表示讀後有所得著，會改善職員待遇。

不過，這篇文章的孕育過程卻甚艱難。最初版本和最後訂稿有極大差別。第一個版本裡，我以勵志句子開筆，大意是即使不獲發牌，港視仝人願意抗爭也是一種勇氣。雖然這句話的確由廖啟智說過，但寫好之後我感到渾身不舒服，忍不住把全段刪掉，到浴室洗了個熱水浴，重新在鍵盤寫了一個導言。

新的導言筆觸大逆轉，從樂觀變得悲觀。寫的時候有點擔心，但寫完了，我整個人卻神奇地舒泰起來，因為覺得這段文字和訪問氣氛相呼應，能全面反映智叔的說法，即使一般人認為這樣寫「不正面」。

事後我反問自己，廖啟智在訪問裡清楚地展現了絕望和悲哀，為何最初我會有意無意地扭曲他，潛意識裡似乎傾向呈現一種虛假的盼望？為何我對正面樂觀的信息會先入為主，沒有細心聆聽受訪者全盤感受，這不也是一種自我審查嗎？

那一刻，香港社會或許就像一個抑鬱症病人，我們失望、洩氣、難過。容許這些情緒如實呈現，是一個負責任的記者應做的事，而不是去盲目地塗脂抹粉，或者堆砌虛偽的正能量。

"

廖啟智記得TVB[1]對他的恩情：1979年藝員訓練班畢業後，不久就獲派電視劇《上海灘》的重點角色；九十年代《歡樂滿東華》不乏他的亡命表演，最經典要數「穿高跟鞋踩鋼線」和「用喉嚨頂纓槍推郁小貨車」。九十年代中工作量更創紀錄，有一陣子平均天天在「公仔箱」曝光半小時，連年「爆騷」讓他有條件養妻活兒。太太陳敏兒是訓練班青梅竹馬的同學。智叔有今日，不能不歸功於TVB。

性格上智叔為人低調，甚少在娛樂版投訴抱怨，更多是默默耕耘。大眾記得，早些年幼子文諾因血癌病逝，兩夫婦靠宗教力量互相扶持，好爸爸形象深入民心。在觀眾心裡，智叔就像他拍的外傭廣告，一早已和我們「融入家中」。[2]

然而，今次訪問第一次接觸真人，才發現智叔內斂深沉，有點dark。不笑的時候，他那淺灰色眼珠望著你，嘴巴半張，像個洞悉世情的智者，又像個哀傷的悲劇人物。導演爾冬陞[3]說過，智叔眼神「凶狠非常」；筆者見證，裡面像個深海，時而波平如鏡，時而翻起暗湧。

---

1 無綫電視有限公司（TVB）製作的電視劇、綜藝節目對七八十年代香港流行文化有重要影響，見馬傑偉：《電視與文化認同》（香港：突破出版社，1996）。無綫自七十年代開設「藝員訓練班」，自行培育新血，教授話劇、舞蹈、化妝、主持技巧等，歷年來不少香港演藝明星皆出身自該訓練班。

2 廖啟智與陳敏兒育有三名兒子，幼子廖文諾在2003年證實患上血癌，2006年病逝。夫婦有基督教信仰，在娛樂新聞報導中常被冠以「模範夫婦」形象。夫婦亦曾接拍外傭廣告，廣告口號「融入家中」本指外傭如同家人，但文中所指是廖啟智在香港一般市民心目中有「好爸爸」形象。

3 爾冬陞，香港資深導演、監製、編劇、演員，自七十年代活躍香港影視界，憑《新不了情》（1994）及《旺角黑夜》（2005）獲得電影金像獎最佳導演及編劇。

筆者問一個問題，他思考良久，最長一次想了一分鐘，他不是迴避你，而是不願信口開河；在一分鐘裡，他瞇著眼，頭傾側，吃力從深處挖出最精準的用字。千呼萬喚始出來的答案，缺少了「無綫」、「政府」等主體語，但批評依然擲地有聲。有時他會説寓言故事，聽得人模稜兩可，但只要連同那豐富的形體演繹和千變萬化的眼神，你會明白他説甚麼。

在這個脈絡裡，你知道當他要批評自己前僱主、嘉許一個新玩家，智叔的話句句肺腑。離開無綫多年，去年（2012）替王維基[4]拍了一套劇，在新工作模式下，讓他重拾了久違的拍劇樂趣。今天，看到這個讓藝人有基本尊嚴、肯提升製作水平的老闆不獲發牌，[5]智叔極度失望：「這次不發牌，是我演藝生涯的一件大事。我幾十年沒有享受過工作，現在有機會享受，忽然沒有了，還不大件事？」他更形容，現在發兩個牌，沒大幅改變電視生態：「一潭死水要加入活水才有生機，現在是在一潭死水裡加了兩滴水，泛起了兩個漣漪。」

發牌被阻，有人激憤得今天要上街。[6]智叔不肯透露他會否參加，但哀莫大於心死：「一字咁淺（嘅發牌道理）都要上街，我寧可唔要（個牌）。」更實際的做法，智叔説，大家「唔好睇」某大台，才是力量所在。

---

4 王維基，香港商人，九十年代創立城市電訊，以回撥技術打破當時香港長途電話市場壟斷，後成立香港寬頻，參與互聯網市場競爭。2009年成立香港電視網絡，參與香港電視市場並申請免費電視牌照，其後投資巨額邀請無綫電視藝員加盟及拍攝電視劇。

5 2013年10月15日，政府公佈申請免費電視牌照結果，三間申請免費電視牌照的電訊商中只批出兩間，包括奇妙電視及香港電視娛樂，而王維基的香港電視網絡則不獲牌照。

6 香港電視不獲發牌一事，引發公眾強烈迴響，10月20日有12萬人遊行，參加者包括香港電視員工和不滿電視界被壟斷的市民。遊行人士高呼「我要公仔箱，不要黑箱作業」口號，其後更連續多晚於政府公民廣場集會。

然而更令人心寒的，是一種集體絕望。王維基說香港公義已死，[7]智叔說得更深入：「香港沒有公義？從來都沒有，只是以前它(當權者)會給你一個希望，『氹』你說有希望的，傻啦，有(希望)的，現在是連希望也要幻滅……」說到這裡，智叔在筆者眼前耍了兩下魔法，猶如一個欺哄人的小丑，然後忽然變臉，放空眼神，以poker face木訥地說：「現實就係，無！」在昏黃的初秋夜，一陣無情風颳起，把樹葉紙張吹得亂作一團，筆者打了個冷震，眼前彷彿看到扼殺香港創意工業的死神。

廖啟智出名謙虛。筆者致電邀約訪問，請他這位TVB老臣子、又拍過王維基劇集的資深藝人評一評發牌事件。智叔最初說：「我看法未必夠全面」，記者情急解釋，他才安慰：「我只是說自己經歷未必代表全面，但也願意跟你談。」到了約定時間，現於浸會大學教演戲的他下課後趕來，遲到五分鐘不忘道歉。記者上前跟他握手，他有點生硬，你可以感到一種害羞和慢熱，但骨子裡有一種誠懇。

入行三十多年，智叔是個「TVB傳奇」，自小在基層家庭長大，因親戚在大東電報局[8]工作，家裡得以用平價安裝「麗的映聲」，[9]在

---

7 10月16日，香港電視主席王維基舉行記者會，首度開腔回應發牌事件，他在記者會上稱，是獲政府邀請申請牌照，又批評政府黑箱作業，質疑「香港還有沒有公義」。

8 在六七十年代，老牌英國公司大東電報局是「香港電訊」的大股東，獲政府批出數十年的電話及對外通訊專營權，壟斷相關業務。

9 1967年無綫電視進行免費廣播之前，「麗的映聲」是全大中華地區第一間

粵語長片[10]裡看到童星馮寶寶，啟蒙他要做演員。中學畢業後，兩次投考無綫藝員訓練班才入圍。智叔常說，做人要有自知之明，知道自己不「高大靚仔」，但多年來在電視及電影機會不絕，兩次獲得金像獎[11]最佳男配角。

智叔說，自己愛穩定，而無綫「樹大好遮蔭」，收入又不錯，一直沒動機外闖：「熟了制度，工作模式掌握到，人的自省能力會減低，(大台)沒競爭，偶然隔籬(亞視)咬一啖，我哋就醒一醒神，當隔籬台無嘢咬，我哋就繼續，叫對得住份人工。」智叔承認，演員也不敢進取：「要求太多，跟整個氣氛不夾。」

智叔認為，不論無綫認不認，「壟斷」已經出現：「像賽跑一樣，跑道上只得我一個跑，『沒人跟到我，我為何發力？』所以，無論它是否承認壟斷，客觀現象是出現了。」

智叔在TVB服務25年，至2005年離開。他強調和舊公司關係不錯，亦感激對方給予的工作機會。然而，外界一直報導他離巢主要為家庭(其幼子2003年患病)，但今日智叔透露，當初離開，和舊公司管理手法也有關。

智叔形容，最初TVB成立，藝人大都是簽同一種合約：固定薪金，每月包十個「show」(一個show是半小時節目，即每月曝光五

電視台，於1957年啟播，提供黑白英語頻道，月費25元，普羅市民未能負擔。1963年「麗的映聲」增設中文頻道，1973年改名「麗的電視」並改為免費電視，1982年易名「亞洲電視」。

10 粵語長片是指香港1940至1970年代製作的粵語長篇電影，多為黑白畫質，有古裝及時裝故事，劇情包括民間傳説、市井生活、愛情浪漫或懸疑偵探等，不少演員後來成為香港七八十年代歌影視明星。

11 金像獎是香港電影界每年最重要的頒獎禮，廖啟智曾兩次獲得最佳男配角獎，分別為1993年《籠民》及2009年《證人》。

小時)。至九十年代中，合約種類變多，知名度低藝人出現不合理待遇，如只簽一個show卻被合約綁死一年，亦有藝人因出show不足，在下一期合約被追討：「有人覺得這些條款匪夷所思，或不合乎合約精神，但亦有人說：你可以不簽，但藝人有選擇嗎？」

智叔發現，公司氣氛有所改變：「以前覺得公司好溫暖，大家一齊打拼，而家(公司)建立了，開始同你計數，『不要跟我講感情』，甚至同事傾約，管理層說話和態度已經『公事公辦』，甚至出現『尖銳挑釁性字眼』，這個變化，令我向心力不強。」智叔形容，同事在負面情緒下工作，促使他於2005年離開。

部頭拍劇綁死兩年

離巢兩年，一位相熟監製邀請他回TVB拍劇，以「部頭」[12] 形式接了一套劇，簽約前卻發現條文無理：一套只拍兩個月的劇，竟要綁死兩年，期間不可於其他免費電視台工作。智叔說，對方解釋「這是制度」、「這是規定」，並不是針對他。智叔憤憤不平：「唔係嘛？我拍兩個月咋，拍完不就是拍完了嗎？」但也無奈接受，因為更悲哀是，爭取了自由身也沒用，事關另一個免費台亞視近乎沒製作，但智叔依然有氣：「我感受是不好的。」

智叔表面有點酷，卻掩蓋不住一個演員的高度敏感，訪問裡多次提及「感受」。他分析，無綫沒實質競爭，故此沒動機維持員工士

12 「部頭合約」是藝員與電視台節訂合約的一種，此合約沒有底薪，藝員需要為電視台拍一定數量劇集，片酬按集數計算，但藝人在合約訂明期間不得於其他電視台工作。

氣，但叫他惋惜的是，一個以人為本的創意工業，竟悄悄流失了「人味」，說到這裡，他聲線柔軟，但字字清晰：「最初入TVB一切都是新的，可以說不成熟，但很人性。當它成熟到一個階段，變成脫離了人味，變成不需要顧及感受，但人往往需要一種感受。」

電視台沒「人性」可以去到幾盡？大台為了提升生產力，白天外景，晚間廠景，同一班演員早上六時開工，凌晨三時收工，每天只剩數小時回家沖涼睡眠，但人不是機器：「觀眾可以看到，畫面裡的演員好唔夠瞓，狀態跟劇情應有的不一樣。」藝人拍劇期間想有社交，想有正常生活，是一種「奢望」。

去年(2012)夏天，廖啟智參與王維基新公司的《警界線》製作，飾演一個亦正亦邪的卧底。電視界老臣子如他，像劉姥姥入了大觀園，首先是技術上的創新：全實景拍攝，兩部攝影機同步運作：「這些條件是『革命性』的，過往幾十年香港電視製作，沒人會想過用這些方法，是一種『奢望』。」

更可貴的是，資深演員如廖啟智，數十年來首次覺得「原來工作可以如此享受」。他形容，以前拍劇是在「精神體力極度壓縮」，現在是「有空間給演員入戲」：以前20集拍兩個月，現在拍半年；以前每日工作19小時，現在縮減至12小時，當然，老闆給演員的支票大張了，花在製作的開支上升了：「除了頭幾年入行，慢慢已沒有享受過拍劇，這一次才有番。」怪不得有人形容無綫叫「舊世界」，王維基開拓了「新世界」。

聽到這裡，筆者感到一陣悲涼，香港演員多年委曲求全，過著比「碼頭工人」更剝削的生活，還有人拿著「自由市場」作藉口，指藝人「自願」被剝削；亦有藝人把這種舊秩序「內化」，揚言感謝大台霸權，才能練就一口流利普通話回應其他電視台的訪問。

筆者大學主修心理學，記得一個經典實驗，科學家把狗放在大箱裡，箱子一邊通電，只要狗躍過中間欄柵跳到另一邊，就可以免卻被電刺痛。研究發現，狗會不斷跳躍，即使氣來氣喘，心理依然健康。但若欄柵另一邊也是通電的，意味牠如何努力跳躍，一樣會被懲罰。最恐怖的是，有一天欄柵另一邊不再通電，狗也放棄再跳，只會伏在地上任電流刺痛。簡單說，這隻狗「認命了」。科學家說，人亦一樣，長時間發現努力白費，會產生一種後天養成的自我放棄心態(learned helplessness)。[13]現在政府的做法，如同關掉了創意工業工作者等待多年的最後一扇逃生門，把業內最後一線生機也要滅絕。

智叔像個智者，一矢中的點出今次事件最令人擔心的事實：「希望的幻滅」。他承接了王維基所說，香港沒有了公義，卻更透徹地分析，公義或許從來沒有，但至少當權者會願意假裝，欺哄我們「有的有的，這世界有希望的」，但今次決定如同把香港人僅有的希望也要消滅：「現實就是，無。」

我請智叔分析事件對香港整體社會的啟示，他像老僧入定，苦苦思索，良久才語帶雙關地指，這次發牌決策也反映一種「無人味」的管治思維：「這次結果是，它不需要理會你的感受。」筆者追問，「它」是當權者？智叔沒否認，只慎重地重複：「它不會理會你感受囉。」

慎言的智叔，沒有落力稱許王維基，只是陳述客觀事實：在王

---

13 1967年，美國心理學家Martin Seligman進行一系列關於狗隻的實驗，習得無助感理論(learned helplessness theory)讓科學家了解人類於抑鬱症或精神疾病裡，認為自己對改變環境無能為力的心理狀況。

廖啟智（攝影：陳淑安）

維基治下，創作團隊過著較有尊嚴的生活，製作水平提升，藝人有空間鑽研演技，觀眾多一個選擇。這不過是一個健康的自由市場裡應有的生態，六天之前，政府無情扼殺。智叔回憶，週二晚聽到港視失落牌照，愕然非常：「我腦海裡諗，唔係嘛！」

對於政府不發牌的理據，連兩屆金像獎最佳男配角廖啟智也看不明白蘇錦樑局長[14]的戲碼。智叔幽默地道：「我真係理解不了，甚麼叫一籃子（因素）？個籃幾大，裝甚麼也不知道，我怎樣理解？我只是知道，（牌照）沒有。」

14 時任商務及經濟發展局局長蘇錦樑表示，基於行政會議保密原因，不能公開交待不向香港電視發牌的原因，僅指出涉及「一籃子因素」。

最大力量：關電視

智叔說，不想猜度背後原因，說愈想愈令人難過。自稱懦弱的他說，感到扭轉事態機會渺茫，今天會否上街，他形容自己「思考中」，更有點絕望地說：「一字咁淺嘅嘢，(政府)都做唔到，如果下下要上街才可得到，我寧願不要，你可以說我消極，但消極也是一種抗爭。」他反而認為，關電視是一種可行方法：「既然大家看到這個現象，就用選擇權去選擇，我覺得最大的力量是『唔睇』……觀眾要醒覺，有些習性我們不一定要堅持。」

兩個新牌電盈和有線，[15]不會主攻電視劇，坊間認為未能改變一台獨大。智叔以寓言故事，形容電視行業多年如「死水」，今次選擇性發牌，死水也翻不了波濤：「水唔郁係死水，有嘢郁才是活水，你看死水裡沒可能有太大生機，活水才能養生，生命才可以延續。現在(發兩個牌)只能說是在一潭死水裡，加咗兩滴水，產生了兩個漣漪。」

一場革命需要勇氣

訪問在戶外，由黃昏一直進行到入夜，一陣陣秋風吹來，加上智叔的悲觀看法，令人絕望。我哀問智叔，香港人如何還有希望？智叔忽然小人物上身，推說自己沒責任令香港人有希望。大家靜了片刻，他又於心不忍，引述港視同事收到噩耗後發給他的短訊：

---

15 電訊盈科的香港電視娛樂旗下的ViuTV於2016年4月啟播。有線的奇妙電視在2017年5月14日開台，後易名「香港開電視」。

「這是一場革命，革命不一定成功；一定成功的革命，便不需要勇氣。」智叔解讀，若大家把這件事看成革命，就知道革命會失敗，會流血，有犧牲，雖然過程難受，但至少「勇於去革命的人，才可貴」。

不少演員擔心得罪「舊有秩序」。智叔笑言，近年已轉向以電影為主，亦已過了「無嘢做唔得」的階段，故不太擔心。這次和王維基以「部頭」形式合作，不獲發牌他最傷心的是作品沒法重見天日。問他是否被大台列入黑名單，智叔笑著問：「我怎知道？但在公開場合，它（無綫）不會訪問你。」

對於香港電視觀眾，智叔有甚麼説話要説？這個擅長演繹深沉角色的實力派，還是勸勉大家要內觀，要自省，戒掉對一間電視台的情感依賴：「其實人是需要有情感依附，一路慢慢成長，我們要學會不帶感情，或至少設個界限，做觀眾也是。觀眾好想有感情寄託，奈何有時所託非人，我哋都要有所取捨。」訪問完畢，我們客氣地道別，他一轉身，沿著昏黃的街燈漸行漸遠。我想起《無間道II》[16]智叔飾演的黑道人物，殺人之後，旁邊有人在埋屍，他在荒野裡用口琴吹起一首 *Auld Lang Syne*。

---

16 《無間道II》是一部2003年上映的香港電影，為2002年大受歡迎的《無間道》電影的第二集，講述警察與臥底之間亦正亦邪的偵探懸疑故事。有學者認為劇情是香港人集體處境的寫照，見羅永生：《殖民無間道》（香港：牛津大學出版社，2007）。

後記

每一次訪問，都擴闊我的眼界。以前我以為，演藝人物在幕前口齒伶俐，幕後他們也應該口甜舌滑。訪問完智叔，令我大跌眼鏡。

我保留了當日訪問的錄音聲帶，教新聞採訪課時會節錄播放給同學聽。智叔在錄音中説話零碎、斷裂、主語欠奉，有時我問一個問題，接著是一片死寂，dead air數十秒，他才老鼠拉龜地回應。談話內容有時抽象，聽得人不明所以。學生聽到智叔的反應，忍不住苦笑，有時皺眉。

我會問同學：「廖啟智不想接受我訪問嗎？」不是。我的觀察是這樣的：從第一通我打給他的電話開始，他的每一個反應都顯示他願意做訪問，但他的開放程度有限，有意識去保護自己的私隱。例如他只把辦公室電話留給我，跟我碰面後握了一次手，握手的力度有一點僵硬（我在課堂上經常跟學生玩握手遊戲，請學生判斷不同力度握手表達了主人翁的甚麼性格）。

遇到如此受訪者，採訪風格也要作出配合。由於智叔説話風格簡約，不少意思是由身體語言、語氣傳達，我大膽在文章裡做了一些詮釋和解讀。文章刊出後，有人認為我的書寫太過主觀。完稿後，雖然文章受歡迎，但我的心情仍然忐忑，直至幾天之後遇到一件事，才放下心頭大石。

話説港視不獲發牌後，員工連日在金鐘政府總部公民廣場留守，晚晚舉行集會，不少藝人出席，獨欠廖啟智。直至一個晚上，我在金鐘現場，赫然發現台上發言的正是廖啟智，我忍不住走近台邊。本來站在台上的智叔，在人群中看到我，緩緩地走到我面前，更彎下腰伸出右手，示意邀請我握手。我立即伸手回應，在數以百計的群眾面前，我們握了第二次的手。他一如以往簡約地說了幾個字：「篇文寫得好好。」那一刻，我的滿足感難以言喻。

之後，我在台下遇到廖啟智太太陳敏兒。敏兒和他丈夫的性格相反，熱情親切，她捉著我的手，溫柔地說：「文章寫得好呀。」我忍不住說：「最初也擔心，把智叔寫得那麼悲觀會不好。」她答得有權威：「怎會呢？他就是這樣的一個人呀！」我放下心頭大石，跟她說，現在我在大學教學生做記者。她如同媽媽般叮囑我：「現在很多傳媒寫的東西都是假的，你記住要教導學生，只寫真的東西。」我會好好記住，謝謝你，敏兒。

即使獅子不再山下——專訪蘇玉華

2016年4月22日

前言

房屋問題始終困擾著香港人。樓價飆升，窒礙了生活空間；有瓦遮頭已經是萬幸，不少人居於劏房，連一扇窗也沒有，即使房間有窗，想看到一片藍天也是奢望。

訪問蘇玉華本來只計劃談話劇，她趁中年再出發，與志同道合的朋友策劃了一個舞台劇的實驗計劃。除了訪問她，還訪問了她兩位拍檔。怎知整個訪問最觸動我的一句，是由她的戰友潘燦良說出：「導演希望排練室能夠有窗戶。」

談藝術未必是每一個讀者的那杯茶，談舞台劇生存也未必能引起普羅大眾的共鳴，但談房子侷促，卻能接通全香港人的神經線。我們受夠了吃人的生存狀況：房子的狹小、空間的擠壓、繃緊的生活節奏。舞台劇演員應得的一扇窗，彷彿是香港人生活之難的一種隱喻。

透過一扇窗，我們可以看到四時變遷，感受氣候變化，觀察日出日落。一扇窗不只提供了新鮮空氣與耀眼陽光，還有其心靈喻意：透過一扇窗，我們可以與世界接觸，與大自然契合，也能讓我們有足夠的距離去審視自己內心。

英國女作家吳爾芙在《自己的房間》裡寫道，女人寫作一定要有自己的房間和每年五百英鎊收入。不只女人，演員也需要一間有陽光灑進來的排練室，香港人更需要一扇能眺望遠方的窗口，讓我們逃離封閉單一幽暗的生活套路。

“

蘇玉華家住清水灣，出外她常開車。行經將軍澳隧道，她搖下車窗，掏出三元隧道費交給職員，這麼微小的動作她也會珍惜，尤其碰到熟悉的收費員，一位相熟的肥姐姐，肥姐姐會興高采烈跟她打招呼：「哎吖，阿蘇，早晨呀，去邊呀！」阿蘇就會跟她閒話家常。她覺得，這種人與人的接觸，要比用八達通「嘟」一下就完事更有價值。

她的價值和別人的不一樣。今時今日做演藝界，不能不搞好微博戶口，以便儲夠粉絲，工作機會才會找上門，她卻沒有開通微博，她形容是一種「選擇」。即使是臉書也是有限度經營，蘇玉華覺得她的時間精力寶貴，尤其年紀不輕，更要精挑細選怎樣過生活。

這幾年，父親離世，她暫停和無綫電視的合作，專心搞好一個戲劇計劃。這個計劃核心成員只有三人，包括男友潘燦良和演藝學院師兄張志偉。他們計劃每年製作一套精緻劇作，不是嘩眾取寵，不要假大空，不想言過其實，而是純粹的、在有限資源內實踐舞台劇應有的狀態：演員有一份完整的劇本去研讀，團隊薪金合理，排練室有陽光。

演藝界和話劇界的狀況，恍如香港社會縮影：愈來愈惡劣的生存環境，愈來愈多人的熱情受挫敗，愈來愈多本應如此的東西正在瓦解，包括所謂「獅子山下精神」[1]也變了質。對這一切，蘇玉華有切膚之痛，但她覺得不滿過後、發完牢騷，藝術工作者可以用創意回應時代的衰敗：「即使（客觀環境惡劣得像）是一嚿屎，我們如何能夠在一嚿屎裡面，變出一朵花出來？」

這天蘇玉華腳踏希臘皮革涼鞋，肩掛藤織手袋，身穿麻質連身裙和外套。衣服的品牌她不清楚，只記得在日本購買，我們翻開衣領看，她才第一次留意到牌子，日本小店出品。品質好的東西，不需要別人知道，蘇玉華心中有數。訪問中她強調，自己重視「quality work」。

過去二十多年，蘇玉華遊走於電視和舞台，近年拍劇貴精不貴多，剛播完的《平安谷》[2]是無綫少有質素之作，也是暫別之作：「隨著年紀增長，我愈來愈不能承受沒有quality的工作了。」

---

1 香港電台在七十年代初製作一系列《獅子山下》處境實況劇，劇集內容圍繞草根階層在香港的生活境況。1979年，填詞人黃霑為《獅子山下》一曲譜詞，歌手羅文演唱，家傳戶曉，此曲在九七回歸活動中常被選作主題曲。所謂「獅子山下精神」乃是由普及文化中提取的香港人身份認同價值，大意謂港人拼搏上進，成就了由漁港轉變為亞洲金融中心的傳奇。但隨著香港貧富懸殊加劇、政治撕裂等社會問題湧現，有人反問這精神在現今香港是否消亡了，也有人認為再談這種精神反而令社會不公義合理化，猶如進一步欺壓。

2 2018年1月，無綫電視播放20集電視連續劇《平安谷之詭谷傳說》，內容為民初一偏僻村莊重男輕女的故事，一對放洋回鄉的夫婦嘗試改變封建傳統，引發鬧鬼疑雲。評論指，此劇的女權主題讓觀眾耳目一新。

蘇形容，舞台是她的養份來源，一有空閒時間，她會參加演技工作坊、到外國看話劇。雖然近年香港舞台劇發展蓬勃，出品數量多，但質素不一，她不想觀眾失望：「試想想，看舞台劇是多麼『朝聖』的一件事，觀眾早幾個月已買定票，劃好某一個夜晚的數小時檔期，準時下班，吃好晚飯，聚精會神入場，是幾咁神聖和純潔，如果看到垃圾，你是不是想殺人？」

和蘇玉華做訪問，是享受。只需十分鐘，她就跟你熟絡，談得興起，會豪邁地把雙腳擱在茶几上，聲線高低抑揚，隨時角色扮演，遇上情感強烈，會忽然彈出一句英語："I don't care!" "I love it SO much!" 激動時她連珠炮發，忽爾來個急停，節奏感強烈，如同一台戲，只不過她在演一個忠實的自己。

蘇玉華口中，有一位她很欣賞的「師兄」張志偉Harry。張是1990年演藝學院畢業生，早年創立「演戲家族」，[3]曾任藝術中心節目經理，九七前已遠赴英國生活。雖然張志偉在異地，但和蘇玉華、潘燦良一直緊密聯繫，有時張回港短聚，有時蘇、潘二人去英國旅行，大家會見面。

三人只要聚頭，便有說不完的話題，尤其關於香港劇場生態：藝術工作者生存艱難，劇團要找資助，要處理大量文件工作；演員生計困難於是找兼職，變相影響排戲出席率。不過不滿現狀，抱怨容易，坐言起行做事卻不易。

蘇玉華說，他們2014年開始醞釀，很快又推翻自己：「我和潘燦良都是演員，演員這個崗位較被動，如同一粒螺絲，我們不懂得

---

3 香港演藝學院一批畢業生於1991年成立的專業劇團「演戲家族」，早期以演出翻譯的外國劇作為主，於1993底推出本地原創音樂劇《遇上一九四一的女孩》大受歡迎。劇團至今仍然運作，主打音樂劇。

如何做一個製作。票房呀，盤數呀，小至印張海報賣個廣告，我們都茫無頭緒。」三人之中，潘燦良性格最審慎，猶如一個哲學人，他飾演問到底的那位：「坊間也有很多劇團和製作，我們的存在價值是甚麼？我們究竟想做一件怎樣的事？」

為了回答這條哲學題，張志偉提出一個「巴黎凱旋門」概念。「我們一班成熟的演員，各自在崗位上營營役役，難聚首交流。我們想做一個平台，透過票房支持，令我們有條件營造一個小天地，畀不同藝術工作者入來聚頭，就好像巴黎凱旋門，它接通了十二條不同走向的大道，迎來四方八面的車輛，在此交匯又再出發。」後來計劃被命名為Project Roundabout（迴旋處的意思），為期三年，每年做一個製作。蘇玉華說，核心成員雖然得三個，但他們想成為一個開放的、自由的、彈性的平台，歡迎不同人來交流。

拉扯了幾年，蘇和潘都說，若不是一直做開監製的張志偉催迫，難以成事。蘇玉華扮演張志偉在視像電話越洋咆吼一幕：「我哋都一把年紀，仲有幾多時間吹水？唔好再講啦，做啦！」計劃終在2016年初落實，三人同意拆掉架構，平起平坐，商討大小事務。蘇玉華性格爽朗，應變快，待人接物能力高；潘燦良務實穩重，深思熟慮；張志偉執行能力強。有劇場中人說，如果這是球場，蘇是前鋒、潘是後衛、張是教練。

去年（2017）8月，第一個製作《謊言》[4]首演，改編自法國編劇

---

4 霍里安・齊勒（Florian Zeller）被譽為歐洲最受注目的年輕小説家和劇作家，至2018年、未夠40歲已創作了五本小説和逾十齣戲劇，獲得多個大獎。《謊言》劇作原名*La Verite*（真相的意思），2011年於巴黎首演，叫好叫座，並於歐洲各國演出。其另一作品《父親》以老人失智症為主題，亦於2017年由香港話劇團以粵語演出，並獲得「香港舞台劇獎」悲劇／正劇組最佳男主角（毛俊輝）、最佳導演（馮蔚衡）。

蘇玉華（攝影：馮凱鍵）

Florian Zeller作品，劇情談男女關係，夫婦互相欺騙，探討事實和真相是甚麼。上演的壽臣劇院只有400多座位，一個半小時製作，佈景精簡，節奏明快，把觀眾的注意力帶回四位演員的演技上。《謊言》剛獲得香港舞台劇獎年度優秀製作，並獲最佳男配角(喜/鬧劇)獎，今年6月還會重演18場。

蘇玉華說，希望製作的每一個細節都能做到理想狀態。潘燦良透露，他們本來有一間排練室是免費的，但導演看過那裡密不透光，比較侷促，於是去挑選幾間排練室，終於選了一間有窗戶的，讓導演可以舒服地創作。潘說：「在香港劇場，這是苛求，有排練室已經好，點會仲可以有得揀？雖然要花錢去租，但我們覺得值得。」幸好首演25場爆滿，票房讓他們可以負擔到各種開支，三人都鬆一口氣。今年底將有第二個戲出台，團隊已在構思第三年的劇目，蘇玉華賣關子：「我們會一步一步挑戰難度，第三年的作品，無論對演員或是觀眾，都有較高要求。」

不想妥協，也要平衡團隊需要、藝術水平追求、觀眾感受，以這些考慮去建立一種理想的觀賞經驗，過程中他們有些東西願意投資，有些東西則排除了。兩位演員知名度足夠，卻沒有過度商業味，沒有把事情變得庸俗。

在「假大空」年代追求純粹

蘇玉華說：「我們想件事有咁純粹得咁純粹，as pure as possible。」筆者問：「年紀大了，更難吧？」蘇斬釘截鐵：「就是年紀大，才愈來愈想要這種純粹。因為這是一個『假大空』的年代，愈純粹去做一件事愈難得，過度商業化會被騎劫。能夠好乾淨好純粹咁去處理人生和戲劇，是很難得的。」筆者問，會不會太理想化？「理想是用來追求的！未必達到，但要試，不只是為個人，而是為整體。」她強調，他們不是要樹立甚麼模範，也不是要批評他人，而是想跟從自己理念來實踐一個夢。

首演之後，蘇玉華在臉書寫道：「（整個過程）我都感受到一種溫柔、輕盈、沒有過份喧嘩⋯⋯我徹底愛上了這班人和這個合作。對。是合作。是每個人每個崗位都同樣重要⋯⋯又彼此尊重的合作。」

如此美好的境界，蘇玉華又為何把多年青春投入公仔箱？不少年輕人覺得大台等於劣質，[5]為何蘇玉華還耕耘多年？「若有觀眾看到我在電視演得好，我會很開心，我還想留住有質素的觀眾。那個媒介(電視)沒有罪的，我童年時，做電視的都是文化人、讀書人，出品都是有質素的。我覺得，即使節目爛，我也要做出一些好東西，為何我們要給爛東西觀眾看？我深信，即使再爛的地方，如何不會把爛的東西爛到自己身上，才是最大的學問。」

筆者是電視迷，不住追問，如何在聲色犬馬的娛樂圈自處？蘇掉入沉思，半晌才回答：「我深信，即使它是一嚿⋯⋯屎(旁人大笑)，對，它是一嚿屎啦，你可不可以在屎裡面變出一朵花出來呢？這才重要囉。你更要清醒，更要進步，更要知道自己在做甚麼。」

訪問在香港藝術中心16樓進行，落地玻璃外是迷人的香港海景。筆者問，感到香港人不快樂嗎？蘇玉華語速放緩：「當然感覺到，香港有些人不開心、迷失、不如意、覺得不妥，但不知道如何可以修補。覺得社會是不公道、不公義的，以前大家相信的原則和價值，正在瓦解。」

筆者進逼，是甚麼造成的？「管治這地方的人或制度失衡了。香港應該有其獨特性，即使我們已回歸，但因為香港有源遠流長的歷史才有今日，正如童年孕育了今天的我一樣。我成長時期的香港很精彩，無論是流行文化、價值觀、倫理關係，好的東西現在愈來愈暗淡、褪色和扭曲。香港其實是一個獨一無二不可取代的地方，

5 2009年6月4日晚上，無綫電視六點半新聞直播維園燭光晚會現場情況，有市民在鏡頭前舉起「無綫新聞 是是旦旦」的示威紙牌，以表達對無綫新聞編採手法的不滿。2013年10月，香港政府宣佈不向已投資拍攝多套電視劇的「香港電視」發出免費電視牌照，進一步引發民間對本港電視業被壟斷的狀況感到不滿，事件演變成遊行及連場集會，集會人士均批評當時免費電視台節目製作水平低劣。

比起其他中國城市，香港是不一樣的，起碼我自己經歷過殖民地時代，我們應該重視、認清、認同我們地方的獨特性，會找到自身價值，而不是想抹走舊陣時。現在政府似乎要告訴我們：『我們不過是母親懷抱裡其中一個城市咋。』我很痛心，説到我差點流淚了。」

看著維港海岸線，蘇玉華像夢囈一樣：「我係土生土長的香港人，香港的文化和一切，像土壤孕育我成長，我不會移民，我很清楚，我想貢獻這地方，不想污染這地方。但聽到還有人説甚麼『獅—子—山—下』(精神)，還成日唱那隻歌，我很嘔！以前七八十年代還可能，以前努力勤奮我們可以有捱出頭可以有成功一日，現在？已經講不通了，已經不是這樣呀！雖然香港是我家，但獅子已經唔再山下啦，真係㗎！雖然我自己沒有下一代，我身邊親友有子女，他們也是我的下一代，我也想他們在一個健康、公道、公平的環境成長……講起我個心都赤呀！」

眾人沉默片刻。話鋒一轉，蘇玉華臉上又綻放出一朵花：「不開心，想找出路，我自己的方法是，憤怒過後，如何利用嗰道力呢？我們想向現有和既定的規範説不，我覺得作為藝術工作者可以有創意，不需要墨守成規跟隨別人，可以有創造力用新思維做啲精彩嘢出來。如果每個人都這樣想，世界應該不一樣。」

蘇玉華父親在2016年3月過身，她之後短暫搬回鴨脷洲老家，陪伴獨居母親，晚上蘇玉華主動提出和媽媽一起睡，一邊聊天一邊進入夢鄉。這一個月，母女二人一起重走了父親喜歡的山路，去探望父親在晨運徑種下的花卉和植物。在她口中，這些生活小節彌足珍貴。這麼多年，她都愛走自己的路：中學畢業後想入大學讀地理，因為熱愛大自然，怎知大學收她讀「社工」，她知道那個不是志向，於是跑去做國泰空姐，「想看看世界，順便儲點錢」；九個月後，想去的地方都飛過了，毅然辭職。然後發現童年玩伴入讀演藝，她覺得自己適合，於是報讀：「我的人生從不是計劃好，我不是算到盡的那種人，都是無心插柳，遇上了機會，覺得可以試就去做。」

懶理逆流不逆流

人到熟齡，蘇玉華沒半點人到中年的無奈，沒有為勢所迫的嘮叨，沒有身不由己的鬱結，偶爾還有少女的天真和好奇。她口中強調：「我們有選擇的」、「是可以不妥協的」、「要做自己喜歡的事」。她心中那團火，關於做一個演員，關於做一個人，還燒得旺。筆者問，在演藝界真的可以不隨俗、特立獨行、逆流而上？她簡單直接：「哎，我們做創意工作的，每個人是不是要有多一點性格？我不覺得自己是逆流，我是太率性，我理得你！」阿蘇的話沒有尾音，像她入廚的手藝，[6] 不拖泥帶水，火候剛剛好。

6 2006年起，無綫電視開始製作烹飪遊戲綜藝節目《美女廚房》，女藝人即席接受廚藝考驗，由男藝人及專業廚師評分，廚藝差劣的被評為「地獄使者」，廚藝高超的則被冠以「美女廚神」稱號。蘇玉華在第一輯中因廚藝了得，而奪得「天堂廚神冠軍」及「終極美女廚神」獎項。

後記

蘇玉華掏出三元交隧道費這個小故事，背後有段古。話說訪問前我不認識蘇玉華，循正途先接觸她開辦的戲劇團體，不久就收到「蘇玉華」發來訊息，說希望訪問前先在電話裡談。我心想，不是吧？採訪了幾位來自演藝界的人士，我以為藝人甚少會這麼主動，更罕有會與記者預先進行電話談話促進理解。

到正式採訪，蘇玉華友善爽朗，沒一般藝人因為受過記者傷害而衍生的驚弓之鳥心態。訪問完畢，我們坐電梯到地庫的劇院拍照，在電梯裡偶遇藝術中心的清潔工人，工人認得常在電視劇出現的蘇玉華，雙方交換微笑，蘇還和工人閒話家常。當時我已決定，要用一個事例來呈現蘇玉華的平易近人。

選哪一個故事呢？訪問裡，蘇玉華曾經提及她開車經過隧道時愛用現金付費，因為喜歡和收費員四目交投説聲謝謝。這故事非常好，夠生活化，一般人會明白。不過，只憑蘇玉華口中說還是不足夠，記者還需要小心求證。

這個時候，側訪就是最有用的工具。我要求訪問Project Roundabout另外兩位成員。身處英國的張志偉和我談了一個小時長途電話，潘燦良也和我談了兩次共40分鐘電話。在電話裡，可以感受到潘性格拘謹，說話小心翼翼，直覺告訴我，這種人思前想後，反而特別可信。在話筒裡談到最後，我問他，蘇玉華口中那個隧道的故事，是否真有其事。

這裡要特別留意訪問技巧。一不小心，受訪者會以為我在搜刮別人私生活八卦消息，而對方有這種懷疑也十分合理。我解釋，希望以此故事顯示蘇玉華熱愛與人接觸的性格特點。潘明白後，樂於解釋他們開車經過隧道的場景，我拿到足夠資料才能重組那一幕，讓文章有現在這個開端。

有時，記者覺得要捍衛自己的專業，不會隨便告訴別人自己在採訪上的打算，以免壞了好事。這種說法有其道理，特別是採訪偵查新聞，更要步步為營；記者對著同事有時也要三緘其口，不能隨便披露調查細節。

但遇上有些情況，為了爭取受訪者的信任，我們要視對方為「伙伴」，讓他們明白我們的出發點，對方才知道如何配合。記者要有同理心，我們憑甚麼要求別人敞開心窗告知一切？不是一句「我是記者」就足夠。「記者」得到的尊重，是透過與每一個受訪者真誠相對、一點一滴賺取別人的信任來成就的。

4 傳媒渾水

從淚眼，瞥見主播的靈魂

2013年7月21日

前言

文章寫於2013年，其後再讀也不會感到脫節。之後幾年，社會上每次有關於主播崗位的討論出現，文章還是再得到讀者垂青。可是，文章復活的原因不是因為我寫得出色，而是因為業界一些做法實在太失色。

在新聞界浮沉多年，見證這行業走向光怪陸離。紮實的採訪功夫被看輕，謹慎的新聞處理被忽視，剩下只有鎂光燈下較表面的東西受到注視。不只普羅市民會對新聞業產生這些誤解，一些業內人士似乎都樂於推崇這種觀賞模式。

「主播」這工種近年才興起。以前新聞節奏較慢，記者可以兼任主播，到過現場親身觀察過再說出來，播報新聞時更具說服力。隨著廿四小時新聞頻道推出，時間進一步壓縮，唯有用分工來解決，全職主播這崗位應運而生。主播不一定有機會到現場，卻負責把新聞解說給觀眾。如果管理層沒有做好把關，主播未必能掌握到新聞神髓，報導時和新聞內容脱節的情況常見，剩下只有軀殼的演出。

主播近年經常成為花邊新聞主角，也源於這種偏差的新聞管理手法。從聘請主播的一刻開始，要求只是夠漂亮、説話夠流暢、能吸引觀眾便可以。主播離職後，繼續做幕前演出，無論是替商品賣廣告還是客串電影演出，也就順理成章。畢竟由始至終，個別主播演一個電影角色和演一個新聞主播，並沒有太大分別。

2010年8月23日傍晚，時任有線電視新聞部總主播莊安宜，準備坐上主播台。這天，她中午已回到公司，和全港市民一樣關注當日的重點新聞：20多名港人參加一個菲律賓旅行團，在馬尼拉遇上槍手，被挾持在旅遊巴上。[1] 事件從早到晚擾攘近十小時，天已漸黑，隱隱令人不安。

晚上7時的報導，由莊安宜獨自負責。畫面傳來菲律賓電視台的鏡頭，一架康泰旅遊巴停在黎剎公園，直至那一刻，仍有15港人未獲自由。忽然，一個男子從車上奔走出來，身份不明，不久，莊安宜聽到耳機裡傳來控制室的指示：「莊安宜你鎮定一點，你看看菲律賓電視台左下角，紅色字，寫著Driver: All Hostages Killed，你現在可以講了。」

1 2010年8月23日，香港康泰旅行社一個旅行團於菲律賓馬尼拉乘搭的旅遊巴，被一名遭解僱的當地警察門多薩持槍挾持。擾攘十多小時後，菲方派人攻上旅遊巴，雙方爆發槍戰，當時車上有15名人質，7人受傷、8人死亡，匪徒被殺。香港輿論認為菲律賓警方表現惡劣，引致多人死傷。2018年4月12日，菲律賓總統杜特爾特就事件向香港及中國道歉。

此時，她才瞥見一直忽略的字幕。當她意識到句子的意思後，腦海裡一片空白：「嘩，那一刻我講唔到呀，我無諗過吖嘛。」事件過了三年，今日回憶起來，莊安宜眼眶仍然濕潤。

她記得，當時嘗試開口，但沒法說完整句子：「大家現在睇到菲律賓電視台畫面，根據菲律賓電視台講，旅遊巴的司機話，All Hostages Killed，即係旅遊巴上所有人質全部都……」說到這裡，莊安宜沒法說下去，腦海裡閃過一幕幕：她娘家是菲律賓華僑，自小和家人到當地探親，見識過菲律賓人民性格樂天，不是生性凶殘的民族，還以為事情會平安了結，怎會想到流血告終？但很快，她想到旅遊巴上有數名孩子，白天曾經從窗口探頭外望，他們若遇險，最後的光景會是如何？

「那時我忘了自己身在主播台上，只是覺得很難過，我也是一個母親，想到小孩在最後時刻的惶恐，最後的情景會如何，覺得很恐怖，我忘了自己在工作。」淚水缺堤而出，但又擔心哭聲會傳到咪高峰裡，唯有強忍，但數分鐘沒法說話。幸好當時鏡頭沒有向著她，而是直播著菲律賓電視台畫面。莊安宜記得，畫面黑漆漆，正中有一架白色的巴士，偶爾傳來毛骨悚然的槍聲，當地電視台錄下了現場的喧囂。她從沒想過，時間可以如此漫長。

不久，直播室的門打開，另一位主播王春媚靜靜走進來，遞上紙巾，接棒說話。兩人的耳機傳來上司打氣的說話：「你們做得好好，鎮定點，不要難過，慢慢講。」大伙兒抖擻精神，繼續工作，並強調全數人質被殺的消息仍未被證實。王春媚說，當時她的心情一樣激動，「但看到隔離同事已在喊，自己更加要堅持下去」。後來才知道，旅遊巴上仍有生還者，事件共造成八名人質死亡、二人重傷。當晚王春媚回到家裡，看到親人，淚腺也終於失守了。

近日，主播的眼淚成為城中熱話。年輕女主播報導南非民權領袖曼德拉病危新聞，眼眶紅了，眨眼後一滴淚更在鏡頭前掉下來，畫面被網民和傳媒炒作，挖出了疑似主播爭上位的八卦消息，相關視頻一條動輒吸引數十萬點擊。[2] 然而，香港新聞史上主播哽咽事件何只這樁，還有更多值得記下。

抹掉眼淚後，莊安宜繼續報導了三個小時新聞，至晚上10時，待馬尼拉人質事件告一段落才走下主播台。當晚她沒有立即離開辦公室，而是留在休息室發呆了半小時，還為自己的表現失準向上司道歉：「我覺得自己好核突，有點不好意思，在鏡頭前流淚是失儀，不夠專業。」結果沒人責備她。

莊安宜有18年主播經驗，流淚事件發生在第15個年頭，亦是她整個主播生涯裡唯一一次，此後卻令她對主播工作改觀：「我一直以為自己知道主播工作是甚麼，以為做好資料蒐集，流暢把新聞講述，就是一個好主播。我還以為自己做了這麼多年，技巧已經很純熟，恰到火位，拿捏得好好，但原來主播這件事不是講『拿揑』。有人說，主播只有軀殼沒有靈魂，意思是她們只有美貌，我一直不同意。我以為有足夠準備工夫，主播便有了『靈魂』。但原來『靈魂』不只是講你對新聞有沒有足夠資料，原來所謂的『靈魂』，還有主播作為一個人，有人性在裡面。」

莊安宜說，事件令她衝破了一些心理關口，以前很關注化妝髮型，又要留意說話是否鏗鏘：「這次之後，我不再拘泥於『外殼』，

---

2 2013年6月27日傍晚近6時，無綫新聞女主播黃紫盈在互動新聞台報導有關南非前總統曼德拉的健康狀況時雙眼通紅，聲線顫抖，並掉下眼淚。有傳媒炮製跟進報導，指黃紫盈流淚並不是因為受新聞內容觸動，而是因為辦公室人事鬥爭，關於女主播之間的八卦消息得到大量讀者點擊。

不再著眼於說話哪裡要停頓，是否抑揚頓挫。主播的工作，應該和觀眾一同呼吸，像進入了新聞裡面。我覺得做回了自己，你不要把我當作主播，是莊安宜說話給你聽，隨著自己自然感覺而去。」

自然流露，便不是做作

莊安宜笑說「喊也試過，有甚麼不可以做？」，所以從此「報導新聞感覺輕省了」。一次一位同事穿著雨衣，在滂沱大雨中狼狽地為一個節慶日子進行直播，半小時後再到直播環節，天氣放晴，記者換上了一套粉藍色西裝，莊忍不住在鏡頭前跟他說笑：「乜靚仔咗咁多？」男同事會心微笑，兩人的對話也活潑起來。「我以前不敢說這些話，擔心會被批評太粗俗，帶著好多包袱，好多框框，覺得幕前很多東西不可以被人見到，怎知令自己失去了人性。」

但莊安宜強調，容許自己隨新聞而自然流露，不等於「做作」。大家想起北韓報導方式，或一些地區的主播在鏡頭前誇張飲泣，還是難於接受。她說：「觀眾也是人，會分得清主播是真情還是假意，是做作還是自然。」

事實上，一些被譽為專業典範的主播，均曾在鏡頭前流露情緒。已故美國主播華特．克朗凱（Walter Cronkite）在1963年報導甘迺迪總統遇刺身亡，數度摘下眼鏡又戴上，以擦鼻等小動作掩飾濕潤的眼眶，事後仍被選為「美國最可信任的人」；九一一後，丹．拉瑟（Dan Rather）接受David Letterman訪問，當場流淚，數千觀眾寄上支持信。克朗凱當時仍然在生，這樣評論丹．拉瑟流淚："I don't blame anybody for showing emotion on the air. I don't think I would trust a reporter, male or female, who didn't show any emotion."（我不怪責任

何人在鏡頭前顯露情緒。無論記者是男還是女，若他完全沒流露情感，我不會相信他。）

1989年的六四事件，奠定香港一代記者的公信力。徐佩瑩當時在亞洲電視擔任主播已有兩年。6月4日凌晨開槍後，她通宵進行報導，現在回看舊片段，可見她穿著黑衣，以接近機械式語調冷靜讀稿：「那時是很悲慟的感覺，要壓抑自己情緒，於是變了沒有表情。我告訴自己，你好唔開心，但要好機械咁完成任務。」直至放工後坐的士回家，她終於在車廂裡嘩啦嘩啦地流淚。她想起十日前自己還在北京採訪，訪問過學運領袖吾爾開希，還有無數擦肩而過的老百姓，表現文明有秩序；屠城之後，這些人生死未明：「放

莊安宜（左頁）、徐佩瑩（攝影：鄧宗弘）

工後做回自己，可以哭個夠，但還是不敢哭到眼腫，以免影響翌日出鏡。」

6月4日傍晚6時，徐佩瑩回到主播台，耳邊傳來身在北京同事陳潤芝的長途電話報導。陳描述，當日早上她在北京飯店陽台，看到老百姓踩著單車走向軍隊，有點試探防線的意味。軍人衝出來開槍，一個早上共開了五次槍，每次20發子彈，每次槍聲後，遠處有數人應聲倒地。説到這裡，陳潤芝在話筒裡哽咽，她原計劃説「今日是南京大屠殺後中國歷史最悲傷的一日」，卻因為情緒激動而沒法説完，只能簡化為「我們目擊的……是令人難過的鏡頭」。陳潤芝回憶，當時自己承受巨大的身心壓力，想到藏身在酒店以外的同事安危，亦知道家人擔心自己，一時失控，過後還自責不夠專業，未能按捺情緒。

聽到陳潤芝在話筒裡抽泣，徐佩瑩在主播台上再也忍不住，熱淚盈眶，眼濕濕的一刹在鏡頭前出現了。幸好鏡頭立刻轉向拍檔伍國任，她趕緊仰起頭止住快要滴下的淚，咬緊牙關，繼續工作。事後回顧，徐始終覺得流淚不妥當，怪責自己未能冷靜，她相信主播應該嚴肅才能取信於觀眾，情緒表達要減少，那年代主播甚至會拉起一張「撲克臉」(poker face)，以免影響報導的客觀中立。

流淚的標準？

然而，徐佩瑩慶幸沒有觀眾記得她曾經含淚：「那時新聞部上上下下男男女女都喊過，分別是鏡頭前還是鏡頭後。當全港六百萬人有五百幾萬人都喊，我那一眶淚又好正常，怎會有人注意？」莊安宜也有類似感覺，菲律賓人質事件牽動全港市民情緒，她在主播台上哽咽，除了討論區有幾個留言，沒有被廣泛談論：「當大家都被個新聞『攝咗入去』，誰還會有空談論我流淚呢？沒有人提起我流淚才是對的，才是正常，因為大家關注新聞。」

兩人都同意「主播有淚不輕彈」，但主播流淚會否損害專業形象，未必是定案。筆者認為，關鍵是當一件新聞的重量大得牽動全民情緒，主播盡力克制到最後仍然流下了眼淚，觀眾也不會苛責。似乎，主播流淚要看一個標準，究竟會分散了觀眾的注意力，還是令大家更關注那樁新聞？徐佩瑩說：「主播的最大功能是讓新聞入到觀眾的腦海裡，而你作為主播，做的事究竟會令人更關注新聞，還是更關注你自己？」

「主播不是代表自己一個人，她代表整個編輯室，你傳遞的訊息糅合了新聞團隊全日工作的心血結晶。最好的主播應該是『隱形』的，觀眾不是看主播個人表演，若你喜歡個人表演，可以去投考節目主持，像鄭裕玲做電台清談節目，便可以很有個人風格。」徐佩瑩如今已退下新聞火線，早年她仍服務於亞視新聞部時，曾於1994年因管理層禁播六四紀錄片，與另外五名記者集體請辭，被譽為「亞視六君子事件」。今日她談及新聞原則，仍然值得後輩參考。但徐笑說，自己「old school」，奉行「老派理論」，在今日新聞娛樂化的趨勢下，可能不合時宜。

然而，兩年前才退下主播台、現為全職主婦專心湊女的莊安宜也認為，無論時代如何改變，主播也不應該搶了新聞的風頭：「新聞報導的重點不是主播，我常常覺得，若我報完新聞，大家去評頭品足，說主播的髮型衣服如何，是一種失敗。相反，沒人記得我穿甚麼衣服，才是我的成功。」

回看6月尾小花流淚事件後，有傳媒推出12輯相關短片，炒作背後的「爭上位」傳聞，合共吸引300多萬次點擊；相反，同一平台推出的曼德拉病危消息，只吸引1.5萬次點擊。沒人知道小花流淚的真正原因，或許是一時身體不適，或許是辦公室政治，但客觀事實是，她的一滴淚沒有令人更關注曼德拉。

現在，徐佩瑩已轉到公共機構擔任傳訊工作。[3]她以專業公關角度分析300萬個點擊，追看小花流淚消息的市民不出兩種動機：一，是去猜想事件是否如傳聞中那樣涉及辦公室政治；二，就是看

3 筆者在有線電視擔任記者時，曾與莊安宜、王春媚、徐佩瑩、陳潤芝共事數年。

看主播是否如大家所說般漂亮，但對新聞機構未必有增值效果：「娛樂圈的價值是，情願被人罵也是一種宣傳，但新聞部要有信譽、有誠信，和娛樂節目尺度不同。負面新聞或許有助短時間收視上升，長遠來說，(這個新聞部) 在人們心中留下的印象未必有賺。」

後記

這篇文章算是我較早期的作品，文字風格稚嫩，卻留下了「成長」印記。事緣我寫文章已十餘年，但一直憑「直覺」落筆。閱讀過美國普立茲特寫新聞獎文章後，理出一些技巧，於是加以模仿。這篇乃是自修後第一次跳躍式嘗試。

特寫新聞的導言以場景設定開展，能產生一種電影質感，把讀者帶到現場。但知道這種做法和真正執行起來，是兩碼子事。

這一次，我初探如何以場景設定去開章。採訪起來，事倍功半。以往隨心書寫，想到甚麼便寫，今次刻意還原場景，兩種寫法相比起來，所花力氣差天共地。

馬尼拉人質事件是香港人深刻的記憶，以這件事去開章是好選擇，容易引起讀者共鳴。問題是，當時我和眾多市民一樣只是留守在電視機前，不是身處編輯室，我如何能回到當時？

我唯有地氈式採訪在場人士，像警察搜集證人口供一樣，一塊一塊碎片拼湊還原。除了主角莊安宜，我還訪問了後來進入直播室的主播王春媚，以及在控制室透過耳機下指示的主管馮德雄。為了這段導言，我訪問了三個人。

下了苦功，卻有意外收穫。三個人說話各有些微出入，反映每個人觀點的限制，透露了每個人角色的不同，也暴露了人的記憶容易有偏差，但集合了各人觀點而交織起來的世界卻充滿層次感、複雜性、綿密度，有一種讓人重新經歷當時的質感。一個人回憶容易錯，三個人回憶重疊處，或可通往某種真實。

回想當初，我嘗試運用這種新的寫作技巧，目的只是工具性，只求寫出更引人入勝的文字。沒想過執行起來，竟讓我有一種精神層面的轉化，重新提醒了我自己，還原事實必須下一番苦功。渴望貼近真相，也是所有記者應有的核心追求。

否定安裕，就是否定香港幾代新聞人

2016年4月23日

前言

一個好球員，未必是個好教練；一個好記者，未必懂得做好編輯。倒過來説，沒有優秀的編輯帶領，一個好記者的潛質難以發揮。奈何公眾只看到最「閃閃發光」的前線新聞工作者，衝烽陷陣的突發新聞記者、濃妝艷抹的主播最搶眼球。但一個編輯室有沒有靈魂，一間傳媒有沒有風骨，一支採訪團隊有沒有士氣，掌握在新聞管理人員手上。

一般市民只會罵「記者作故仔」、「狗仔隊侵犯私隱」、「新聞太偏頗」，卻沒有人懂得問，背後操作的管理層下了怎樣的決定。真正站得住陣腳、堅定拒絕煽色腥、重視社會責任、擁抱公平理念的新聞人，公眾未必認識。

不過，若有人想令傳媒戰鬥力大減，只要想辦法移除這批有心人，就能讓新聞大隊潰不成軍，再打得的記者沒有好上司駕馭他們，也會像一支集合了明星足球員但欠缺有能力的教練帶領的情況一樣，一盤散沙，士氣低落。近年，一批有能力的中層新聞人，均巧合地黯然辭職或被離職，社會默默無聞，殺人不見血。在我心目中，新聞人安裕就是其中一位。

《明報》粗暴地解僱了安裕[1]的那個早上，我從外面跑步回來，刷一下手機看到這樁消息，登時腦海一片空白，熱汗混著冷汗從我的額角流下。混沌之間，眼前出現了一幕幕「阿姜」(我們對安裕的匿稱)過去十多年和我們共處的畫面，像電影蒙太奇般在眼前快速搜畫。

我震驚而悲憤。如果兩年前(2014)《明報》剛被撤職的老總劉進圖在鬧市被斬六刀[2]是一宗新聞自由的懸案，我覺得今次安裕被撤職在我心中清楚不過：《明報》裡頂著壓力堅守新聞價值的領軍人物被移除了，下手的還是公司裡的人。

---

1 《明報》是香港其中一份日報，由已故著名武俠小説作家查良鏞(1924–2018)於1959年創辦，被譽為「知識份子報」，於多項民調中其「公信力」評分在較高位置；1995年售予馬來西亞華裔商人張曉卿，2012年後連續發生多宗事件。2012年，時任總編輯張健波被調離崗位，改由劉進圖出任，到2014年1月又突然撤換劉進圖，從馬來西亞調來不熟悉香港的鍾天祥出任總編輯。劉進圖在2014年2月26日早上遭襲擊，身中六刀。2016年4月20日凌晨，負責報館日常運作的執行總編輯姜國元被總編輯鍾天祥以「節省資源」為由解僱，引發新一波職員及關注《明報》的人士抗議。本文筆者是《明報》專欄作家，聯同其他作家於《明報》「開天窗」，以示不滿事件。

2 《明報》前總編輯劉進圖在2014年2月26日早上，於香港島西灣河鯉景灣吃早餐，在其私家車旁被襲擊，當時有兩人從電單車下車，一人以刀襲擊，劉身中六刀，送醫院搶救，一度危殆。事件震驚全港，為近年香港最嚴重的傳媒人被暴力襲擊事件。兩名疑兇事後潛逃內地，在廣州公安廳協助下被押解回港。兇徒為黑社會人士，向法院聲稱為金錢利益而受指令「教訓」劉進圖，2015年8月被判意圖嚴重傷害他人身體罪名成立，在高等法院被判入獄19年。劉進圖在留醫五個月出院，定期接受物理治療，行動能力受影響。

連續兩天，我感到自己和整個香港社會出現一種脱節的精神狀態：大部份港人生活如常，滿足於網上海量供應的「偽新聞垃圾」，忙於分享關於美女、小狗、對政客謾罵的資訊；港人認知的所謂「新聞從業員」，只是電視台濃妝艷抹、穿套裝讀稿的美女。我知道一個殘酷現實：假若一位「靚女小花主播」今天被無情解僱，民間反彈應該要比撤掉安裕大千百倍。

這裡反映的是社會的反智：當讀者和觀眾不斷指摘香港新聞工作者水平每況愈下，一位默默耕耘的風骨報人被拉下崗位，大眾卻不屑一顧。不少圈外人問我：「安裕是誰？看《明報》的人已經少，還説是星期日《明報》[3]裡的一個專欄作家？」言下之意是安裕不夠出名，這也是香港講實際、講名氣的一個真實面向。

那邊廂，香港的知識份子界炸開了一個黑洞，我的臉書更是哀鴻遍野。記者、編輯、評論員，不論屬於哪間機構，只要跟阿姜共事過，無不義憤填膺。一位跟姜生在《明報》體育版合作多年的前記者説：「只要想起姜生如何勉勵我採訪的畫面，我的眼淚就忍不住了。」姜生的離開引爆一個「現象」，大量在他提攜下成長的記者，至少三四代，都紛紛出來發聲表態。

舉個例，和我同輩的朱凱廸[4]今天已是本地重要的社會運動者

---

3 《明報》自2003年開始逢星期日附送「星期日生活」副刊，近十年來刊載大量本地學者及文化評論人的長篇文章，為香港知識份子圈子的重要言論平台。姜國元於《明報》任職十年，用筆名「安裕」定期於「安裕周記」欄目撰寫時評，特別是關於中國、美國、日本等政經分析，均受讀者追捧，後來文章結集為《安裕周記——思前想後》。安裕離開《明報》後，於《眾新聞》任職，定期於《蘋果日報》、《am730》及《眾新聞》繼續筆耕。

4 朱凱迪，香港社會運動組織者，早年在《明報》任職國際組記者，參與過保育天星碼頭、反高鐵、菜園村不遷不拆等運動，長年關注動物權益、環境保護等議題，於2016年參與立法會新界西選舉，以8萬多票高票當選。

和民間記者。時光倒流到千禧年代初，朱凱迪和我在《明報》國際版是新鮮人，已經有機會從阿姜身上學習到分析國際形勢的思考方法。還記得那時，朱凱迪告訴我他很崇拜採訪中東而廣為人認識的自由記者張翠容，[5]希望從她身上偷師，我便約會了一次三人茶聚。誰不知阿姜被炒後，張翠容在臉書上披露，原來她早年採訪中美關係定必請教阿姜，並認為他分析獨到，給她不少啟發。

那天我在網上看到這張關係圖，恍如看到阿姜一個人如何扣連出整幅圖畫。我看到自己血裡流淌著的新聞價值，原來有一種一脈相承的前身今生：朱凱迪的啟蒙老師是張翠容；張翠容和姜國元是互相請教的同業；而今天，我也成為大學裡教授新聞的老師，老師的老師，也是姜國元。就這樣，阿姜的影響力如輻射般擴散。餘此類推的關係網，把整個香港新聞界一群有志者連結起來。

然而，阿姜培育出來的新聞人在發光發熱，阿姜卻低調得過份。新聞業的分工是這樣：走在前線採訪的記者衝鋒陷陣，尤其是在電視台工作的，必須在鏡頭前露臉；報紙的記者具名出版，三五七年拿幾個新聞獎，行外人也會聽聞其名字。阿姜呢？他是絕頂厲害的編輯，知道要讓記者成長，要激發記者的小宇宙，就要舉重若輕、潤物細無聲。若用今天香港的潮語，就是阿姜「不爭奪光環」，有種舊式文人知識份子的謙虛，往往不邀功、不站台前。

5 張翠容，香港新聞工作者，以自由記者身份到多國採訪，出版多本談及中東及南美等地的著作。

潤物細無聲

在他被革走後的一個下午，我打開電腦，把過去我跟他在臉書的私人通話細細再看一篇。本來強裝冷靜的我，看到一些舊留言，眼眶也忍不住濕潤了。

2013年的春夏之交，我為《明報》撰寫了一系列有關佔領中環的對話特寫稿件。那時佔中剛在醞釀階段，我們找來佔中發起人、香港大學法律系副教授戴耀廷和不同政界人物對話。其中一篇對象是民建聯主席李慧琼，稿子寫得艱難，因為李慧琼說話謹慎，難以擦出火花。若我加鹽加醋加以奚落，當然能夠搶眼球，但卻違背我的寫作原則；但若被動地記錄，又淪為食之無味的沉悶文章。最終艱苦地寫出五千字，一如所料，外界不懂欣賞，文章猶如石沉大海。

我頹廢地向姜生吐苦水，誰不知他卻說：「這篇稿子我從頭到尾看了兩次。」我受寵若驚。他續說：「你沒法掩飾你不喜歡她。」我大驚，以為要被責備了，誰不知姜生原來不是要教訓我，而是要讚我：「你寫得客觀，連李氏手部小動作也記錄了，文章寫得好，至少逼近了現實。」

姜生說的那一句，是關於我把李慧琼在訪問中抓緊椅子時手指做了彈琴般的小動作記錄下來，以顯示李氏受訪時的心理狀態。這麼小的地方姜生都察覺到，我心裡暗自感動，忍不住大喊：「知音！」他一貫的若無其事：「我只是一個普通讀者吧！」

如此這般的對話，淡淡的像閒聊也像話家常，姜生愛把他做人處世、對新聞對世界的觀點和角度，潛移默化地啟發後輩。他對年輕記者打從心底沒有架子，甚至喜歡親近他們。我覺得安裕喜歡思考單純的人。他跟我說過：「一個人老實對人、老實對自己，是最可貴的。」

報紙佬、報業人員、報人

在我心裡，做報紙這行業有幾種人：視它為上班糊口的，我稱之為「報紙佬」；另一批醒目又懂得採訪技巧、屢建奇功扶搖直上的，我稱為「報業人員」；去到阿姜那種水平，會持守新聞價值並以身教感染後輩，並把目光放在整個行業和社會福祉層次的，方配得上「報人」稱號。

守護姜生，不是守護他本人，也不是把他神化；而是透過守護姜生，達到守護香港新聞人風骨的一個statement。朱凱廸跟我說：「鍾天祥（解僱安裕的明報高層）憑甚麼羞辱一群讀書人？」說得好。這篇文不是要捧姜生做英雄，他只是在這個時代做回一個「報人」應有的風範。否定安裕，就是否定香港幾代新聞人，否定我們在安裕身上認同的價值。

我說要寫這篇文章，姜生把我罵得狗血淋頭，三次叫我不要寫，直到我堅持他才不再阻止。我認為，姜生最大的貢獻不是他每星期在「安裕周記」裡讓讀者看到醍醐灌頂的訊息，而是他在《明報》編輯室和整個新聞界的存在，實質地頂著壓力，撐出新聞自由的一片天。這種存在不是一種空洞的口號，而是時時刻刻、年年日日，低調地、「揼石仔」式地打開一些可能。其實，姜國元並不是一個激進的人，他時常提醒我們做記者要「冷靜」，要有分寸，別過火，別意氣用事。

試問哪個記者不熱血？金像獎得獎電影《焦點追擊》[6]談一個新

---

6 《焦點追擊》（*Spotlight*）為2015年一部美國電影，內容改篇自波士頓一份報紙的真人真事，記者團隊揭發美國連串天主教神職人員性侵兒童事件，電影於2016年獲得第88屆奧斯卡金像獎最佳影片獎。

聞團隊如何跟進一宗偵查新聞，前線記者出盡吃奶的力衝鋒陷陣，卻冷不防編輯室裡空降了一個外來的「管理層」。管理層不多言，卻在關鍵時刻做出對的決定，頂著外來的壓力；有一幕，即使記者認為資料已夠爆炸性，那位上司仍然堅持要等，等待足夠的資料，讓報導可以更全面地披露天主教神父性騷擾兒童的醜聞。

爭千秋而不爭朝夕，是我從姜國元身上看到的氣度。所以《明報》中人常以「靈魂人物」、「定海神針」來形容他。而我卻覺得，他在編輯室的存在更像「空氣」，低調得像不存在一樣，卻因為他在這裡，讓記者可以安心地衝鋒陷陣，在困惑時能夠定下神來重拾方向。缺了氧的新聞人，就像丟了靈魂的人，只能行屍走肉。

我和安裕之間還有一個小小的秘密。話說2004年「安裕」已經開始在《明報》寫專欄，廣受歡迎，我們多次遊説他把專欄輯錄成書，他卻擔心太高調而推卻，直至九年之後的2013年，《明報．星期日生活》決定一次過出版幾本書，阿姜才落實出版計劃。碰巧我撰寫的佔領中環系列也一併出版，於是機緣巧合之下，讓我認識了負責做書籍設計的胡卓斌。

一天，設計師問我：「究竟安裕是個怎樣的人？」原來他要替《安裕周記》設計封面，卻因為主人公太神秘，所以苦無頭緒。我於是把我認識的安裕，用一些簡單易明的形容詞告訴他：「感覺上，安裕外冷內熱，對中國、對民主，有一種澎湃的感情，內心很翻滾，但又在外表上裝作若無其事的樣子。有一種男人讀書人、不想自誇的內斂和低調。他出身左派家庭，骨子裡對中國很有感情，卻對中國有點恨鐵不成鋼。他對於有風骨的人、長年累月堅持為民主做大事的人物，從心裡欣賞。另一方面，他對日本文化有研究。他懂得日文，對於日本人咬實牙關捱下去的情操好欣賞。還有，安裕很有『歷史感』，有人味，有故事，有角度，有個人觀察。他有『情感』而不濫情，更像是一種『風骨』的味道，淡淡然的。我猜你設計時，太熱又不可以，太冷又不可以。」時為2013年6月，我跟設計師的閒談電郵裡，這樣形容安裕。

之後，設計師就在沒有接觸安裕的情況下，設計出這本拿下了第七屆香港書獎的《安裕周記——思前想後》的封面。設計師混合了兩種紙質，啡色的雞皮紙表達發黃溫暖的歷史感，純白色的紙表達一種冷靜，中間用簡單的直線分割，來表達一種理性。特別是在雞皮紙上有一個半透明的長方形，是用透明膠質紙熨壓上去做成的效果：「這是一面鏡子，象徵《安裕周記》那種反映社會、切割俗世的意象。」胡卓斌解釋道。

就這樣，安裕在不知情之下，收到了設計師的樣板。據說，安裕看後很滿意，非常喜歡，還親自以鋼筆提字把「思前想後」四個字寫出，放在封面上。這個故事，我一直沒有跟安裕說過。只是覺得，互相守護、毋須事事說明白的一種同路人的默契，是我從安裕身上學習回來的處世態度。

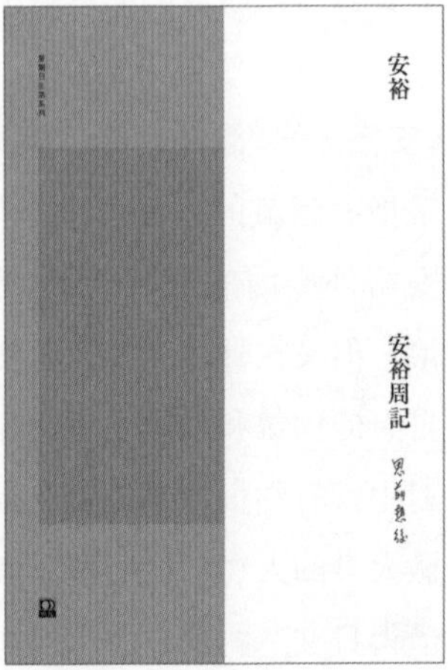

《安裕周記》封面

後記

2016年安裕被炒後，《明報》現任和前任記者們皆高調向社會發聲。員工到公司樓下默站，我也和其他前記者透過傳媒向市民解說。不過，大聲叫救命，效果有限。最終安裕還是離職，後來他到了一間獨立網媒《眾新聞》工作，這網媒由一班資深新聞人埋班，向普通市民眾籌措營運資金支撐運作。這些年頭，倚靠「大老闆」投資的模式難免令新聞自由有所窒礙，有經驗的新聞人都深深體會到。

作為讀者，如果你不滿傳媒現況，第一件事可以做的，就是找尋高質素的新聞產品，多分享，多點評，多點讚。第二件事要做的，就是找一些和你理念相近的新聞機構，掏腰包每月捐款支持運作。記者也要吃飯，現今因為互聯網衝擊，資訊淪為免費商品，大型傳媒若不向權貴靠攏就會失去廣告，靠出品高質新聞而財務上能穩健生存，在華文社會似乎還未找到這種財務模式。

在這艱難時刻，作為有責任的公民，我們要視「高質素資訊」為寶貴的公共資源，要像保護瀕危動物的心態一樣加以愛惜和扶助；否則到最後當有良心、會監察權貴的聲音都滅絕後，大家後悔已經太遲了。作為一個香港人保育好新聞，是出於對香港的愛，也是責任。

記者的共業

2016年4月3日

前言

不少人好奇，究竟一篇新聞特寫從開工到完成要用多少時間？聽到的人都嚇一跳：以我自己的工作習慣來說，最少連續工作25小時。數學題是這樣計算的：採訪4小時、抄帶（把錄音聲帶還原成文字筆記）8小時、寫稿10小時、修改3小時，合共25小時，即是三個工作天。

我正職教書，在工餘時間抽出額外三個工作天，不容易。有時從採訪到刊登，急起來可能只有兩三日，若作品質素不想作出妥協，便要犧牲睡眠時間，通宵寫作是慣常，完稿時往往身心疲憊。

我一直有個想法，新聞界對「速度」有一種近乎強迫症狀的迷戀，甚麼都要強調「快」。即使是講深度的採訪，也難免落入「要比別人快」這種心魔裡。我想，**如果今時今日社會強調「慢活」作為一種出路，有沒有一種新聞寫作容許一點慢下來的時間、沉澱下來的空間？**

以下這篇文章是我其中一篇醞釀期最長的文章，從念頭出現到下筆，相隔了半年。

美國新聞特寫普立茲得獎者Gene Weingarten說過，一個優秀的新聞特寫記者，文筆未必最好，但這個人必須懂得觀察、愛思考。我用了半年反覆思考，仔細觀察，最後才下筆。

現在回看，這篇文章的可讀性可能是全書最高的一篇。雖然談的是記者行業的圈內事，但一般市民的想法和觀點也被尊重和表達。**時間，不一定是記者的敵人；時間，也可以是深度報導的朋友。**

“

一個月前的立法會新界東補選，[1] 深夜時分，我獨個兒坐尾班港鐵，到調景嶺體育館的點票中心。[2] 進場時，有保安員要求搜查我的隨身物件，才恍然大悟，今次選舉在「旺角衝突」[3] 不久後舉行，氣氛有點緊張。搜完袋後，看到兩條通道，一條是給「記者」，另一條是給「公

---

1 前新界東立法會議員湯家驊於2015年中退出公民黨，並表示會於10月辭去立法會議員一職。補選於2016年2月28日舉行，以非建制派身份參選的有公民黨楊岳橋及本土派梁天琦。兩人取得第一及第三多票數，分別為16萬票及6萬餘票，第二多票數為建制派候選人周浩鼎，得票15萬。補選方法是單議席單票制，故此最多票的楊取得議席。

2 當日所有票站票箱送抵調景嶺體育館進行點票，記者及普通市民可以入場觀看，現場有電子報告板即時宣佈最新點票數字，一般來說，香港的選舉點票過程大約在清晨會有最終結果。普通市民及記者獲准進入的區域不同，得到政府提供的資訊及支援也不同。

3 又稱「旺角騷亂」，在2016年2月8日夜晚至2月9日清晨於旺角發生的警民衝突事件。那一晚是大年初一，依照香港民間習俗，非法流動小販會聚集在旺角向市民售賣熟食小吃，但當晚食環署卻採取行動拘捕無牌小販，群眾在互聯網發起「保護小販」行動，雙方對立下，警方介入並與民眾對峙。警方出動胡椒噴霧及警棍驅散人群，示威者用木板、磚頭、火種、玻璃瓶、垃圾桶等襲擊警方，並放火燒雜物。有警員受傷，警方兩度向天鳴槍，並擎槍指向示威者，衝突升級，數十人被捕。有一說法是2014年和平抗爭的雨傘運動失敗告終，令示威者更接受以暴力抗爭。被捕人士陸續審訊，部份被控以「暴動罪」。有參加新界東立法會補選的梁天琦，於2018年中被判刑六年，另一參與者被判刑七年。

眾」。當晚有消息指，當局對「記者區」收緊管理，凡是它認為不符合其定義的非主流傳媒記者，均「不獲邀請」進入記者區。[4] 我不過是一介新聞系老師，早有心理準備以平民身份進場，所以就聳聳肩，接過職員發的一張「號碼籌」，走進公眾席。

從家裡到點票中心的路上，我不無焦慮，生怕公眾席籌派完會被拒諸門外。果然，當我進場時，整個公眾席已擠滿了人，要找個位置都有困難。公眾席位置不佳，距離宣佈結果的「大台」最遠，簡直是「山頂位」。記者區呢？面積偌大，佔整個場館約三分之二。但記者區的使用人數卻與其面積成反比：記者區小貓三兩隻，公眾席卻有人滿之患。

再觀察一會，我發覺「記者區」和「公眾席」的分野，若以區內活動為標準，今天這種「劃界」顯得蒼白無力。當日我看到的情況是，「公眾席」有大量人士進行各種採訪活動。大學新聞系的學生，他們的身份不被當局認可，[5] 擠在公眾席作即時報導。我的學生指著一名網絡紅人說：「你看，他在使用Facebook最新的live功能，現場直播。」我看到這個年輕哥仔把iPhone鏡頭對準自己，嘴部不停郁動，挪動身子作360度拍攝。我也遇到自己一直有拜讀的網絡媒體，他們的記者趴在木櫈上，扭曲著身子打稿。四年前(2012)的立法會選舉在赤鱲角亞博館開票，當晚我也在場，卻沒看到公眾席出現這種人人採訪的盛況，顯然這幾年傳媒生態發生了質變。

---

4 2016年4月，網絡媒體如雨後春筍於香港蓬勃運作，然而政府仍然不承認非紙媒的記者身份，不許他們以記者身份採訪及提問。有記者團體及大學新聞系學生進行司法覆核，希望法院檢視有關記者定義是否影響言論自由。2017年9月中，特首林鄭月娥表示會開放網媒採訪權，11月記者協會撤銷司法覆核。

5 大學新聞系學生多年來不獲政府認可身份，兩名學生記者於是進行司法覆核，法院考慮到政府於放寬網媒採訪權時，也有限度開放學生記者採訪，於2018年11月撤銷司法覆核的申請許可。

相比公眾席的熱鬧，記者區顯得冷清。當晚有一幕是這樣的：無綫電視台的直播攤位最接近公眾席，它放了一部平板電視，熒幕向著公眾席。整個晚上，無綫播放點票數字均以細字標出「資料來源：民建聯」。[6] 在場市民議論紛紛：「有無搞錯？民建聯參選喎，點解引述佢哋數字？」主播曾解釋，這些數字比官方公佈的更快。我曾做過記者，嘗試理解當中邏輯，估計是民建聯在各點票站駐了人，能最快把數字匯報，但我亦覺得即使數字夠快，傳媒亦要顧及公眾觀感，怎能給人一種偏袒某政黨的印象？

當我思緒仍糾纏著的時候，觀眾席忽然起哄，群情洶湧齊喊「無綫新聞，是是旦旦」。[7] 我回過神來，望望錶，剛好凌晨2時半，才發現他們的叫囂是衝著無綫記者陳嘉欣，她當時和攝影記者在遠處做直播，最初鏡頭還選定公眾席作背景，但當「是是旦旦」口號如海嘯般襲來，她唯有移步離開公眾席範圍，鏡頭轉向拍攝記者區的空櫈。我曾做過電視台記者，目睹這情況，第一感覺是替這名記者難過。如果我是她，一定覺得委屈：「我又無做錯，做乜噓我？」但很快，我又明白群眾的憤怒。

6　民建聯是香港一個建制派大黨，由於資源充足，人手足以在每個投票站報告最新點算數字供傳媒報導，但由於有派黨員參與選舉，並非中立第三方，記者若使用其資訊，容易惹來不公平之質疑。

7　每年6月4日，香港維多利亞公園均會舉行紀念1989年六四事件的燭光集會，電視台會派記者進行直播。於2009年六四二十週年活動上，無綫電視六點半新聞報導中直播期間，有男子在鏡頭前舉起「無綫新聞，是是旦旦」紙牌，諷刺無綫新聞原來的宣傳口號「無綫新聞，事事關心」。自此，網民批評無綫新聞製作質素時，均會再引述「是是旦旦」這句評語。

群眾的信息：記者不配有特權

遠的不要說，單看這晚，場地佈置了一條「楚河漢界」，這條分界劃出一個「記者區」和一個「公眾席」。記者區設施完備，有枱有櫈有電掣，幾間電視台還有專用直播攤位。記者區可以接觸各候選人，公眾席則必須等候選人自發走近才能訪問（當晚只有楊岳橋及梁天琦這樣做）。公眾席設施十分簡陋，只有幾張木櫈，兩區中間還有保安員站崗，生怕公眾會硬闖記者區。

在這個點票中心裡，從空間上、資源上、access（接觸面）上，被認為是「記者」的人享受了某種特權。而這種「特權」不是「奉旨」的，是基於社會共識，認為記者是替公眾利益辦事，他們監察權貴，報導事實，為民發聲，所以理論上整個社會應該給記者採訪上的方便。但明顯這晚群眾的信息是：「（某些）記者們，你們不deserve這種特權。」有人或覺得當晚公眾席上叫口號的只是個別激進者，但我在現場感受到對主流媒體的不滿情緒，頗有代表性。

我當時有種頓悟，「記者」這身份不是有權的人說了算，公眾是否認同你也是一個重要參考指標。常言道，記者最重要的財產是其credibility，公信力有時是來自機構多年的track record，有時是一個記者多年來採訪累積而成的戰績。今時今日，部份傳媒機構失去公信力，體制外的自由記者可能還得到尊重。

不滿主流媒體的人，在社會是少數嗎？近年我出席公眾場合，向不同背景的人解釋記者工作，當中有學生、公務員、教會人士、社運人士。無論他們的政治傾向是甚麼，一致口徑是：「記者偏頗、不夠中立」；當中他們最想知道：「新聞自由大晒嗎？有沒有辦法投訴記者？」別誤會，提出這種意見的人往往教育水平高，而且態度誠懇，他們的表情是一種大惑不解。面對著這麼多挑剔，我第一個反應和TVB記者被噓的感覺或許差不多，心裡只有委屈：「我自己做記者咁多年，採訪生涯已盡力做到公正持平，點解你哋對記者印象咁差？」最初我還覺得只要做好自己，就不需理會別人，但漸漸當我解說愈多，愈發現行外人的質疑是一個普遍現象。

我思考了這個問題好一段時間，得到的部份答案是，這或許是一種「記者的共業」。讓我們撫心自問，記者行業有沒有人做過有損專業的事？答案是肯定的。那些年「還有突發新聞」[8]的時候，假扮社工問死者家屬拿遺照的，有；明明受訪者談的是「ABCDE」，報導出來變了「FGHIJ」的，有；因為政治或經濟上的因素，有意無意寫好或唱衰某些被訪者的，有；因為貪快疏忽不小心寫錯資料，又沒有向受影響的人道歉的，有；更加別說娛樂版狗仔隊侵犯藝人私隱了。這些問題可能是業界少數瑕疵，卻令公眾牢牢記著。那末，即使你和我沒有做這些事，我們坐記者這條船的，業是報回來每一個記者身上的。

你問我，香港有沒有有良心的記者，答案也是肯定的，我自己認識不少。他們學歷高，卻掙一份可恥的低薪，在艱難的生態下為著崇高的新聞理想而奮鬥。他們遠赴內地或海外，冒著生命危險採訪天災人禍；他們在傳媒機構日益收窄的採訪空間中，出盡吃奶的力尋找新聞自由的一片天；他們始終相信新聞價值，堅持做吃力不討好的偵查報導。近日奧斯卡最佳電影《焦點追擊》上畫，同業們

---

8 以往新聞部突發組枱頭有一部機器，可以監聽警方的無線通訊系統通話，記者能夠和警方同步到達事故現場。自從2004年警方轉用新一代數碼通訊系統，記者無法再進行監聽，突發新聞採訪頓時式微。

在戲院暗自拭淚，除了為劇情哭，也是為自己的堅持而感觸。然而當我接觸「圈外人」愈多時，卻發現「行內」和「行外」人對新聞界有一種嚴重的認知落差。

關鍵是，香港的media literacy（傳媒教育）做得非常糟糕。我在多場講座中解釋傳媒運作。即使簡單如「記者證」[9]是如何簽發，大家都如接觸新大陸。香港沒有官方機構發出「記者證」，大學新聞系也沒有替畢業生發「記者證」，因為不少新聞機構會聘請非新聞系畢業生，故此一般記者證是由「傳媒公司」發出的，即使「香港記者協會」[10]也是自願參加，沒法子包括所有記者。這些在記者業內屬「常識」之事，在普通市民心目中竟然聞所未聞。他們以為記者像社工和醫生，有組織監管和發牌，不少人聽到實情都O了嘴。

然後，我只要略略解釋「中立」、「客觀」的複雜性，大家又會把嘴O得更大。我舉例，早前立法會議員吳亮星在議事堂讀出的WhatsApp訊息，指銅鑼灣書店失蹤店員是去坐了「洗頭艇」到內地「宿娼嫖妓」，[11]結果兩間電視台以不同手法報導。詭異的是，把聲

9 一般人認為「記者證」可以證明記者的專業水平，但在香港，傳媒機構各自發出「記者證」給旗下員工，而記者的工會亦可以發出「記者證」，不過由於入會是自願性質，不是每一位記者都會加入同一工會。

10 「記協」是香港主要記者工會之一，會員人數約600人。另外，只有少數傳媒如香港電台、明報、壹傳媒有機構內的記者工會。

11 2015年10月至12月，香港發生「銅鑼灣書店事件」，專賣政治書籍的二樓書店，股東及員工五人先後失蹤，其中一人李波懷疑在香港境內被中國大陸執法人員強行擄走。2016年1月5日，立法會議員吳亮星在議會聲稱一名「老朋友」聽聞五人因為坐「洗頭艇」到內地嫖娼被捕。對於吳胡亂引述傳聞，坊間嘩然，其後吳曾公開道歉，但不獲李波太太接受。各人先後在國內或指定香港媒體上「認罪」並表示後悔，但店長林榮基在2016年6月16日於香港召開記者招待會，表示他因為書店的事務被內地執法部門關押並審問。

帶平鋪直敘引述的一家似乎夠晒「客觀中立」，但其實卻把失實訊息傳播開去；另一家在引述時把旁白寫得有引導性，反而提升觀眾警覺性，令報導更公平。

另一次，有紀律部隊成員向我反映「記者不中立」，我舉例回應：「旺角衝突當晚，有攝影記者曾以身體擋住示威者，以免沒裝備的警察繼續被打。如果講純粹中立，記者根本不應介入事件，那位記者就是做了不中立的事。」我強調，我不是去判斷這攝影師做的事是對還是錯，而是想證明「中立」是很複雜的事。這人聽後深思良久，沒有答話。

更複雜的操作，如新聞機構不應向警方和法庭提供原始採訪錄像和筆記，[12] 新聞報導甚麼時候應具名、甚麼時候可匿名等操作，[13] 普通人根本摸不著頭腦。所以，公眾對記者的不滿有時是基於對記者行業不了解，是一種認知上的偏差。而當我嘗試向他們解釋一些

---

12 根據西方新聞學倫理，記者有責任保護其資料來源，特別是冒著危險披露有關公共利益資料而獲得記者匿名處理的受訪者身份，外國有案例是記者堅決不交待受訪者身份而被判坐牢。即使是法院或執法部門要求，記者也盡可能不提供原始採訪資料。例如雨傘運動七名警員涉嫌毆打示威者案，警方曾向法庭申請要求傳媒提供「七警案」完整片段及攝影師名字，但高院法官於2016年中拒絕警方要求。另外，2013年無綫電視記者何永康被法庭傳召，就社運人士古思堯和馬雲祺被控企圖侮辱特區區旗案作供。何曾經要求豁免於庭上作供，卻不獲法庭接納；有記者組織表示關注，認為檢控過程涉及記者，會影響記者中立性。

13 「匿名」在新聞學中相當有爭議性。一方面，記者會以匿名處理來保護提供敏感資料的受訪者，基於消息涉及重大公眾利益，若披露身份有可能威脅其自身安全或工作保障。經典案例為水門事件的「吹哨者」，有人亦以「深喉」形容這些報料人士。不過，也有當權者濫用「匿名」待遇，發放偏頗或不實消息，操弄或測試坊間對不同政策的反應。記者若匿名引述錯誤或虛假消息，會影響公眾對記者及傳媒整體信任。例如，亞洲電視曾於2011年夏天誤報江澤民「死訊」，報料者不用負上責任，但嚴重影響傳媒公信力。

行內操作背後的理念，不少人聽了都轉向諒解。弔詭是，若記者的天職是要與人溝通、把信息傳遞，我們似乎沒有好好把這個行業的操作和邏輯解釋給公眾知道，即使解釋了，公眾似乎沒有接收到。

在記者忙得連吃飯睡覺都沒時間的日程裡，我知道要求他們給公眾教育，顯得奢侈。但觀乎每次新聞自由受威脅，我們義憤填膺，一次又一次發聲明，不斷指新聞自由遇上了寒冬，結果卻好像落入了黑洞；依我觀察，除劉進圖受襲之外，大部份情況未能引起市民廣泛關注。說白一點，香港傳媒行業好像出現了「關公災難」。[14] 我無意批評同業不夠努力，事實上業內工會（如記協）一直努力推廣行業形象，但遺憾是，我碰到外界的人對行業的誤解仍然不少。當這個誤解的鴻溝一日存在，記者出外採訪，只會受到更多不禮貌待遇。

主流「沙石化」，公民記者走更前

科技的改變，也令記者忽然出現大量競爭對手。年初二旺角衝突事件後，有一說法是：「記者是抗爭中的沙石」，[15] 那時是指記者在衝突中受傷無可避免。但我卻聯想到另一種意象，其實記者這行業近年漸漸走上「沙石化」之路，在一部份公眾心目中淪為可有可無的工種。隨著科技進步，普通人都可以做報導。社運人士如朱凱

14 香港近年的流行用語，即「公關災難」的意思，源自「關公」（關羽）乃香港及中國重要民間信仰。

15 旺角衝突中，有記者投訴被示威者襲擊，參與抗爭的梁天琦曾在電台表示「我自己覺得，是抗爭入面嘅沙石，會波及無辜」。

迪到嘉湖山丘進行「以泥還泥」行動，[16] 他自己可以開手機直播，不需要等傳統媒體青睞。

主流記者疲於奔命，以有限的人手與全港網民鬥快，衍生一些叫「車衣」、「炒台」[17] 的工序：記者減少出外採訪，在電視機前看直播寫稿，只希望任何一宗新聞發佈不會慢了一秒。有時，「炒台」、「炒稿」能夠快速生產搶眼球的新聞，我知道有媒體向廣告商承諾一定數目 click rate，記者寫新聞時面對如經紀般的「跑數」壓力。

一些剛畢業、新入職的年輕記者曾反映，因為資源緊絀，「上司不讓我出外採訪」，「一個月可能只有三次機會出外採訪」。當記者離棄現場，不重視現場採訪這門技藝，明顯記者這行業走歪了，但主管們都表示，人手不足又要「填版」和「填 airtime」，是無可奈何。諷刺是，當主流媒體記者愈來愈變成冷氣房裡的鍵盤戰士，一些公民記者、網民卻湧到現場。自稱「獨立攝影師」蕭雲的現場文字紀錄，坦白說，要比一些主流媒體的出品更有可讀性。有主流記者無奈地承認：「別人始終在現場，這是值得肯定的事。而我們呢？在公司看直播來寫稿。」

---

16 香港新界鄉郊地方多年來被非法棄置建築物廢料。天水圍「嘉湖山丘」事件是指2016年出現在私人屋苑嘉湖山莊附近的一個泥頭山，高達十米，兩個足球場大，令附近居民感到困擾，懷疑有人未妥善處理廢料。關注環境問題的社運人士包括朱凱迪，於3月28日到新界鄉郊多個非法倒泥點收集泥頭垃圾，並把兩公噸重泥頭於政府總部堆成「小泥頭山」，促請政府檢討建築物廢料處理及嚴懲倒泥者。該行動名為「以泥還泥」，並以手機於社交媒體上進行直播。

17 「車衣」、「炒台」是指新聞流程過度分工，於是每名記者只處理新聞採訪一個小步驟，或留在辦公室收看直播電視資料而作文字處理。傳統記者親身到場觀察採訪再自行撰稿的做法不再，因競爭激烈而衍生這些工序，卻打擊了新聞採訪的質素。

記者「沙石化」的另一事例，是新聞內容已沒法回應社會脈搏，與年輕人世界脱節。2月20日梁天琦造勢晚會上，多名網絡紅人撐場。事後有資深記者坦言，除了議員之外，他完全不知道這些人是誰。更難堪是，當晚《蘋果日報》即時新聞一度把出席造勢晚會的YouTuber司徒夾帶誤寫為「玄學家司徒法正」，[18]後來才修正，這笑話被網民訕笑良久。

為何主流媒體沒法回應時代？除了是科技改變，更重要還是新聞行業在政治經濟壓力下，已一步步自我閹割。一些在傳媒有幾十年經驗的管理層私下異口同聲承認：「主流媒體已經沒希望了。」綜合大家意見，主流傳媒的自我審查已去到結構性，不是個別一宗新聞有沒有審查，而是廣泛存在於體制中：給記者有限資源作長時間勞役，令記者身心俱疲，變得有心無力；大量聘請年輕沒經驗的新人，放棄聘請有專業訓練的新聞系學生，獲留任的記者往往較「聽話」。主管玩弄專業話語，動不動要求記者要「平衡」要「中立」，要求記者面對市民排山倒海的「投訴」，要求他們浪費精力不斷作出過度平衡，犧牲了新聞的批判性和可讀性。[19]於是，新聞內容愈來愈保守，來來去去都是那種格式語調，記者不敢作有角度或有稜角的解讀，敏感的題材不碰為妙。新聞不再「新」不再「真」，沒有回應社會和時代的需要。反而網絡上的消息或許雜亂無章，卻偶會貼近生活，觸動人心。

---

18 玄學家司徒法正於1998年在香港出道。2014年，一名活躍於社交媒體的KOL改名為「司徒夾帶」，靈感來源一方面影射該著名玄學家，另一方面出自「夾帶私逃」一詞，若不熟悉網絡文化會容易混淆。

19 詳見區家麟：《二十道陰影下的自由：香港新聞審查日常》（香港：中文大學出版社，2017）。

所以，無綫一台獨大，港視不獲發牌，亞視「執笠」，商台、新城最後一秒才獲續牌，紙媒歸邊，港台在無資源下硬食亞視頻譜等，[20]都只是整個行業被無形之手操弄下衰敗的表徵。還記得3月24日港台節目《千禧年代》上，港台高層解説接收亞視頻道情況，我聽到光火，明明資源不足，新節目只三個，其他時段只是重播，但管理層依然堅持港台員工「士氣高昂」。

以我所知，港台新製作的晚間電視新聞節目，竟由電台部負責，在沒資源又短時間要出街的壓力下，員工惟有啞子吃黃蓮，硬著頭皮死撐，無主播、不夠廠房都繼續製作，更無奈的是普羅市民根本不明白製作電視新聞的難度，只知不好看便罵；那邊廂卻有另一間公司港視，明明有財有人有製作，發牌依然遙遙無期。對於我城傳媒人的辛酸，我覺得荒誕到令人麻木。

後記

文章的誕生，源自我腦海裡浮現一個簡單的問題：「點解香港人咁憎記者？」究竟是記者應有此報，還是市民懷有偏見？

我發現自己反覆在這兩個觀點上遊移。我在大學教年輕人做記者，發

20 2016年前後，傳媒發生多宗變動，電視台壟斷情況嚴重，市民原寄望香港電視獲得電視牌照卻落空，一直收視低迷的亞視最後被政府沒收牌照而要停播，於是變相造成無綫一台獨大。政府把原亞視頻譜交給香港電台，但卻不增撥相應資源，令新製作的節目數量不多，大部份時間只能重播舊作。及至2018年，香港電視業界稍有起色，加上兩個獲新牌照的電視台ViuTV及奇妙電影（後易名「香港開電視」）偶爾提供新節目，刺激一下疲弱的電視業生態。見馬傑偉：〈本土電視稍有起色，有助紓緩社會情緒〉，《明報》「筆陣」，2018年9月21日。

現連他們也覺得記者偏頗，到自己實習才知道要中立採訪的難度有幾大。每次我到外面向市民講解記者工作，常被挑戰記者是不是「無皇管」，他們其實不知道任何學科的畢業生也可以做記者。原來市民不一定是憎記者，他們根本不明白。

那邊廂資深記者怨氣甚重，他們工時長薪金低，做到中年仍未轉行，多數人心裡仍在追隨「記者使命」。看到他們被狠批，我又覺得他們真委屈。

究竟「記者乞人憎」這個客觀存在的社會現象，可以怎樣解讀？有沒有辦法讓南轅北轍的觀點互相明白？記者和市民中間出現了一道認知的鴻溝，有沒有可能出現一條促進雙方理解的橋樑？

説實在，我自己也懷疑要用一篇文章回應這個現象，會不會是不自量力。偶一不慎，文章未獲普羅讀者欣賞，已經可能先把我的記者朋友全開罪了。再加上，我已經離開了新聞前線一段時間，在大學舒舒服服地教書（至少被認為是這樣），還向同業指手劃腳，會不會被理解為説「風涼話」？

就因為這樣，這篇文章的醞釀期特別長。我持續在腦海裡拔河，不斷打擊自己的想法。我知道，若我未百分之百清楚自己想表達甚麼，千萬別下筆。

到文章最終刊出，記者圈子裡被廣泛分享，我才鬆一口氣，至少大部份人都覺得我並無惡意。

我認為，這篇文章的價值在於既能回應記者的難處，也能説明市民的不滿。文章嘗試以不同群體的角度，切換視角，讓不同持份者也有所領悟。**新聞特寫背後有一套價值觀，我們覺得沒有人天生是壞心腸，**

沒有人的看法是不可理解，沒有人本質上是毒舌，只要我們挖得夠深入，只要我們理解得夠全面。我們的責任就是要把不同觀點的背景脈絡鋪陳，讓人看到互相諒解的可能性。

簡而言之，如何令不同立場的人看完你的文章，仍覺得「公道」，也是特寫新聞記者的使命。

5 教室內外

那年夏天，香港青年去歐洲賣藝

2015年5月17日

前言

所有人都説，香港的教育出了問題。有人説問題出在功課太多，也有人説學校只看重分數。在大學，天天對著學生講課的我知道，最大的悲劇是學生對世界失去了好奇心，對事物失去了熱情。走進班房，我知道他們是香港考試制度的勝利者，但他們卻是另一種輸家，輸掉了童心和天真。

教育系統的贏家們，卻未必懂在真實世界生存。若要他們放下書包，走出香港，空降異鄉，遊走街頭，我們的孩子又顯得怯懦而焦慮。諷刺是，這年頭社會富泰起來，成人們用各種技藝替孩子增值，學樂器學外語，連幼稚園也到外國遊學，為孩子練就十八般武藝，他們卻似乎失去了一種原始的生存技能，一種街頭智慧，一種與陌生人交往的能力。

這篇文章是有關一班香港年輕人到歐洲賣藝的故事。一般記者進行採訪工作，限於資源，無奈只能與受訪者相處幾小時，然後落筆寫稿，難免留於表面。但在2014年8月，我接下了一個電視紀錄片製作工作，和十幾個香港青年人相處長達一個月，一起遊走於四個歐洲城市，有時還住在同一屋簷下，全時間接觸令我可以更深入了解現今年輕人的成長困惑。

如果你對賣藝這門藝術的認識停留在昔日香港旺角行人專用區大媽歌檔的想像，這個故事會改變你的想法。賣藝可以不為社區製造噪音，不只貪圖錢銀利益，不必變成霸佔公共空間的惡行。賣藝者在遊歷異國時不只是出賣技藝，還需要以赤誠真實的自己接觸陌生人，謙卑地融入在地的文化土壤，隨時自省內心的不足。藝術表演者的心靈必須強大、自信、坦然。賣藝者最後治癒的不是別人，而是自己。

“

去年夏天，我以記者身份跟隨了一個「賣藝團」到歐洲。參加者是十多個廿來歲的香港青年人，他們用一個月時間跑遍歐洲四個城市，為的是想體驗一下「賣藝」這回事。

帶隊的是龐一鳴，幾年前他在香港推廣「一年唔幫襯大地產商」[1]為人所認識。原來龐一鳴自己多年前在旅遊期間，初試在異國賣藝，

1 自由工作者龐一鳴，多年來於香港推行環保和簡約生活，2010年為抗議地產商壟斷，發起了「一年唔幫襯大地產商」行動，於一年間不光顧地產商財團屬下企業，包括連鎖式餐廳及超級市場。

旋即愛上，回港後便籌劃賣藝團，向港人推崇這種另類旅遊。他深信，一邊賣藝一邊旅行才能融入當地文化，是一種跳出吃喝玩樂港式旅行comfort zone的體驗人生好方法。

這個團有一些規矩看似苛刻，例如賣藝當天若得不到打賞，賣藝者便要挨餓。起行之前，我以為參加者個個身懷絕技，最少也懂得「噴火」、夾band或者表演欲旺盛，怎知大部份人也是平凡後生仔女，有些人一門技藝也欠奉，部份參加者性格還十分內向。

我們一行七人紀錄片攝製隊，全程一個月跟隨這個賣藝團。頭三站是匈牙利布達佩斯、奧地利維也納、捷克布拉格。玩法是這樣的：未起行前，參加者已在香港練了幾首「無伴奏合唱」(a cappella)傍身，主打英文流行曲如"Stand By Me"、"I'm Yours"、Justin Bieber的"Baby"等，另加一兩首國語歌。龐一鳴解釋，歐洲街頭賣藝形式主要為獨奏或數人樂隊，少見一大群人賣藝，十多人一起清唱，有一定「賣點」。

最初看他們排練，我心想這班沒特別音樂訓練的亞洲人，奇裝異服像幼稚園「唱遊」般，在大庭廣眾下戴上廟街有售的那種中式面具唱國語歌，耍幾下雜技玩cup song，[2]會否有點「小學雞」？[3]外國人受落嗎？還要真金白銀掏錢支持你？我承認自己心裡常出現這種「妄自菲薄」、對同行者批評得頗harsh的壞心腸。但賣藝團完畢後

---

2 唱歌時配以杯子雜技，杯子碰撞時做出節拍，視覺上也悅目。

3 香港潮流用語，「幼稚」、「不成熟」的意思。

一群賣藝青年在歐洲（攝影：黃嘉祺）

我要懺悔，原來我的觀點太「港式」，歐洲賣藝講究的不是這些。

龐一鳴沒錯，a cappella在歐洲反應不錯，最令人意外的要數在維也納。在這個莫扎特故鄉、號稱「音樂之都」的城市，路人反應最熱烈，在市中心的Stephansplatz廣場，圍觀人數閒閒地過百，更有印度Bollywood電影製作隊借用我們做拍攝背景，還有金髮小孩子走到我們之中一起扭屁股，穿戴整齊的紳士拖著狗兒來打賞，身患殘疾露宿者也一起聞歌起舞。某下午維也納下了一場過雲雨，a cappella移師地鐵站快閃演出，引起人群包圍。

在維也納打賞的一位美國婦人解釋，甚少看到亞洲人賣藝，而且這群青年人有活力，一掃雨天的鬱悶。另一位來自北京、在維也納讀書的青年說，華人社會一般對賣藝感覺不好，覺得像「行乞」，但在歐洲看到華人賣藝卻有一種親切感，他覺得「歐洲」有一種神奇的氛圍讓賣藝變得不再銅臭。

賣藝者演出「水平」是其次

原來，路人並不介意賣藝者的「專業水平」，打賞的人不斷跟我解釋，他們不期望在街上看到超水準表演，反而珍惜從賣藝者身上看到的誠意和勇氣。龐一鳴之後解釋：「或許打賞者心想：『我年輕時就是缺了這種膽識，錯過了青春，現在我覺得這班後生仔夠膽，你好嘢，你夠薑，肯發夢！』」在旅程後期，我發現賣藝的精髓不在技藝是否精湛，更重要是賣藝者傳遞的一種態度。

跟隨賣藝團之初，我以為最大的危險是「遇上警察」。不少歐洲大都市為了控制嘈音，衍生了發牌制度。一般來說，市中心規管最嚴格，因為遊人多、打賞豐厚，賣藝者多往市中心聚集。的確在維也納，我們的賣藝者遇到警察驅趕，但最多是被警告或抄下護照號碼，只要遷移賣藝地點便沒事。

反而在維也納我們遇上一件不愉快事件。話說龐一鳴設計了一個「換銀幣遊戲」。我們帶了一批香港兩元硬幣到當地，原來這種「波浪型錢幣」在全世界頗罕有，龐建議團友向路人介紹這個香港特色，並嘗試以兩元港幣換成兩歐羅（那時相等於20港元），多出來的錢是用來資助大夥兒賣藝遊的旅費。遊戲旨在鼓勵賣藝者多點接觸陌生人，但聽到這個遊戲規則，我充滿懷疑，市儈點想：若在香港旺角找人這樣換錢，一定被認定是騙子。

但遊戲玩下來，又令我跌眼鏡，不少陌生人明知「蝕底」，也願意跟我們團友換錢。過程途中，大家深受感動，不是因為「賺到錢」，而是發現很多人都選擇信任這班年輕人，支持他們賣藝的夢想。可是，當團友向一班內地遊客要求換銀，卻換來不體貌對待。這班內地遊客懷疑我們是騙子，他們說：「這種事在大陸我看得多了，你休想可以欺騙我。」被他們奚落的賣藝少女，卻是一位在內地生活多年的香港大學生，這位少女感到特別難過，淚灑當場。事後她形容：「這是中國人的一種悲哀，在內地被騙得多，出國到了歐洲，仍然沒法投入當地文化，把對世界的不信任帶在身邊。」

團體賣藝以外，每個參加者也要設計自己單人匹馬的「個人賣藝」，這才是真正考驗。沒有了群體的安全感，要單打獨鬥特別難捱，更要面對別人打賞所得比自己多的心理考驗。未開始個人賣藝時，攝製隊嘗試預測哪位參加者會獲得較多打賞。幾個小時下來，我們卻發現當初以為會受歡迎的賣藝者收入卻欠佳，認為「拍烏蠅」的那些卻其門如市，原來賣藝有很多不為外人道的竅門。

例如，我們以為「東方特色」在歐洲一定受歡迎，怎知也不一定。有一位叫雁怡的少女抬了數十磅重的古箏到歐洲，穿起小鳳仙裝，我們還猜她生意會不錯，怎知在第一站卻因為街上沒枱椅，她席地而坐，把古箏擱在腿上，整天動彈不得，數小時打賞只十歐羅（約100港元），算是少的一位。龐一鳴形容，她這種坐姿不能和別人交流，有點像「躲在一角練琴」，甚至像「行乞」。到下一站維也納，龐建議她把琴擱在花槽上，她可以優雅地站立彈奏，也戒掉了看樂譜，一邊彈奏一邊跟路人微笑。三個小時之後，她的打賞接近50歐羅（約500港元），銀幣塞滿整個袋子，成為了大贏家。雁怡數錢的時候，發現自己變成「富婆」，眉開眼笑。

我們以為懂得玩樂器的有優勢，卻沒想過團裡最有音樂底子的一位女生，她的「專業」背景反而成為包袱。這位少女Rebecca在大學讀音樂，學習小提琴十年，參加過管弦樂隊演出，更將赴西班牙修讀音樂。在賣藝團尾聲，她仍未下決定要拉奏流行曲還是古典樂。我們旁觀者不明白她的煩惱，還覺得她諸多藉口。她解釋：

「來到歐洲拉小提琴好大壓力，這裡的人對西洋樂是專家，我更加唔敢拉古典樂。」

這女孩堅持拉小提琴必須看樂譜，但因為沒帶譜架，整天蹲坐地上拉，眼睛死盯地上的樂譜，仿如在一角自個兒練琴。龐一鳴在旅程中用了三星期時間，誘導她放棄樂譜。糾纏許久，龐一鳴最後突擊，在她演奏期間搶走她的樂譜。Rebecca被逼從記憶中演奏，奇跡卻出現了。她能站著演奏，可以跟路人微笑，打賞也變多。這女孩後來解釋，多年音樂訓練令她對音準和技巧非常執著，一旦放棄樂譜便擔心會出錯。事後她坦承，感謝一鳴強逼她放棄樂譜：「學了十多年音樂，我透過不斷考試來得到肯定，失去了感受演出時快樂的原始能力，我太過在意究竟我的同學或老師會怎樣評價我的演出。到放開樂譜一刻，我才感覺到當下和觀眾的互動，重拾對音樂的樂趣。」她解釋時，豆大眼淚從她額邊流下。

我忽然明白，港式音樂學習給她加諸的枷鎖有多重。我想到無數香港孩子，每天被父母強逼練琴和參加音樂考試。這些孩子到最後能彈奏出各種名師作品，卻沒法子駕馭音樂，不敢離經叛道地創作。香港孩子是被訓練去「學音樂」，卻沒懂得「玩音樂」，似乎倒過來「被音樂玩」。

街頭賣藝是一種「態度」

那成功的賣藝是甚麼一回事呢？依我多天觀察，並訪問在當地賣藝多年的資深表演者，我發現街頭賣藝是一種「態度」，我們首先需要確信街道是屬於大眾的，這個「大眾」不只是當地人，還包括外國來的人。在「自由行」塞滿香港街道的時候，這想法實在太諷刺了。

但關鍵是賣藝者的心態，不能像一般只花錢購物的旅客，而是懂得珍惜公共空間的人，大家演出時會遵守一些潛規則，例如不會製造過多嘈音（一般發聲賣藝演出，以兩小時為限就需要移動），不會因爭奪地盤而面紅耳赤（以互諒互讓態度找賣藝地點）。但我們這班從香港來的賣藝者，似乎不習慣在街上自處，連進佔街道也有點膽怯。或者香港的街道教曉了我們只能做過路人或者消費者，即使參加社運去抗爭也要跟大隊，當只有一個人在異國的時候，我們膽怯，不敢表達自己。

香港人最愛談錢。弔詭是，雖然賣藝者希望得到金錢打賞，但只一心拿錢的賣藝者並不會成功；相反，真心喜歡並享受自己演出的人，才會得到打賞。可以說，賣藝雖然是以「錢」作為一種媒介，卻不是以「錢」作為動力。能夠有力量連繫賣藝者與觀眾的渠道是一種無形的、人與人之間的真誠和喜樂。賣藝者必須享受自己的演出，才能感染圍觀者。這種「享受」是沒法子偽裝的，稍一不慎就會露出馬腳。

要在一個陌生的城市表現出自我、並感到舒泰自在這種心理狀態，要在華人社會長大的孩子實踐，說實在有一定難度。我們時刻好像被老師家長監視督促，自己挑剔自己的百般不是。我們團裡看到的情況是，香港的青年不是沒有技藝，難以改變的反而是心態。我們的青少年會花心思去準備外在的包裝，例如設計裝束或道具，但要打破無形的拘緊、培養一種跟陌生人溝通的開放態度，仍然困難重重。我看到有些青年人未搞清楚自己對甚麼有興趣，有些人沒法對自己充滿信心，有些人跟陌生人交流感到虛怯。說到底，我們似乎失去一種由衷感到快樂的能力。

賣藝的精神，在於我們能否在一個陌生的城市放開懷抱，漠視路人敵視或輕視的眼光，把真我表現出來，並由衷地散發心底裡的快樂。其實，賣藝賣的不是甚麼「技藝」。若把賣藝視為「買與賣」的關係，就只是一個商業社會裡的「攤販」。似乎，在華人社會長大，最困難的是學習一種坦誠地與陌生人溝通、而又不建基於買與賣的相處方式，與陌生人之間能夠有一種平等快樂的關係。

後記

其實旅程期間，作為記者的我一直思考一個問題：我們長時間旁觀別人的賣藝，評頭品足，處於一種抽離的狀態，是好事嗎？這其實更顯得我們作為採訪者內心隱藏了一種高傲。於是，我在旅程的後期，於布拉格賣了一天藝。

我從香港帶來了中式書法使用的紙筆墨，於人來人往的市集廣場趴在地上，為遊客們把他們的名字翻譯成為中文字。我不懂樂器，也不敢唱歌，僅有這種搵食技能。同行的攝製隊成員路過，忍不住調侃我「攞苦來辛」，再加上遇上雨天，我差點要放棄。

慶幸最後我堅持下來，並賺得十歐羅。坦白說，這些零錢的象徵意義要比我平日上班獲發的工資來得有意思。那種感覺十分震撼：「在這

筆者親身經歷，在布拉格以中文書法賣了一天藝

國家陌生的街道上，沒有人認識我之前做過甚麼，光靠我即場展現給大家的辛勞，得到你的欣賞。」這種肯定自己能力和價值的微妙感覺，非常清新。

不少人以為，記者採訪只需客觀抽離，看到甚麼、聽到甚麼便寫下來。但我們更應重視回歸新聞的核心，就是把讀者帶回現場，逼近當時當刻的真象。**要逼近真象，記者有沒有想盡辦法，去體會當事人的心理？**不只是表面上的觀察，而是讓自己有一刻進入受訪者的主觀世界，從內到外體會當事人全面的感知世界。

其實，以「第一身經歷」作為工具協助記者撰寫新聞特寫手法不是我發明的。2011年美國普立茲新聞特寫獎"The Wreck of the Lady Mary"談一艘漁船沉沒，船員失救而死。記者為了體驗大海凶險，特意挑選在如同事發當日的惡劣天氣狀況下出船，並親身試穿溺水者穿過的救生裝備，好讓寫作時能把當事人的感受在文字裡還原。

例如賣藝這回事，記者若缺乏同理心，或從內心看不起賣藝這回事，寫作效果便差天共地。試想像，要獨個兒站在陌生國度的街上，用盡辦法表現自己而獲得打賞，當中涉及的內心掙扎，絕不會是一個從未經歷過的人可以刻劃出來的。幸好我讓自己放下「記者」的所謂尊嚴，趴在地上賣藝一個下午，經歷過風吹雨打，我才可以以同行者的筆觸書寫香港青年在異國賣藝的故事。

一個月的拍攝旅程，剪輯成為七集電視紀錄片節目《一班人去賣藝》，在香港電台的電視頻道播放，偶爾會重播，讀者可留意收看。[4]

---

4 亦可參：http://podcast.rthk.hk/podcast/item_epi.php?pid=854。

估唔到我會有「善終」——專訪張超雄

2017年3月5日

前言

記者圈子流傳一些「常識」，不少政治人物人前人後兩個樣，當鎂光燈亮起來，有些政客甚至會懂得按記者需要，炮製15秒的聲帶，開口和收口時間拿捏分秒不差，彷彿是內置計時器的人肉播音機，記者回去也不用浪費氣力剪接。也有一些「常識」，有些政客出席公開活動，潛台詞是主辦單位必須識趣遞上咪高鋒，大合照時必須讓他們站中間，否則尊貴的政治人物便會婉轉地投訴。

對於這些，記者都識趣不會戳破。政治這淌渾水，只適合愛出風頭、搏上鏡的人，我一直以為。

直至我遇上張超雄。2004年，我是初出茅廬的記者，專責採訪社會福利新聞，寫老弱傷殘的故事。當時，有個束著小鬍子、斯斯文文、説話陰聲細氣的男士，説要出選社會福利界功能組別議員，我稱呼他張先生，他有點鬼佬性格，這樣自我介紹：「叫我Fernando，大家都叫我阿Fer」，後來才知道他那滿有西班牙風情的名字，和他的祖母輩有南美洲血統有關。

我去觀察他的選舉造勢活動。全場都是輪椅陣，助選團有肢體傷殘人士、弱能人士和他們的家長。阿Fer身邊總會有一位坐輪椅的短髮女孩拉著他的手撒嬌，這位原來是他患有嚴重智障的大女兒盈盈，阿Fer太太多會陪伴出席，性格比丈夫更低調。

功能組別議席順利當選。阿Fer沒有成為傳媒寵兒，他說話不動聽，嘮嘮叨叨，不懂得搶焦點，不擅長吸引眼球。他也從不考慮現實需要，不會討好選民，新移民、沒有選票的難民，他都願意替他們發聲。弱勢社群搞記者會他一定趕到，只是看報導不一定留意到他，他總愛站在人群後，大合照時總愛悄悄地向旁邊移動。

好快過了四年，他跟我說，要轉戰直選。這個做法很愚蠢。如果為了議員這份工，肯定是功能組別容易勝出，特別是社會福利界奉行每個社工一人一票，比起其他功能組別的公司票制度，較容易爭取連任。有一天，他拜託我替他看看文宣寫得怎樣，我到了他位於港島南的屋企，登堂入室所見，佈置平民化，廁所堆著塑膠抽屜，沒有一般中產家庭應有的奢侈品，太太和女兒在大廳沙發上收看電視台那些老掉大牙的金曲綜藝節目。他們說，盈盈愛看人唱歌，若女兒不開心會用手拍打頭，我親眼見張超雄抱著女兒的頭，不讓她打自己，這是一個最溫柔的畫面。

那一天，張超雄穿著短褲，踢著拖鞋來接我上樓，我們兩人在升降機內獨處。我問：「為何堅持直選？」他答：「因為功能組別只能回應業界，直選才能對普通市民問責。」我追問：「直選可能會輸。」他不加思索答道：「那是選民的選擇，我會尊重。」說時語音溫和，輕飄飄的，不是甚麼思前想後的政治宣言。

當時我心想，又沒有攝影機，又沒有錄音器，怎麼這個踢著拖鞋穿著短褲的議員，私下說話也如此天真？這一幕，一直烙印在我腦海裡，我希望有一天我可以把它寫出來。

然後，他真是輸了。

但是，他沒有改變自己與弱勢同行的做事手法。四年後捲土重來，在新界東連續勝出兩屆立法會議席。然後，他決定2020年不再選，讓年輕人接棒，退位讓賢，斬釘截鐵。

張超雄講書風格出名「悶」，學生形容他的聲線沒抑揚頓挫，長時間維持著monotone，他不會擺「老師款」，課室秩序往往有點失控：同學知道他不點名，會走堂；知道他不罵人，所以上堂吃叉雞飯、睡覺、打開電腦看視頻；小休時間特別長，有學生趁機上前「挑機」，無大無細在班房裡直斥這位「保守老泛民」[1] 不夠激進。他不動怒，小鬍子安靜地掛在臉上，其實在他心中，最怕學生不跟他坦白。

沒人知道，教書已20年，學生口中的阿Fer仍然為上課緊張。他辦公室有個相架鑲了一句「金句」：「Have I Eaten My Lunch Today?」原來是美國舊同事知道他常因工作忘記吃飯，送給他的幽默紀念品。其實，阿Fer上課前常不吃飯，生怕吃錯東西肚痛。筆者也是教書的，聽後難以置信，做了幾屆立法會議員，在議事堂高談闊論，在班房對著幾十個黃毛小子，壓力如此大？性格認真的阿Fer好老派，他說

1 2014年雨傘運動並未能為民主政制帶來轉變，政制改革亦停滯不前，不少年輕人認為責任在於上一代爭取民主不力，茅頭直指資深民主派政黨及其成員。

教書責任大，驚教不好下一代。他和怪獸家長對著幹，別人加功課，他減功課。只要學生投訴功課多，他就心軟，在交功課日期上讓步。我問他的學生，阿Fer是「很好欺負的老師」?這位調皮的畢業生笑言：「都幾好蝦㗎，老老實實。」

不過，這位「悶蛋nice guy」也深得學生愛戴，學生形容：「佢係一個好悶嘅好老師。」一位心思細密的女學生說，去年(2016)農曆年初二，旺角凌晨發生警民衝突，[2] 之後上課期間，張超雄撇開原訂教材，跟同學用一堂時間談論事件，她記得：「其他老師跟我們談時事，只是循例一聽，當時阿Fer特意拿一張椅子坐在我們中間，有些老師是不會離開『講壇』那個位置，但阿Fer不同，他願意花時間去聽。很多人說現在世代衝突厲害，但他態度不同，他不介意我們的立場，只想知我們後生仔到底在想甚麼。」這位阿sir剛剛六十大壽，「登陸」要退休，畢業生們都慨嘆師弟妹將失去一位「貼地」、「實戰型」、「walk the talk」的好老師。

筆者十幾年前第一次採訪張超雄，之後成為朋友，在公開場合見他造型十年如一。淺藍色恤衫配襯素色西褲，甚少打呔，鞋子是方便走動的膠底皮鞋，斯文乾淨又不拒人於千里，臉上鬍子18歲留到現在，問他為何束鬍子，他只說：「應該說從來沒有刮過。」看舊照，小鬍子令他年輕時顯老成，中年之後，小鬍子又離奇令他顯年輕，即使已60歲，細心留意才看到鬍子裡滲了白。筆

2 詳參本書另一文章〈記者的共業〉，頁192，註3。

者一直覺得，阿Fer性格有點「鬼鬼地」，做人處世「很不香港」，直覺因他曾在美國求學，承傳了西岸大學校園的氛圍，有一種開放、誠懇和天真。

早前看臉書才知道阿Fer「登陸」，同事朋友紛紛送上蛋糕，不少人都說：「他看上去不像六十歲。」採訪期間，筆者跟著他從紅磡理大校園，急步走路到佐敦搭地鐵，1.3公里路程Google Map說要走17分鐘，他13分鐘走完，氣也不喘。或許是經常忘記吃飯，60歲腰圍沒贅肉。青春的秘密？舊生說：「佢好似大細路，永遠傻更更，團火燒來燒去都燒唔完，反而我哋畢咗業之後都謝咗，服咗佢。」

「登陸」的大細路，對年輕人話題頭頭是道。身兼立法會議員的他，在議事堂曾提及網絡紅人「達哥」口頭禪「聲音畫面有冇問題？」[3]和比卡超潮文，[4]被網民讚夠貼地。原來在阿Fer辦公室裡，圍著他工作的全是後生仔，約十個職員的平均年齡約25歲，他說：「比卡超潮文是我和同事吃飯時談到的點子。」

同事之中，有幾個是張超雄在理工的學生。22歲兼職助理趙芷盈，就是那個留意到阿Fer會擔櫈仔坐在同學中間聽意見的女孩。她承認，上阿Fer堂有難度：「他教學方式不是一板一眼，而是跟著社會最新進展，每一堂入來說大堆立法會政策，對學生來說有

---

3 「達哥」是香港網絡紅人，以直播一邊打機一邊笑談趣聞而走紅，觀看其直播的人數可以達萬人。在直播裡，他會朗讀「潮文」，一些諷刺生活或社會現象的虛假故事，夾雜個人風格口頭禪。其中「聲音畫面有冇問題？」是指向網友查問直播質素是否流暢，2015年後獲多間商戶邀請拍攝廣告。

4 「比卡超潮文」原文為〈激嬲女朋友，佢叫我扮比卡超同佢溝通〉。內容為一個虛構小故事，男網友表示為逗回女朋友歡心，拍拖一整天要扮卡通人物比卡超說話的語氣，不能說完整句子。內容諷刺香港女孩野蠻，但最終卻是啟發年輕人珍惜談情的機會。潮文出現於2016年1月，張超雄於3月立法會上以此為例，說明如果版權條例太過苛刻，可能窒礙年輕人創意。

點挑戰性。」張超雄強調實戰，邀請嘉賓來分享，有何喜華、梁國雄、關注綜援和婦女事務的社福界人士。有畢業十多年的舊學生記得，長毛在班房跟同學說：「我讀書唔夠你哋多，但我睇嘅書肯定比你哋多！」

客席講師梁國雄豪言壯語，主場講師張超雄永遠溫柔細語。成為了議員助理的舊生、今年26歲的盧俊文性格調皮，私底下跟筆者說：「以前不懂得，以為他是『老泛民』，不太喜歡他，上課時曾批評他不夠激進，怎知跟他工作了一年，愈做同事愈欣賞佢，以前做學生覺得他教書只是用嘴巴說，現在佩服他夠堅持⋯⋯我不敢直接跟他說，太肉麻了。」

學生趙芷盈說，張超雄去年邀請她任選舉助理，從學生變成同事，近距離觀察，發現阿Fer「言行合一」：「做學生一星期見佢一次，覺得佢係政治人物；做同事之後，長時間對著他，發現怎麼這個人台前台後同一個樣？他在班上教我們的東西，自己真是做出來。」趙芷盈又說，大學好老師不少，但有前線經驗的不多：「阿Fer很願意給機會年輕人。我只是上課時認識他，完全沒工作經驗，他就把這麼重要的立會選戰交給我。」

在深宵電話筒中，22歲的芷盈激動得聲線顫抖：「我知道很多年輕人不贊同張超雄的社福政策，覺得有些人懶惰、搶資源、唔抵幫。尤其是青年人向上爬很辛苦，覺得努力沒回報，想排斥『非我族類』，但我們社工的存在本身就是一件很『左膠』[5]的事，我覺得有

5 「左膠」為香港社會流行的一個負面標籤，批評一些在政治、社會、經濟、文化上與歐美「新左派」相似的理念，例如對環保議題關注、對弱勢社群如難民的包容、對性小眾的關懷等。反對一方則提倡排外、本土優先、少數人士權益不能具凌駕性的論調。

一些價值例如『平等』，是要有人堅持的。」近年張超雄為雙非兒童、新移民、南亞裔人士發聲，被斥為「賣港賊」，諷刺他是「難民之父」。[6] 看到學生承傳了他的教誨，阿Fer應該老懷安慰。

在立法會選舉時，有市民曾向筆者反映不知道張超雄是誰，覺得他「面目模糊」，只因張超雄份人性格低調得誇張。助理趙芷盈記得一段趣事：去年立法會選舉，她負責設計單張，用一張老人院相片做封面，希望提醒選民關心院舍問題：「阿Fer話，單張上不用把他樣子印在封面，我們心想，那張照片是暗黑的院舍，連候選人照片也不放上去，怎會有人想睇？『大佬，選舉喎，唔出樣？』張超雄再三堅持，後來是義工愛之深責之切作出抗議，阿Fer才勉為其難，願意刊出一張細小的照片……還要是印在封底。」芷盈沒好氣地說。

低調的張超雄對學生呵護遷就，對自己僱主、即是大學校方的不當行為卻不啞忍。他在理大20年，參加過大大小小關於校園管治的抗爭：2004年大學高層肥上瘦下，削減前線員工福利。當時教職員推選張超雄入校董會，一次與管理層對話，他發言後，近千名職員喝采拍掌，之後校方甚至修例以張超雄非全職為由把他踢出校董會；2010年與師生撰寫公開信，促請大學高層交代理大轄下幾十間附屬公司涉嫌利益衝突、帳目不清，一度收過律師信。[7] 早年連

6 因為歷史原因，香港一直有一批來自巴基斯坦、尼泊爾及印度的土生土長人士生活。1997年後，輿論開始針對「南亞裔人士」進行負面標籤，把外來難民與擁有居港權的土生土長南亞裔混為一談，指斥他們是治安威脅。張超雄一直在議會替包括難民的南亞裔人士發聲，惹來部份人惡意攻擊。

7 2004年開始，張超雄曾於理工大學校董會內要求校方解釋，為何附屬公司越開越多，當中涉及利益衝突問題。前理大副教授、經濟學者林本利曾於2013年在傳媒撰文指「理大高層貪腐醜聞令人大開眼界」，多項計劃涉及的合約，受益公司均與理大高層有關。理大的公司虧損以億計，但管理層仍可以董事名義受薪，並對理大僱員進行削減福利計劃。

校園保安和清潔工的待遇，他也爭取。一位理大文職人員、也是張超雄十幾年前的學生梁綺雯談起「恩師」種種，感激道：「因為阿Fer出來爭取，我們無論假期和福利，都沒有給校方扣減。」

2010年一役，只有少數教職員敢出面，當時張超雄的戰友有時任理大副教授林本利。林於2011年提早退休，並出版《大學歧途》講述事件，書中形容理大自2003年後管治「日趨腐敗」，之前他和張超雄互不相識，只是看到不公義便一起站出來。林本利跟筆者說，知道張要退休，有點感慨：「我清楚張兄的為人，努力為社會不公義的事及弱勢社群發聲，也知道張超雄過去20年來，因為在校董會面對不公不義的事，在理大承受巨大壓力。」

張超雄坦言，理大校園的氣氛他不大享受，但他喜歡大學校園。他回憶起在柏克萊讀書的氛圍，一臉嚮往：「大學的氣氛應該好開放，大家好認真做學問，研究一些社會上不敢研究的東西，校園的廣場上常有人演講，做藝術表演，好熱血。」他透露，早在博士畢業前已計劃教書，但覺得教書只講理論不好，於是跟自己許下諾言，畢業後要先投入前線，累積經驗才走入教室，於是畢業後在美國社福機構工作了一段長時間。後來，大女盈盈出世後發現嚴重智障，舉家於1996年回流，希望在港家人能合力照顧女兒。返港後，他短暫在城大教書，1997年到理大，至今近20年。

張身邊人笑言：「做咗廿年都無升過職。」事實上，張超雄在理大職銜一直是「講師」，而且最初是兩至三年的短約，維持了十幾年，至近年才轉為長約。如此待遇和張超雄的履歷有點落差：1991年美國加州大學（柏克萊）Social Welfare學院博士（比較同類課程全美國排名[QS Ranking]第五位），和同事徐明心教授出版過數篇學術期刊文章。

張超雄辦公室門上的「撐FER!」字樣(攝影：黃志東)

筆者問：「以你學歷，是否能於其他院校擔任助理教授？」張答得淡然：「我又沒有特別去找這些工作機會。」名利於他如浮雲？但阿Fer不是沒有經濟壓力的。太太要照顧智障的長女沒上班，幼女仍於海外留學，一家五口擔子全扛在張超雄一人身上。過去幾次立法會選舉，張超雄也曾落敗，怎說「講師」收入也能養家。

說到這裡，張點頭：「如果無咗收入會幾徬徨。」筆者追問：「但你不會因飯碗而收斂批評大學的不是？」張超雄有點不好意思，小聲慢慢說：「我覺得做人原則，緊要過食飯少少。」筆者忍不住取笑他：「所以你習慣唔使食飯都有氣力教書？」聽到筆者的爛笑話，我們兩人笑作一團。

校園有個傳說，指張超雄常和校方對著幹，隨時「飯碗不保」，但最後他能夠做到60歲，身邊人嘖嘖稱奇，阿Fer笑說：「無諗過真係做到退休，我覺得也算是『善終』。」不過，這個「善終」也頗震盪式，張超雄2月23日60歲生日，聘書就於24日完結。他24日回到理大，在辦公室登入電腦，電腦系統彈出來的第一個畫面是「Ex-Staff」（前僱員）字樣，他的教職員網頁紀錄亦同步被刪掉：「坦白說，過去跟理工很多緊張關係，我對『理大』呀『講師』呀這些身份已不太著緊。看到電腦的顯示我沒有失落，只覺得不太有人情味。」

筆者以為，教師退休日期會跟隨「學期」完結，以免影響學生，但張超雄說，不只他一個有如此經歷，60歲生日翌日便要離任。也是理大前僱員的林本利在《大學歧途》中有如此觀察：「一些較有心的大學高層，權力被削，達60歲退休年齡便要離任；反而一些不學無術、缺乏誠信的人，卻可以獲得續約至65歲或以上。」

一夜之間被刪掉職員紀錄，對一個教授「人性化管理」的老師何其諷刺。阿Fer在大學教的科目包括「人本服務機構管理」，他主張社福機構不應像商業機構只講效率。他合著刊在 *The British Journal of Social Work* 的文章中寫到：「商場講究供求和價格，不是信任、尊嚴與和睦；商業管理追求的是市場壟斷，不是分享。」窮一生教導學生不要用效益看待人際關係的老師，最終被工具理性的方式完結了僱傭關係。

不過，阿Fer滿不在乎。他覺得，「教育」不是職銜，是一種關係。他自小從做老師的父親身上，感染到師生關係的真諦。他記得，十六七歲時，與父母居於灣仔聖雅各小學天台宿舍，每朝七時，就看到身為校長的父親站在校門，精神抖擻地迎接上學的小孩和家長。那些年，沒有校長會像父親般放下身段：「我爸爸是校長，那些雖然是小學生，但他跟學生的相處不是高高在上，是有講有笑，平起平坐，這種態度，我細細個就學到。」

說到這裡，筆者和張超雄走到了佐敦地鐵站，他風塵僕僕登上列車駛往金鐘，參加立法會裡舉行的記者會，主題是抗議「劏房戶被濫收水電費」。[8] 畢業了十多年的阿Fer學生梁綺雯說，每次在電視上看到「老師」為弱勢抗爭，會一邊心疼他辛苦，同時心頭一暖：「佢好紮實身體力行做畀我哋睇，呢啲就係『身教』。」一個僱員的電腦檔案或許可以被刪掉，但在理大GH座三樓「張超雄博士」辦公室門上，仍留有用藍色膠紙拼貼成的字樣：「撐FER!」。那是去年張超雄參加新界東立法會選舉[9]時，學生自發表達支持、偷偷在門上DIY的心意。這種師生關係的羈絆，誰也沒法子一夜之間剷走。

張超雄小檔案

1991年加州大學（柏克萊）博士畢業，並於加州華人社福機構「屋崙華人服務社」為亞裔移民爭取權益，離開美國前獲屋崙市定立9月13日為Dr. Fernando Cheung's Day。屋崙市長在美國眾議院致謝辭時形容張「性格溫和文靜，但為了捍衛弱勢權益會挺身而出」（Though he appears rather quiet and mild mannered, Dr. Cheung is a fierce defender of those in need）。1996年返港於城大教書，後在理大應用社會科學系任講師至2017年2月退休，曾任三屆立法會議員。其暱稱「阿Fer」來自洋名Fernando，張爺爺早年由廣東中山赴南美秘魯打工，娶當地女子，說西班牙語的祖母替孫兒取名Fernando。

---

8 香港樓價高企，窮人輪候公共房屋經年，若在私人市場租住單位，只能負擔「劏房」。劏房由一個獨立單位非法改裝成多個小型房間連套廁，由於改動未經建築專家評估，有防火隱患，居住環境亦惡劣。

9 張超雄在該次新界東選舉中勝出，獲得近五萬票，當選立法會議員。

後記

採訪張超雄，我至少遇到兩大難題。

第一，記者應該客觀持平。我近年因為已告別全職記者生涯，也因為認同張超雄的理念，有替他助選。所以，我已沒法以一個完全中立的角度描寫他。

第二，張超雄是經常被採訪的公眾人物，多年來關於他的報導繁多，套用記者圈子説法，他已經被「採訪到爛」，還有甚麼新點子？

所以，《明報．星期日生活》副刊的編輯黎佩芬最初提出由我採訪他，我推搪了，她卻堅持，最後拋下一句：「等你篇稿嘞！」

其實還有第三個原因，我不想採訪張超雄也不好意思直接説出。因為我太了解他，知道他説話實在太沉悶了，擔心文章寫出來沒有人讀。

因為遇上這「三座大山」，我思前想後，最終找到一個破解方法，就是進行大量側訪。

2017年初，台灣作家房慧真出版了一本訪問集《像我這樣的一個記者》，此書在台灣賣出上萬本。裡面輯錄了她於台灣《壹週刊》人物專訪欄目「非常人語」多篇作品，書中亦公開了一些採訪心得，原來《壹週刊》嚴格規定記者做每一個人物專訪，必須進行五個或以上的側訪。

所謂「側訪」就是記者在採訪一個人物時，不單要訪問主人公，還要訪問其身邊人。

這手法在偵查新聞中常見，例如當記者收到一宗爆炸性消息，必須要找到多個人證實。若只靠單一人士便信以為真實在太冒險，有可能把錯誤訊息當真消息報導出去。新聞史上發生過不少因記者誤信消息來源而錯報新聞，2011年7月6日亞視誤報江澤民死訊便是一例。

可是，人物專訪被視為「軟性新聞」範疇，較少記者重視核實工夫。有管理層說過：「做人物專訪很容易，跟受訪者談談天，寫些感性小故事便可。」每次我聽到這些話，都覺得特寫新聞被輕視。

在我心目中，無論是偵查新聞，還是替一個小人物做專訪，精神也是一致的：你作為記者，有否用盡方法逼近真相？即使受訪者是你信任的人，但人的記憶有偏差，記者必須對任何事物採取懷疑態度，小心求證。

我跟學生說，人物專訪刊登出來之後，不只受訪者會看到，連帶認識受訪者多年的親友也會讀到，文章會不會讓人貽笑大方？

側訪是一個幫助記者追求真實的有力工具。張超雄教書20年，訪問他現在的學生、十年前的學生，讓他們講述張超雄是一個怎樣的人，再進行交叉比對，大概可以編織一個接近真實的他出來。

正因為和被訪者有交情，我更加需要透過他人的證言，讓我可以從其他人的角度審視這個受訪者。多名「證人」口供可以讓讀者覺得，我並沒因為與受訪者稔熟而放棄求真。甚至，正因為與被訪者有交情，我更要對自己嚴苛，需要說服大家，我的文字並不只為討好個別人士，而是向廣大讀者問責。

有了側訪，即使張超雄已經多次受訪，即使他說話如何沉悶，這些小問題也能隨即解決。他的學生不但披露了他在班房鮮為人知的一面，早年與張超雄並肩與理工大學校方抗爭的經濟學家林本利亦願意具名印證張超雄的人格。有了其他人的豐富證言，即使主人翁不擅辭令，文章也有一定可讀性。

當我走完了這個艱鉅的採訪旅程，不禁驚嘆，對著我以為已經熟悉的人，原來再花心機挖深一點，又會發現背後不為人知的動人故事。

當然，進行側訪是一件痛苦的事。採訪一位受訪者已經涉及龐大工作量，側訪涉及更多人，要逐一暖身，建立信任。每次拿起電話筒要多做一個側訪，我都想退縮。但當我重新發現受訪者一些全新面向，修正了自己的一些偏見，又令我覺得多辛苦也值得。側訪，真是令人物專訪記者又愛又恨。

學生要向政府說不——加拿大模式國情教學

2012年7月29日

前言

文章寫於2012年夏天，香港天氣悶熱，人心更翻滾。教育局説，9月開學，中小學就要推行「德育及國民教育科」。有傳媒找到一本教育局資助的國民教育參考書《中國模式國情專題教學手冊》，課文裡一句「中國共產黨的民主集中制是進步、無私與團結的執政集團」，令坊間嘩然。

那個夏天，當香港家長和學生們舉行遊行反對國民教育，我卻身在加拿大探親。我納悶，作為一個寫字人，可以做甚麼？香港民間關於國民教育的討論沸沸揚揚，似是而非。有人説這是洗腦教育，有人説腦怎會這麼易洗，有人説為國家感動流淚天經地義，有人説外國也有國民教育，全世界也在做。

我腦海忽然「叮」一聲，想到既然有人說外國也有國民教育，我身在加拿大，何不因利成便去印證一下這說法？如果這邊的老師要洗學生腦，他們會怎樣去洗？是不是讓學生看到國旗要流淚，想起祖國便感到自豪呢？

於是我在網絡上找到了一位加拿大資深教育家，還記得我在餐廳裡等受訪者的身影出現，直到見到真人才知道原來是一個她，還是要撐著拐杖的她。

這位她，給我講解了教育到底是一回怎樣的事。我寫了五千幾字，文章在香港引起了一陣小騷動。評論員蔡子強在專欄寫道：「這篇訪談可讀性甚高，所舉的眾多例子也十分有啟發性。」當時大家知道香港的國民教育指引有問題，但未必具體說得出問題在哪裡。有比較，事情就明白。

原來，寫字的人只要緊貼讀者脈搏，即使相隔萬里、遠在地球另一端，還是可以找到題材。

諷刺是事隔多年，文章可讀性有增無減。雨傘運動之後，年輕人對國家認同感越來越低，有人認為，教育出了問題。2012年國民教育雖然未有獨立成科，卻沒有絕跡於校園，反而以其他形式出現於校園活動，猶如一隻幽靈盤踞於學子頭上。

甚麼叫「中國人」？甚麼叫「香港人」？這種爭拗在香港仍在熱議中，無論是官方論述還是民間輿論，仍在辯論如何做一個好公民。

這篇文章說明的道理，不只適用於教育，也是做人的道理。簡而言之：勉強無幸福。

1980年代停辦，但政府至今未就事件全面道歉和賠償。時至今日，原居民權益仍是加拿大社會的敏感議題。但教科書不但不會迴避相關題目，政府近年更積極鼓勵老師在課堂與學生多探討原住民權益。

即使是現代政治題目，如加拿大在九一一後決定派兵到中東，亦容讓學生自行討論，課文題目是：「加拿大作為一個維持和平的國家形象，是事實還是神話？」關鍵是，所有議題都是開放式的，讓學生自行找資料和答案。

這種探討歷史瘡疤、容許反對聲音、多元詮釋的「國民教育」，和我們看到香港政府近日強推的愛國愛黨、歌功頌德式的洗腦「國民教育」相去甚遠，但建制中人卻不斷以「國際慣例」指出西方國家也做國民教育。經常參與國際教育研討會的Jan反駁，加拿大和瑞典等民主國家根本不會推動一套愛國主義的national education（國民教育），有的只是civic education（公民教育）。Jan形容，香港把一直沿用的「公民教育」突然修訂為「國民教育」，違背了國際教育慣例：「大部份民主國家有的是全國性教育系統（national education system），而不是一個灌輸愛國價值的教育。」

她進一步解釋，西方民主國家重視公民教育遠多於國民教育，目標是訓練學生成為主動、有責任感、有認知的公民：「我們希望年輕人看到不公義要行動，不同意就要表態。**我們不想教學生如何做一個自豪的國民，而希望他們做個懂得反思的公民**（We do not teach them how to be proud Canadians, but active, responsible, informed Canadian citizens and thinkers）。」

相比於西方社會公認的「公民教育」，推動「國民教育」是一種倒退，含有的價值觀令教育家質疑：「你搞國民教育的危險是，它不會教學生思考，你結果可能教出一個希特勒來。國民教育重視的只是對領袖的效忠、盲目服從，而不是鼓勵人民提出反對意見或質疑。」

「令人想起希特勒」的國民教育

按照筆者建議，Jan把香港教育局〈德育及國民教育課程指引〉[4]閱讀了一遍，並參考了相關新聞資料。她指出，文件裡用詞有問題。例如指出有「中華民族美德」，似乎是指向單一種族的國民形象，黃皮膚、黑眼睛的漢人，在多元文化的世代，這種觀點落後封閉：「那其他種族呢？其他信仰呢？同性戀者呢？殘疾人士呢？他們在國家裡有沒有國民身份？希特勒的納粹統治也是講究一種『理想國民』，只有白皮膚、藍眼睛、金頭髮的男人才是優秀國民，你不符合這個標準就被消滅。」另外「祖國」(motherland)一詞在民主社會根本沒人使用：「國家和公民應該有同等權力。以『父母』形容國家，意味人民權力低於國家權力，含有父權意味。」

香港的國民教育指引裡，不時建議學生參加「升旗禮」、學唱「國歌」，並要求學生要感到「自豪」。反觀加拿大，沒有國旗法，破壞國旗不是刑事罪，[5]學校升旗亦只是由校內工友進行。校園內唯一

4 參：https://www.edb.gov.hk/attachment/tc/curriculum-development/4-key-tasks/moral-civic/MNE%20Guide%20(CHI)%20Final_remark_09102012.pdf。

5 加拿大政府有對國旗展示作指引，但侮辱國旗並不犯法，加拿大權利與自由憲章維護適度的表達自由。示威者曾在遊行上踐踏及燒毀國旗，參：https://www.canada.ca/en/canadian-heritage/services/flag-canada-etiquette/flying-rules.html。

關於「國歌」的法例，就是每天早上播放國歌時，學生必須站立（此例只規管校園）。[6]

Jan說，播國歌時學生只需要站立，不需要跟著唱，可以不留心聆聽。重點是，若學生因為宗教原因認為不適合向國歌肅立，可以申請豁免。[7]此例可見，當國家和信仰身份衝突，不一定是國家身份贏出。

「身份認同在教育裡是重要的，因為我們要知道自己是誰。但我會說，國民身份只是眾多身份的其中一個，更不是淩駕於其他身份之上。」Jan說。

香港的國民教育指引時時刻刻強調「和諧穩定」，忽略內地發生的維權事件和民間衝突。Jan認為，公民教育精神裡「講衝突比講和諧更重要」，而加拿大課程強調教授學生化解衝突（conflict resolution），無論族群間或國家之間的衝突，如加拿大在八九十年代法語地區魁北克省多次要求獨立，最後要舉行全民公投解決；近年蘇丹種族屠殺人道危機，或是後九一一加拿大政府出兵中東，都可以是理想的中學生公民教育題目：「在廿一世紀，世界只會愈來愈多戰爭和種族清洗事件，我們不能因為別人跟我們不同就排斥他，必須知道如何用和平手段化解衝突。」

香港教育局派給學校的情意問卷，其中一條以學生「國家做錯事仍然要支持」作為國民認同指標。Jan聽到後搖頭反對：「無論是誰，不論是國家還是私人機構，做錯了，公民都必須出聲。」她舉例，她

6 多倫多區公立學校關於國歌的規例，參：http://www.edu.gov.on.ca/extra/eng/ppm/108.html。

7 校園指引寫明，家長若反對子女參與全部或部份關於國歌的播放活動，可以向校長申請豁免。成年學生亦擁有這項權利。

教導的一名學生，母親被懷疑是恐佈份子，被拘留卻不獲審訊，該學生於是組織同學到首都渥太華和平示威，是「公民教育和實踐的好例子」。記者向Jan介紹學民思潮，並讓她看中學生反洗腦教育的示威照片，Jan讚頌他們是「好公民的榜樣」:「他們有自己的看法，以證據支持，而且抗爭手段和平，是你們香港需要的優秀公民。當然，以現時國民教育的標準，他們一定不能符合當權者的胃口。」

筆者邀來西方白人教育家對香港教育政策指指點點，有人可能會說是以「西方霸權干預中國國情」，Jan這樣回應：「除非中國沒有任何需要解決的問題，若有的話，你需要的是有能力和人溝通、有分析查證能力、以理性方法提出反對意見的公民；相反，國民教育只是政治宣傳(propaganda)，沒法解決問題。」

加拿大人的國民美德

「加拿大國民」是一個甚麼形象？數十年前，加拿大除了原住民(以前叫印第安人)，主要人口是來自英國和美國的移民，故此「加拿大人」給人的印象是白人為主。但近年加國接收大量亞裔、印度裔和非洲裔移民，白人現只佔全國人口一半。[8]

加國政府八十年代把「多元文化」成為法定政策，致力消除種族歧視。在加拿大，國民根本沒有一個單一臉孔，更遑論「血濃於水」、「同根同生」這種論調。筆者也是九十年代中才移民的加拿大公民，沒有白人臉孔，卻不會被當作「次等公民」。

---

8 參：https://www12.statcan.gc.ca/census-recensement/2016/as-sa/98-200-x/2016016/98-200-x2016016-eng.cfm。

加拿大人有一種政治常識，就是不可以隨便查問別人的種族，以免引起歧視誤會。筆者邀請這中學教師做訪問，越洋先以電郵聯絡，根本不知道受訪者是男是女，是白種人還是其他種族的人。直到見面詳談後，才知道她原來有瑞士血統，其祖父母輩多年前從瑞士移民到加拿大。

Jan撐著枴杖到來，她解釋，自己患上多發性硬化症，平衡力不好，需要拐杖協助行動。故此，Jan説，她作為一名「加拿大國民」，既是歐洲移民後代，也是一個女性，更是一個殘疾人士，她關心的身份有多個(關於Jan的家族背景和病歷，筆者已徵求她同意可以寫出來)。

值得注意的是，加拿大的公民教育雖然注重反思和批判，但加拿大的國民身份認同感卻非常之高。一項今年(2012)2月公佈的調查訪問了2,000名加拿大公民，逾八成受訪者認同自己「身為加拿大人而自豪」;更難得的是，新移民對國家的自豪感比土生加國公民更加強烈。受訪者認為，「包容不同背景人士」是加拿大非常重要的公民美德。[9]

不少普通小市民在家門都愛掛國旗，加拿大運動員勝出亦有很多人興奮感動。Jan説:「你對國家的歸屬感不是由教育灌輸出來的，是因為每個公民有自己的經歷和故事。你愈強迫人愛國，只會引來反彈。」

---

9 另一項於2015年公佈的類似民調(參：https://www150.statcan.gc.ca/n1/pub/11-627-m/11-627-m2015002-eng.htm)，87%受訪者為自己成為加拿大人感到自豪，逾半認為「對待不同社群的態度」是自豪的原因，九成人認為加拿大國旗對身份認同很重要。

後記

有些文章的成功之道，秘訣是「不要羞於問最後一條問題」。

問夠了，收拾書包離開前，我會把握機會跟受訪者閒談，哪怕是東拉西扯的、不著邊際的聊天。有時，太乖巧的記者只敢問指定範圍裡的題目，錯失了寶貴的新聞線索。有時，**記者以為「離題」是浪費精力、不夠效率，誰不知必須走一些歪路，才會抵達目的地。**採訪如是，做人也如是，沒有工夫是白費的。

還記得當日訪問這位女教師，我們當時相約在多倫多市郊一間美式餐廳，喝著過甜的美式冰紅茶，談了兩小時，話題圍繞香港的國民教育有何問題，她談及的教育理念較抽象，當時我覺得這些內容頗沉悶。當我以為要問的問題都問完、準備離開時，聊起她平日的工作，她說了一句話，改變了整個採訪方向。

她忽然說了一句：「我寫了一本教科書，講加拿大的現代歷史，你要不要看看？」我心裡想，why not？一看無妨。於是她開了私家車載著我，先到她家拿了一本教科書給我（當時我還付了350港元買書費），再送我回家。

回家後我翻閱這本教科書，心裡暗叫這本書不得了，簡直如獲至寶。書裡的例子有趣，要比採訪的兩個小時問答吸引得多。我從頭到尾讀完這本教科書，趣味盎然，覺得做加拿大中學生真幸福，可以從歷史學習到批判思考。我立即改變了寫作策略，把教科書內容用作文章的骨幹，女教師的兩個小時訪問濃縮成幾句精華，放在文章較後部份。

到寫文章時，我心情忐忑，擔心加拿大太遙遠，香港人對彼邦的教育制度沒有興趣。怎知文章刊出後反應不錯，我認為是因為那本加拿大教科書的例子有趣，讓人讀來容易明白。

不少人以為特寫記者的本領主要是懂得與受訪者做訪問，說話功夫了得。但這篇文章證明，地氈式資料搜集工夫同樣重要，那些工序吃力不討好，幸好我以前讀研究院習慣了苦悶的資料搜集過程。為了撰寫這篇文章，我速讀了一次加拿大近代歷史，翻了不少參考資料，弄清楚史實才敢下筆。

世界有多大，記者的天空就有多廣。我覺得，記者有如一個好導遊，要懂得把搖遠的事物用貼地易明的方法帶到讀者面前，背後要花盡心思，不只是跟人談談天那麼簡單。

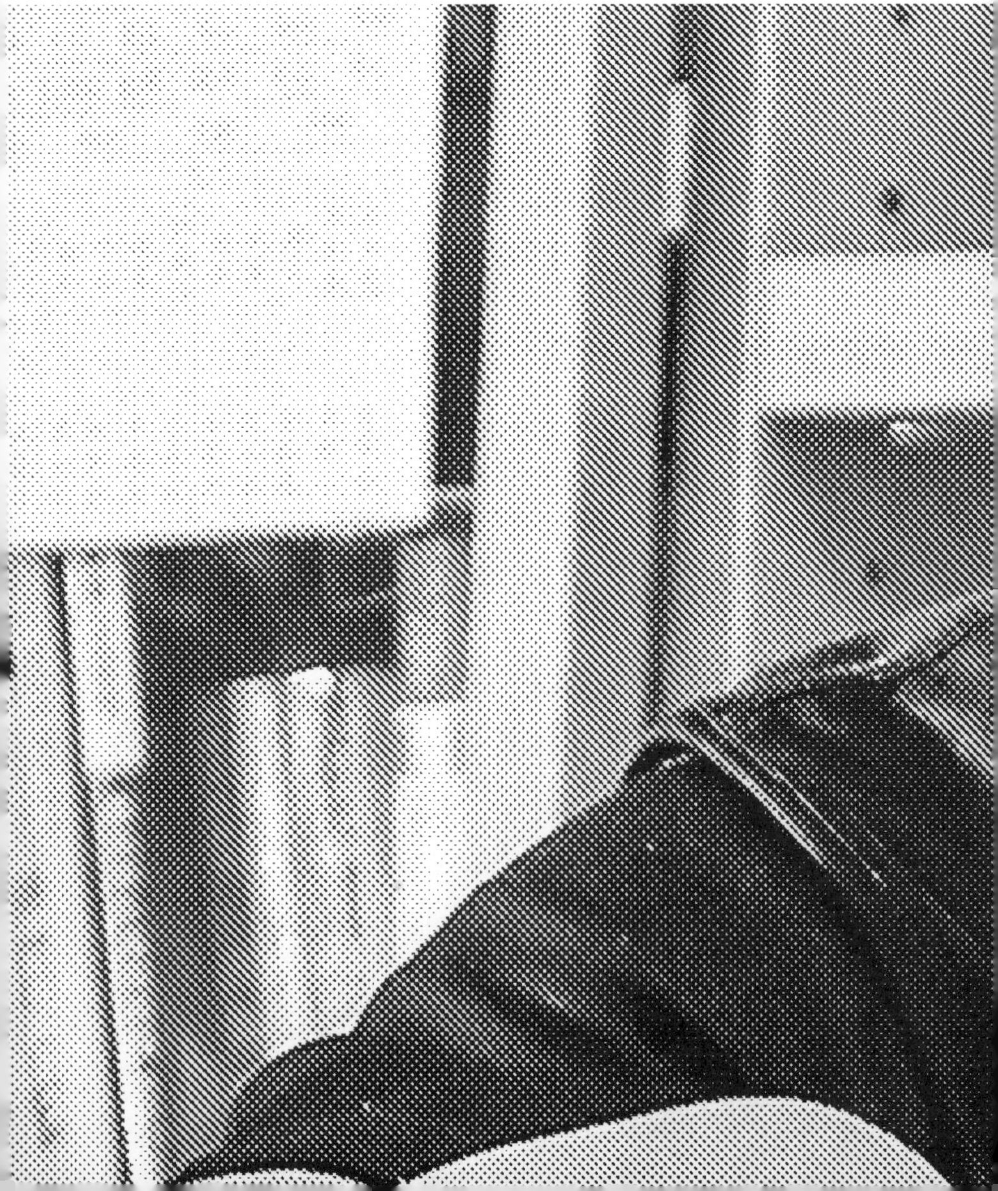

6 早熟·慢煮

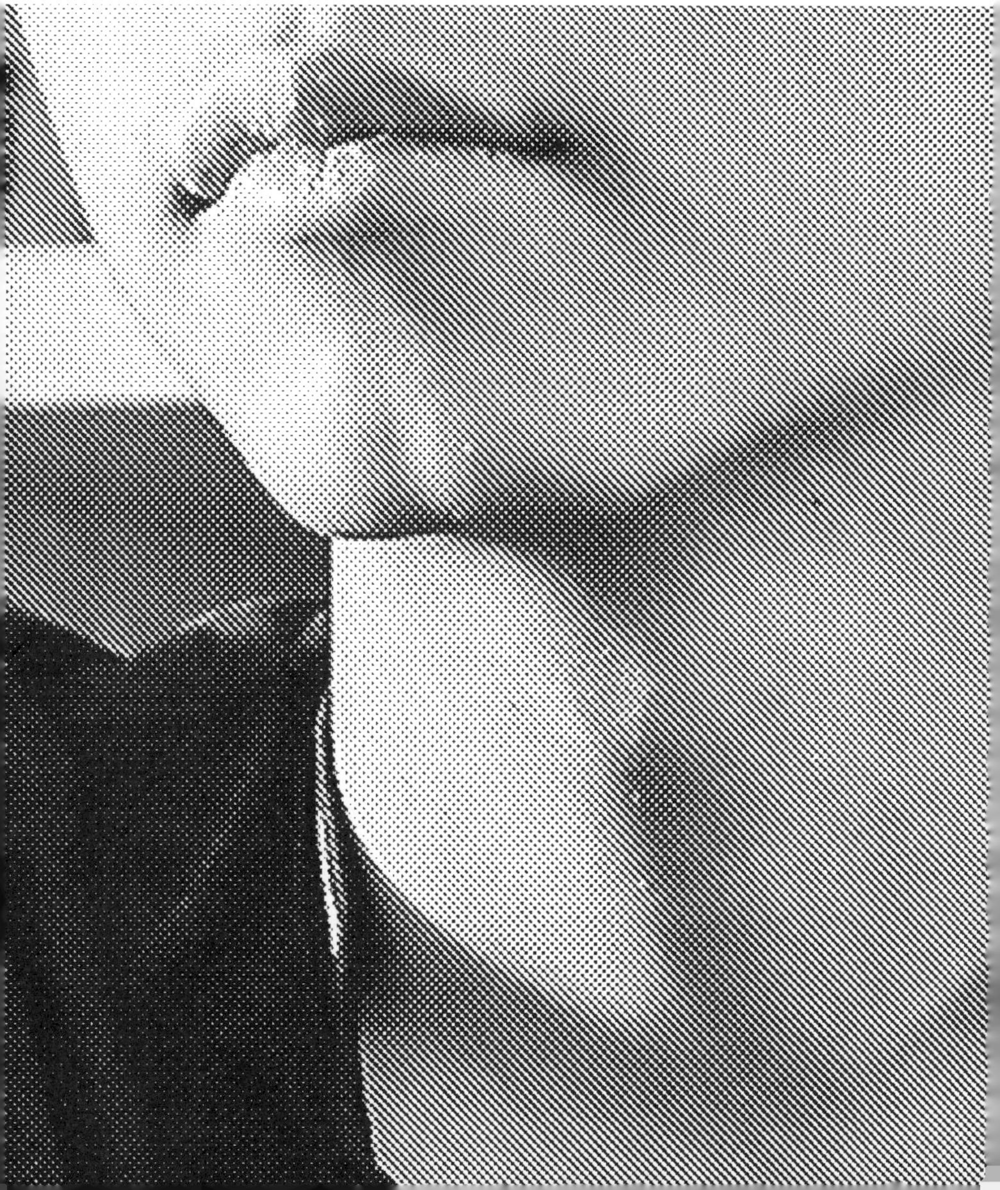

前言

我是怎樣成為香港其中一位最早採訪黃之鋒的記者？回想當初，還是歷歷在目。

2012年5月，社交媒體還未被商業元素入侵，YouTube流傳了一段四分鐘視頻，一個青澀的少男正接受一班記者採訪，氣定神閒，甚有大將之風。細看之下，其實他稚氣未除，頭髮凌亂，黑框眼鏡架在鼻樑上有點歪。他只有15歲，中四學生。

香港人從未見過中學生以這種姿態出現，這位學生哥迅速竄紅。鏡頭下，他有條不紊地回答記者提問，評論香港政府剛推出的國民教育科文件比一些官員更熟書，被鎂光燈包圍著也毫不怯場，叫人嘖嘖稱奇。大家稱呼他為「15歲的社運新星」。

那條短片最後獲得25萬人按讚。這25萬按讚的人應該發夢也沒想過，幾個月後，少年有份促成的一場反國教社運，會有12萬人參加；兩年後，少年有份帶領的雨傘運動，會持續兩個多月，癱瘓香港的主要街道；五年後，少年會成為香港回歸後第一批、最年輕的政治犯。

有人説，黃之鋒的成長路太急速，如同被放進壓力煲快煮催熟。有成年人想勸説：孩子，你慢慢來。

可是也有人説，這個時代逼得年輕人不得不快快成長。生於此刻此城，年輕人已不能像往日一樣漠視不公義，沒有條件過份天真。

回想當初，在YouTube上看到這位少年的眼神和説話的樣子，當時我覺得，很想去採訪他，越快越好。當然，那時我沒有預料到，採訪他的機會不只這一次，以後還陸續有來。

找上他的時候，其他傳媒還未對他「發燒」，我得以登堂入室到他的家訪問，還可以觀察他和家人互動，探究他的成長背景，並有空間摸索他的性格氣質。之後幾個月，事情變化急速，之鋒因為反國教一役被全球記者追訪，他的家人也低調起來。

「識於微時，所以親近」這個道理，不只在朋友間管用，對記者和受訪者之間的關係也管用。

最初一次探訪，我因為事忙，稿子由另一位記者阿離撰寫。幾個月後，反國教運動沸沸揚揚，退場後我替他進行了第一次正式專訪。一年後，港大教授戴耀廷醞釀「佔領中環」，已屆中年的戴教授如同社運初哥，與已被政治運動洗禮過的黃之鋒唇槍舌劍，成為第二次訪問。之後佔領運動爆發，黃之鋒因為爬入公民廣場被判入獄，再成為我的受訪者，已經是四五年之後。

甫獲釋，這位轉眼間已經21歲的少年犯再次接受我的訪問。這一次，他頭上頂著剷了青的犯人髮型而來，全球媒體追訪著他，幾日之間已經馬拉松式地接受了18間傳媒專訪。我是最後一個訪問他的記者，見他身心疲累，但看到他終於可以閒坐在路邊茶檔，吃著心愛的炒飯，喝著至愛的凍奶茶，臉上泛起滿足的表情，彷彿還是當初那個為食的細路哥。

有人說，記者這份工讓人變得麻木無情，受訪者猶如用完即棄之物。多少新聞人物轟動一時，傳媒一窩蜂把當事人「洗劫」完畢，瞬間就忘掉受訪者。

2012年那個初夏，初次邂逅這位網絡紅人，我也曾經以為這位黃毛小子只是一閃即逝的新聞過客，萬萬沒想過，這位少年後來成為改變香港命運的其中一位重要人物。

這個故事教訓我們，**不要看輕任何人，特別是少年人。**

回想我第一次見到黃之鋒，知道他童年是個搗蛋學生，小學五年級學懂了設計電腦遊戲，竟把班主任的頭變成「食鬼」遊戲裡要吃掉的獵物。學期完畢，老師既往不咎，在黃之鋒的成績表上寫下勵志評語：「才思敏捷，應對如流，百折不撓。」

可惜的是，現實世界險惡，不如班房般單純。不過七個寒暑，少年經歷了一波比一波更大的挑戰，他的故事映照出香港經歷了一個動盪的大時代，只怕波濤還未平定，一切還是未完待續。

我們成功，因爲我們不成熟

2012年9月23日

撤出公民廣場後，[1]黃之鋒不用再寄居政總帳篷，不用無啖好食，不用有病無人理。起床後，有母親準備愛心早點，換校服的「春光」也不會被記者拍下。這天因為上呼吸道感染，吊著一行黃鼻涕受訪，母親細心提示他抹掉，父親在一旁靜靜幹公事。這個家庭樂的畫面，和四個月前我們訪問他時一模一樣。

在母親心中，之鋒仍是那個「嬌嗲」兒子，訪問途中會呼喚：「媽咪，我要杯水！」、「媽咪，市民寄畀我

1 2011年，香港政府籌備在小學和中學開設「德育及國民教育科」，並計劃在2012年9月於部份學校試行。中學生組織「學民思潮」最早關注事件，家長則稍後組成「國民教育家長關注組」。兩組織和民間團體成立民間「反對國民教育科大聯盟」，於2012年夏天推動反國教運動，連續十日於政府總部舉行集會，學生在公民廣場紮營露宿，學生及成人絕食抗議，引來萬計市民到場聲援。政府最終宣佈暫緩及其後擱置獨立成科，9月9日凌晨，佔領行動結束，訪問於不久後進行。

咄啲信喺邊？」母親從廚房出來，把市民寄給學民思潮的信件，逐封放進有保護套的「快勞」珍藏。之鋒形容，廣場十日，其中一個遺憾是「沒法回家吃飯」，更賣口乖説：「媽咪真偉大！」逗得黃母會心微笑。

之鋒父母不是「直升機家長」，廣場歲月，沒有經常探班，只留意新聞，默默支持。佔領期間，兒子幾天回家一次，匆忙梳洗，母親沒有嚕嚕囌囌，只送上洗熨好的校服供他替換。12萬人集會當天，之鋒累得回家午睡，睡前叮囑母親一小時後叫醒他。母親不忍，讓兒子睡了四個小時。

自己的兒子成為全港焦點，有人追捧，形容他是香港的希望；有人惡評，指之鋒是被政客操縱的棋子。但在父母心中，之鋒仍是那個本質「清心」的孩子，就像小學五六年級班主任在成績表上給之鋒寫的評語：「才思敏捷，應對如流，百折不撓。」

之鋒父母謝絕傳媒專訪，只是筆者被邀請登門訪問，再次被這家庭感動，忍不住寫出點滴。之鋒父母給兒子很大自由度，記者訪問，甚少插嘴。培育之鋒的方法是，順應孩子潛質，讓他自由發揮。從小到大，之鋒考試未必名列前茅，oral（會話）卻全班數一數二，今次面對12萬人，他的口才發揮得「淋漓盡致」。

到過廣場的人，都難忘之鋒的演説魅力。某晚主題「硬頸」，之鋒就喊：「林鄭[2]硬頸，我們也硬頸；林鄭為阿爺，[3]我們為理

---

2 林鄭月娥，時任香港政務司司長。

3 「阿爺」是香港民間對北京政權的稱呼，含擁有強權的意思。

念！」另一晚講「青春」:「廿年後回想，或許我們已不再搞社運、不再關心社會，但我們從來無後悔！」之鋒平日說話一輪嘴像機關槍，上台後卻脫胎換骨，不徐不疾。他說，只需在後台冷靜五分鐘，在手機上寫重點，一切臨場發揮。面對12萬人說話，「從來沒有害怕」。這個基督教家庭形容，之鋒口才是上帝的「恩賜」。

面對梁振英，之鋒不握手，以鞠躬回應，[4]被坊間吹捧有「政治智慧」，之鋒卻說：「我不喜歡人們說：『你唔同佢握手好勁呀！』其實我思維好簡單，你握手即係同佢(梁) friend，但我唔需要同佢咁friend。而且梁是來做騷，我無必要配合佢。我們在學校對著老師也是鞠躬，鞠躬不是沒禮貌。」

學民思潮連串行動，都像之鋒回應CY伸出來的手那樣，臨場執生，隨機應變。公民廣場的誕生，也非常突然。之鋒透露，8月初學民成員林朗彥曾提議搞「佔領」，更提議過佔領維園，被眾人調侃：「維園咁大，點塞呀！」之鋒更有份潑冷水：「如果8月初你問我8月尾搞佔領，我會話黐線！點搞？」

但整個8月，情勢有變，學民思潮用過其他抗爭手法，收集過十萬簽名，試過到學校「長征」，[5]也追擊過立法會候選人，政府也沒回應，令他們重新考慮佔領：「我們15個月的工作證明，學民思潮不是為激而激。」但為何叫「佔領」不叫「留守」? 之鋒解釋，「留守」令人聯想遊行後的堵路，「佔領」較貼題。但最終可能只是稱呼夠

4 學生佔領公民廣場期間，8月31日特首梁振英連同其他官員到政總外探望絕食學生，梁振英被黃之鋒質問，為何漠視民意推行國民教育，會面後梁振英伸出手，示意想和黃之鋒握手，黃之鋒以鞠躬回應。

5 8月底，反國教大聯盟曾經連續三天到全港進行「守護孩子．自由長征」，蒙眼徒步23公里，路經多間官立小學，鼓勵學校不要推行國民教育科目。

型：「或者膚淺啲咁講，關楚耀有首歌叫《佔領》，講佔領華爾街，幾好聽。」因為大聯盟9月1日在政總搞集會，佔領地點自然選在政總。

學民8月26日投票決定，四日後展開佔領和絕食。30名學民成員，三分之二贊成「佔領」，僅一票之差通過「絕食」(16票對15票)。之鋒說，最初只向傳媒宣佈「佔領」不講「絕食」，希望「測試水溫」：「群眾會唔會覺得我哋過激？佔領會影響政府總部運作，警方也有權拘捕你。」怎知傳媒冷待，有記者戲言：「你哋係咪細路仔去紮營玩玩吓？」

到8月30日學民踏足政總，宣佈三個中學生開展絕食，消息震盪整個社會：「無人估到我哋會絕食，大家重新關注這事，感召了

在家中受訪的黃之鋒（攝影：林俊源）

很多人來。」三個絕食學生均已18歲，[6]之鋒未成年，也考慮過絕食，但戰友認為他身為召集人要統籌和應付傳媒，應以大局為重。之鋒卻笑說，自己沒正式參加，也不小心加入了絕食隊伍：「那幾天經常只吃午餐，忙到第二天才吃第二餐，絕食24小時是很正常的事。」

之鋒一直陪著絕食三子，眼見他們身體變得虛弱，血糖不穩；為了戰友健康，原定72小時的行動，提早在56小時結束。但學民三子停止絕食，促使更多絕食者加入，[7]「公民廣場」應運而生。

Spiderman生涯

佔領最初，每晚萬人到來。學民成員下午放學後便跳上台演說、唱歌、喊口號，群眾如癡如醉。之鋒分析，他們的吸引力在於「大家覺得以往和政治有關的人都係五十歲的人，估唔到現在係十五歲嘅人；成件事反轉咗，過往係由大人帶細路，而家係由細路出嚟反轉政府總部」。

可是這班「細路」白天還要上學。之鋒回憶那段瘋狂歲月：早上6時半在政總帳篷起床，經常只有四小時睡眠。一次，他在帳篷外扣上皮帶，竟成為新聞照。回校上課，聽老師講書，嘗試做正常學生，反國教消息還是會出現眼前：「有一日我在飯堂電視見到陳惜姿。我拿住碟飯行行吓差啲仆親。好奇怪，點解會喺呢個環境見到陳惜姿？」

---

6 學民思潮的其中三位成員凱撒、黃莉莉及前召集人林朗彥，在佔領行動開始（8月30日下午）宣佈絕食三日。

7 中學生退出絕食後，家長、老師、大學生先後加入絕食行列，總共14人。

之鋒形容，一邊上學、一邊搞公民廣場的日子十分「超現實」：「我唔知道邊個先係真實嘅世界，感覺有啲似Batman或Spiderman，上學就做番學生，落堂就去打仗。」他甚至形容，有次從廣場坐地鐵去參加城市論壇，[8]突然想起：「噢，這裡是香港，有八達通的。」像黃子華的棟篤笑獨白。[9]

回到廣場，人與人之間的秩序一樣反常。大聯盟成員有學生、老師、家長甚至校長，猶如一個「學校架構小縮影」，然而大家卻是平等戰友，不像學校裡長幼有序。之鋒難忘一個下午，他和張銳輝、陳惜姿站在政總外等梁振英出來。無聊時他忍不住慰問張銳輝，這陣子教書是否辛苦。之鋒形容：「個場面好古怪，平日老師一定會督促學生溫書，現在是學生知道老師唔得閒備課，個老師又知道個學生無心機上堂。呢種互動，真係好有趣。」

之鋒回憶，來支持的群眾臉孔包羅萬有。他記得，下午4時會有一班穿校服的學生來，逗留到晚上8時；之後接力的有主婦、OL、西裝友，「看樣子已知，有些人平日完全不會參加集會遊行」。之鋒學校十多名老師親赴廣場鼓勵，拉著他祈禱。以前曾經在學校內「捉他頭髮」(髮型不符校規)的老師，也來到廣場跟他說：「多謝你幫我個仔做咗咁多嘢。」

一時間，之鋒成為萬人迷。筆者在廣場做義工，留意到之鋒面對熱情市民有點尷尬，眼神飄忽。原來小伙子享受站台演講和幕後

---

8 《城市論壇》是香港公共廣播機構「香港電台」長壽電視直播節目，每星期日在維多利亞公園舉行，邀請嘉賓討論時事話題，場內設市民發言。

9 棟篤笑即stand-up comedy，台灣稱為獨角喜劇、單人喜劇、單人脫口秀、站立喜劇，黃子華為香港最著名的棟篤笑始祖，早於1990年便開始演出。

統籌，卻不習慣貼身讚賞。偶爾遇上陌生人拉著他陳情，之鋒就急得像熱窩上的螞蟻想竄走。

提起這些熱情民眾，之鋒抱著iPad叫了聲救命。他苦笑說，在廣場上每兩分鐘就會被人拉著，有年輕人跟他議論社運策略，有老人家跟他談文革。他感謝大家的「真誠」關心，卻抗拒被「神化」。他記得，12萬人集會的晚上，他拿著「大聲公」四處喊，呼籲大家通宵留守，冷不防有群眾齊齊大喊「撐黃之鋒！」，他卻受不了：「吓？有無搞錯？唔係(立法會)選舉喎。我覺得好哽耳，你來集會不是因為見到黃之鋒，你來是因為反對國教科。」之鋒續說，明白社運要有代表人物：「但運動的icon係咪去到這個地步呢？我的知名度只不過是工具，把這個運動推向高峰，令更多人了解這場運動。」

「香港人的心態是，將啲嘢畀咗一個人代理，『你幫我搞，你幫我爭取』。我常說，我是推動者，不是代議士，不是代你去爭取。」最誇張的是，有家長把子女學校不會開展國教科的通告電郵給之鋒過目，表示若之鋒認為沒問題，自己才會在通告上簽名，令之鋒啼笑皆非。他期望市民可以提升認知，自行判斷。他語重深長說：「若果人人都可以站出來關心社會，黃之鋒就不會那麼出眾了。」

之鋒不追逐掌聲，亦不抗拒批評。他回憶擺街站[10]期間經常被罵，有人向他豎中指。佔領廣場期間，他抽空參加城市論壇，碰巧一次嘉賓大部份是建制派，他不但被圍攻，更要被保安護送上車離開。他形容「被批評的經驗」甚可貴：「畀人讚得多會讚壞，聽得太多讚賞我會不習慣，那些『你是香港的希望』、『靠晒你呀』嘅說話

---

10 香港舉行選舉時流行的宣傳手法，發展到社會運動經常出現。在公共空間如街道上擺設一些攤檔，由義工派發傳單，親自向路人講解。

我唔鍾意。學民思潮其他成員背後付出很多，有些比我更辛苦。」

廣場十天下來，群眾人數節節上升，最高峰時來了12萬人。之鋒在高處俯瞰人群「迫爆金鐘」，覺得很「振奮、難以想像」。然而在梁振英讓步方案推出當晚，他和學民思潮聯同大聯盟成員，均同意撤出廣場。他個人認為，撤出廣場的原因有三個。

第一，透過佔領和絕食，能夠向政府施壓的效果，已經用得七七八八。之鋒說：「政府害怕的是非常規嘅嘢，要透過佢『估唔到』嘅行動向佢施壓。但當佔領變成一個常規行動，再佔領多幾日，政府就會慣咗，就覺得無乜威脅性，自然不覺得驚，不去回應你，再拖下去沒意思。」

第二，運動的方向改變了，國教科已交給學校自決，[11]新戰場在學校，不在政總，之鋒期望「在每一間學校建立公民廣場」，未來工作要組織幾百間學校的學生會和關注組。

第三，學民成員真的累透了。之鋒說，十天佔領，已把學民思潮團體的體力耗盡。有成員連續發燒五天，還繼續當司儀。之鋒認同陳惜姿所言，民眾對撤離有反彈只是「情感上未接受」，他自己也有不捨。之鋒強調，撤離廣場不等於運動能量下降：「運動一定有高潮有低潮，這時候學民就做最麻煩難頂、曝唔到光的內部組織工作。」訪問前一晚，之鋒撰寫了連結各校關注組和學生會活動的文宣至凌晨，之後連續幾晚都開會。他形容：「回家後睡覺時間沒有增多，只是張床舒服點。」

---

11 9月8日傍晚，時任行政長官梁振英連同官員召開記者會，宣佈取消德育及國民教育科三年開展期，把開科與否交由學校自行決定，檢討課程指引，及承諾五年內不再推動國教科獨立成科。

最成功，但最不成熟

學民思潮的成功，叫很多人訝異。成立僅15個月，就把反國教議題推到一個接近全民參與的地步，這班中學生如何做到？之鋒強調，他們不是大家想像中「咁叻」，也要別人幫助，有時會請教有相關經驗的社運朋友提供意見。今次反國教運動，學民招數一浪接一浪，除了經常通宵開會，大家不計辛勞付出，還是摸著石頭過河：「行動是很倉促的，經常每晚11點才想明天廣場有甚麼節目。別人以為我們好有策略好有組織，其實我們是急就將。」之鋒半開玩笑形容，學民思潮是「最成功但最唔成熟」的社運組織。

「不成熟」可能是學民成功要訣。成年人太多計算，太多疑慮，年輕人沒包袱，敢於創新。佔領政總，未實行前沒人能想像；中學生絕食，更史無前例。學民向吳克儉送上「平反六四記憶麵包」，[12] 把掃帚送給葉劉，[13] 軟化了嚴肅議題。9月1日，四萬人反國教集會傾盤大雨，孩子們索性赤腳站台，成為攝影師眼中率性自然的特寫。「我哋無預早想好，覺得有趣就做。所有嘢我自己也預計不到，但預計不到才是最好。」

之鋒又認為，年輕人政治覺醒，和幾年前高中開始實施通識

12 「記憶麵包」是卡通片《叮噹》（又稱「多啦A夢」）裡出現的道具，把內容印在麵包上吃下去，就能記住內容。此卡通片在香港非常受歡迎，是不少人的童年回憶。學民思潮借此製作示威道具，把中國政府鎮壓六四事件的歷史印上去，比喻希望未來的教育制度應該讓學生全面認識關於國家的歷史。

13 葉劉淑儀，香港政治人物，曾於2003年擔任保安局局長時，推動為基本法第23條、訂立有關國家安全的法例，後因民間反對聲音太大，加上立法會有議員倒戈而告吹。她的強硬作風加上獨特髮型，被部份人戲謔為「掃把頭」，有政治漫畫曾以《掃把頭》為書名出版。

科[14]也有關：「多謝香港政府搞通識科，令好多學生有意欲關注學民思潮。」之鋒說，通識科裡「今日香港：社會政治參與」部份，他聽聞不同中學的老師，愛拿學民思潮做教學例子。有通識老師要求學生作文反思「公民抗命和法治的關係」，甚至要學生分析不同抗爭手段是否可行和合適，間接催逼中學生關注時事。

黃之鋒笑說，可惜自己學校從沒考核「學民思潮」或「國民教育」，否則一定能拿取高分。但之鋒的中文科老師，卻曾以《明報．星期日生活》在今年(2012) 5月刊出、由阿離撰寫的黃之鋒專訪作教材，解釋「人物寫作」技巧：「個老師派之前好神秘咁講，今日篇文個主角你們都認識。派發之後，同學都依嘩鬼叫很興奮，老師就教，這篇文章這裡用了首尾呼應，那裡又用了心理分析……」之鋒說不感到尷尬，反而覺得提升了學習興趣。

黃之鋒經歷了一個不平凡的暑假，當同學在臉書上載吃喝玩樂的照片，他就在政總站台，與大聯盟開高峰會。法新社、美聯社、路透社、CNN、《紐約時報》都來追訪他。回想政總歲月，之鋒說：「這十日像發了一場夢，像經歷了一場大冒險，現在回到現實世界。」

他坦言，這段日子衝鋒陷陣，不無感觸，更曾在台下落淚：「我想起過去15個月嘅辛苦，我犧牲了同屋企人和同學相處嘅時間，連教會工作也放低。看到同學無憂無慮，我自己好多嘢諗，雖然係應該去諗，但有時都有掙扎，都想做番一個正常嘅中學生。」

---

14 教育局自2009年開始於香港高中引入「通識教育科」成為必修科，內容加深學生對個人、社會、國家、大自然及人類世界的理解。由於課程內容及考試涉及時事和政治題目，有指促使中學生熱衷社會運動，2018年更傳出消息指，政府正考慮改革通識科，由必修轉為選修，或簡化評核機制。

離開廣場後，黃之鋒仍未能全情投入，做回一個正常中學生。他的電話疑遭竊聽，經常要更換手機號碼。傳媒訪問沒有停過，有些組織請學民思潮做講座嘉賓，條件是「沒有黃之鋒就不邀請學民思潮」。訪問之前他已流鼻水咳嗽，訪問後「的起心肝」睇醫生，把病假紙上載臉書，請求傳媒「放過他」。一張小小假紙，引來9,000個likes、900個comments。

有人擔心，15歲的孩子如何承受如此注視？他會否出現「童星症候群」，為成長路增添壓力？之鋒淡然道：「我個人嘅生存價值，唔係睇人哋點睇我。人哋對你嘅看法係重要，但很難滿足所有人期望，做番自己就好。如果我擔心自己將來，無論是學業工作，還是心態上能否適應，而不做好學民思潮，是對不起學民的成員和支持者。將來是怎樣，是未知之數。」

在擔憂前，讓我們「回帶」，時光倒流到去年(2011)5月。當時黃之鋒只有14歲，學民思潮仍未成立，他以一個關注時事的普通少年身份接受港台電視節目《我未成年》專訪，一臉稚氣的他語帶堅定地說：「我雖然微小，但會用我自己一分力，為香港爭取更美好前景。任何改變都是由一小撮人發起，將來結果怎樣，沒人會知。只要愈來愈多人有抱負有勇氣走出來，世界就會改變。」不夠兩年，這小伙子的志氣，就已經令香港翻天覆地。

將來是怎樣，沒人知，就是因為沒法預知，才最好。黃之鋒和學民思潮的年輕人教曉了我們這些成年人甚麼叫硬頸、甚麼叫青春，就讓我們學習少年人這種「不成熟而最成功」的人生態度，縱使微小，也願意走出來關心社會，齊齊令黃之鋒變得「不再出眾」。

教授爸爸遇上學生領袖

2013年4月21日

“

黃之鋒看著戴耀廷，見到去年(2012)今日的自己。一介平民，看不過眼社會裡的不公義，不平則鳴，發聲後引起星火卻燎原，驚醒了大眾，燃亮了死氣沉沉的政治困局，繼而被傳媒追捧，平淡生活掀起翻天覆地的轉變。去年公民廣場上，黃之鋒為應付排山倒海的訪問而失聲，睡眠不足，極速消瘦。今日，戴耀廷也在努力適應鎂光燈生涯，瘦到雙下巴不見了，因缺睡長了一對眼袋。聽到之鋒談及一個社運領袖的「非人生活」，很有共鳴。

二人相同，豈止於此。坊間對兩人評價也相似：性格跟年齡不符。16歲的之鋒，在反國教一役，對梁振英伸出的手以鞠躬回應，對拍枱老師余綺華[1]不亢不

1 時任工聯會屬下的教育工作人員總工會副會長、小學老師余綺華與黃之鋒於城市論壇辯論國民教育科推行問題。期間黃質疑余擬參加快將舉行的立法會選舉，

卑，反映這孩子心智成熟如成年人。同樣，48歲的戴耀廷，一個前途大好的大學教授，竟涉足連政治人物也知道九死一生的普選議題，單純為了提升全民民主意識。接觸過戴耀廷的人也形容：有沒有成年人這麼天真？

年少老成的之鋒，面對教授一樣「無面畀」，詞鋒鋭利批評教授説18歲以下要「見家長」是家長式思維，漠視學生公民身份；善良如戴教授也不客氣，搬出《兒童權利公約》，指兒童定義包括18歲以下任何人，例如幼童，設限合乎法律和道德。戴澄清：「我沒説過『不准』，而是『不鼓勵』18歲以下參加公民抗命部份，佔中還有支援工作可做。若18歲以下學生要參加（公民抗命），至少家長要知情。若家長反對，學生繼續要去，我也阻不了。」

之鋒問，為何佔中的規矩，如18歲、40歲才可參加等説法，[2]莫衷一是？又追問為何佔中程序如此複雜，令人混亂？[3]之鋒認為，社運領袖需清楚與群眾溝通。戴解釋，他不想主導運動，希望淡化一種高高在上的領袖角色，培養公民主動權。之鋒卻認為，權力下放到底還需要掌舵人：「去年反國教，我也很抗拒做領袖。但回看，當歷史給了你這個位置，就要認真做好佢。」戴耀廷其中一個兒子，年紀和之鋒相若。聽到這句話，戴的表情像一個父親被兒子的話刺痛了一樣。

期望她交待。余情緒激動，指黃純粹猜測，期間其手掌一度高舉再放在桌上。黃之鋒看到後表示：「希望老師別拍枱鬧我。」現場觀眾氣氛高漲。

2 「讓愛與和平佔領中環」發起人戴耀廷是法律學者。他曾公開表示，由於公民抗命有可能違法，對18歲以下人士參加有保留，並希望子女得到家長理解才參加。他亦曾表示，中年人較成熟，並對香港有深厚感情，相信運動不少支持者會是有一定年紀的市民。

3 「佔中」自2013年初開始醞釀，以一年多的時間籌備，舉行過商討日、電子公投等活動，收集市民意見。文章見報之時，運動仍在最初階段，戴耀廷提及多個程序，黃之鋒作為社運界人士也感到混亂。

已是下午茶時間，兩人風塵僕僕到達快餐店。之鋒叫了洋葱圈凍咖啡；戴沒吃午餐，頻呼「肚餓」，點了漢堡薯條果汁，狼吞虎嚥。兩人並肩吃著，有一句沒一句，偶爾互窒，像對拗氣父子。黃說，佔中熱潮如此下去，估計年底戴會登上雜誌成為「風雲人物」，戴苦笑：「未到年底我已經死咗。」黃又「潤」了戴一句：「我覺得戴耀廷慘過我，因為他講錯說話和『中伏』次數比我多。」戴詐傻扮懵，扮向之鋒討教：「那你是我的前輩，要向你學習」，還擺出拜師手勢，黃沒提防：「大鑊啦，你是否讓記者拍照？」戴保持著拜師姿勢，確定攝記拍下，才得戚地咬他的漢堡。

熱身過後，之鋒認真地問，一萬人選的普選方案，如何代表全港？戴說，方案最後會以電子公投[4]讓全港市民投票，拿廣泛授權。黃眼珠一轉，發現電子公投要登記身份證號碼，他未有成人身份證，提高聲線問：「呀！我想起一件事，電子公投我無得投票，怎辦？」戴接招，想了一想說，公投可加入18歲以下組別，讓11歲或以上、擁有兒童身份證者也能參與，分析數據時分別列出。

之鋒坦言「學民思潮預備大打政改這場仗，就如反國教這樣打」，但看到上週日戴耀廷說，接受由全民「選出」提名委員會，則不贊同。之鋒指，學民傾向全民「變成」提名委員會，一人一票提名特首，他明白可能需要改基本法：「我覺得有時未必可以好簡單

---

4 基本法列明普選出來的特首是「一個有廣泛代表性的提名委員會按民主程序提名後普選產生的目標」，但何謂有「廣泛代表性」惹來爭議，內地官員認為應由商人、專業人士、工會、宗教及政治人士組成，候選人設人數限制，候選人亦要「愛國愛港」。民主派認為這是小圈子篩選，希望增加民眾加入提名委員會。和平佔中經過商討日等程序後，於2013年6月委託香港大學民意研究舉辦「6.22民間全民投票」，推出三個方案給民間投票，設實體票站及網上平台，最終79萬人投票，佔香港人口超過十分之一，但由於三方案均含有「公民提名」或「公民推薦」元素，被官方猛烈抨擊。

説，中央給我們甚麼plan，就跟住他的line逐個point去打。因為一開始你叫價太細，去到底線，個位幾嚴重吓。」

戴澄清，全民選提委的方案，是市民寄給他的建議，他認為原則上可接受，是「舉例言之」，非「他的方案」，亦非最終方案。因為最終方案須經商討日投票，不是由他說了算：「不能由一個人或政黨壟斷方案的制訂。不能先有方案，才叫大家參與佔中，這樣是上而下。」故此，學民也可以提方案，放在商討日公平競爭，但戴提醒，學民也要秉承民主精神，若選不上，學民也要「認數」。

之鋒再問，為何佔中只談2017年特首選舉，避談2020年立法會選舉？又問：「大家對佔中概念太不同，有人覺得是佔領馬路，有人又說不是佔領馬路，最緊要入獄，究竟係乜？」戴耀廷指，這些問題要由「集體決定」，方法是透過兩次商討日。戴解釋，6月會舉行第一次商討日（DDay1），邀請500至1,000名相關團體人士，以15人小組形式，討論「佔中要討論甚麼問題」，最多人覺得重要的問題便處理。第二次商討日（DDay2）會在DDay1之後幾個月舉行，到時社會已廣泛討論，DDay2再投票解答DDay1得出的問題。故此，佔中「應否爭取立法會」、「應否癱瘓交通」等問題會由集體商議。

黃之鋒以為，舉行商討日只為找普選方案，聽到連「佔中是甚麼」也要放在商討日研究，忍不住說：「社會運動這回事，不是程序1234567，大家覺得好亂，令人不想來參加。陳雲所說的『離地中產』，的確有這種感覺。」之鋒去年經歷公民廣場，知道社運工作令人疲於奔命，擔心執行問題：「感覺是佔中三人組的戴耀廷、陳健民、朱耀明三個在上面brainstorm好了，交由民間組織去執行，那是甚麼平起平坐？」

戴解釋，他不是「為程序而程序」，不是「離地」，是希望落實民主精神，因為爭取民主的過程，正正不能不民主：「要知道，跟不同人討論，你會發現你以為的共識不是共識」；「我們不接受（中央政府）決定，因其制度不公平，但若制度公平，出來的方案，我們就要接受。」他說，任何問題也可在DDay1提出，佔中三人組沒法主導。至於DDay1需要60名調解員，正和港大民研的鍾庭耀商討，有信心人手足夠。

近日普選論壇上，「愛港力」[5]等撐政府組織「熱情」參與，令人擔心DDay秩序。戴披露，DDay1只讓受邀請團體參加，但會另外搞公聽會，讓反對者表達意見，更會同一時間舉行十場，戴說：「他們有多少人？若（每場）只有三個人就沒法擾亂秩序。」

話題轉入18歲以下應否參加佔中。忙碌如戴耀廷，為今次對話預備充足，帶來黃之鋒4月2日於《明報》刊出的文章〈重回起點剖析佔中〉，並事先用熒光筆highlight重點，還預備了一份《兒童權利公約》，一副戰鬥格，像要回答老師提問的積極學生。

黃之鋒以親身經驗說，他創辦學民思潮時只有15歲，去年反國教「佔領」公民廣場，沒申請不反對通知書，屬非法集會，也是一種公民抗命。黃估計，佔領中環到最後參加者裡有一定人數是學生，那戴耀廷最初堅持不讓未夠18歲參加的規矩便沒意思。戴承認，到真正佔中現場的確沒法阻止未成年人士進場，但強調事前簽誓言書時，他有道德和法律責任不鼓勵未成年人士參加。兩人舌劍唇槍。

---

5 「愛護香港力量」是其中一個愛國組織，於公開場合常與非建制派人士激烈爭辯。後來傳媒人周融亦成立「保普選反佔中大聯盟」，舉行多個造勢活動反對佔中。

黃之鋒與戴耀廷對話（攝影：李澤彤）

黃：到最後，沒簽誓言書[6]的人也可入場，效力成疑。

戴：簽是有其意義。

黃：有意義，我buy信念囉、commitment囉，但不簽也可進來，最後整個場有一半是18歲以下會怎樣？不是很好笑嗎？

戴：他可進來，不代表不用做之前的程序。事實效果不是我希望的，和我不應要求一個理想安排是不同。就好像按交通燈過馬路的人不多，不等於要取消交通規則。

譚：黃之鋒，若你是戴耀廷，會否讓18歲以下簽誓言書？

黃：我會，戴教授説簽署儀式莊嚴，簽的人已足夠理解公民抗命是甚麼。

---

6 「誓言書」乃「讓愛與和平佔領中環」運動最初的程序，有意參加的人士簽署一份文件，公開示意自己的決心，並願意承擔罪責。

戴：如果有個10歲説要簽，我怎做？

黃：即係咁，10歲嘅人會否簽呢？我唔相信會簽啦。

戴：根據《兒童權利公約》，18歲以下不只包括你，還包括10歲。公約還有個原則，要以「符合兒童不同階段接受能力」指導兒童行使權利，你（黃之鋒佔中）當然可以，但10歲可以嗎？

黃：若有個母親抱著幼兒來，你怎辦？

戴：家長陪同下，負責的是家長。但一個孩子獨自來，責任就在我。關鍵是18歲以下，法律上很多決定不可做。不跟他家長談，可以做甚麼？

黃：學民思潮很多成員參加遊行，家人也不贊成，最後小朋友決定自己出來行，因為覺得有選擇權。

戴：我當然同意小朋友決定，可能我會倒轉幫他説服家長，把家長也拉出來（參加佔中）也不定。

黃：你一講「見家長」，大家就想到學校拿成績表。

戴：我是家長，自然站在這位置想，這是我的局限。

黃：如果你沒法避免學生參加，與其用程序不讓他參加，不如勸他三思而後行。我覺得應該任何年齡也可參加，讓他自己決定。

戴：我意思是，未去到中環現場那刻，當一個18歲以下的人説要參加，我在能力範圍裡，應否按《兒童權利公約》的精神處理？這不是所謂的家長式思維。[7]

---

7 2014年9月學生罷課，黃之鋒及學生領袖爬入公民廣場被捕，引發群眾到金鐘政府總部聲援。戴耀廷於28日凌晨1時許宣佈佔中正式啟動，唯不少市民離去，至當日下午警方封鎖進入該區的入口，引發市民佔領馬路，警方施放催淚彈，數以十萬計市民加入，以雨傘對抗警方的催淚彈和胡椒噴霧，成為其後79天的雨傘運動。戴耀廷最初構思的佔領方式無法實行。

爭辯既面紅耳赤，亦笑位連連。激動處，戴瞪大眼拚命指著公約條文給之鋒看。之鋒沒好氣，望著手裡已喝光的凍咖啡，把玩吸管，又啜著杯裡由冰塊融化而成的水，按捺不住要駁嘴：「大佬，上court咩？！」戴樂在其中：「教法律的，當然跟足規矩做。」黃反駁：「你搞這事(佔中)，都不跟規矩啦。」戴再反駁：「我們跟規矩，我們是『超越規矩』。」對於這位與他鬥嘴的小子，戴似乎頗賞識，忍不住問：「你想唔想讀law？」之鋒答：「唔想，亦讀唔來。」

黃之鋒建議，與其限制年輕人參加，不如籌備家長諮詢會，讓家長了解佔中。戴不反對，但強調誓言書除了有「公民抗命」選項，另設「合法支援」選項，希望未成年人以這形式參加。但之鋒說，學民思潮對佔中立場是若政府最終不接受民意，公民抗命是個可能。筆者反問，若學生留了案底，影響前途如何？之鋒說，首先認為當局不會拘捕所有人；其次，未成年和成年人一旦被拘捕，[8]前途也會受影響。

筆者提出，去年反國教，學民派出學生絕食，三名絕食者足18歲，如果學民思潮也怕被批評「利用未成年人」，卻反指佔中不准未成年人參加，有雙重標準之嫌。之鋒解釋，當時需要的絕食者人數不多，加上反國教時間緊迫，不想節外生枝，才安排成年學生進行。但他認為，佔中有充足時間討論，應開放給年輕人參加。筆者在此點多番追問，戴耀廷好言相勸：「你(筆者)和我加埋一百歲去挑戰一個十幾歲，是否不太好？」筆者即時自辯：「我把之鋒視為

8 雨傘運動後，近千名市民被捕。至2019年中，200餘名被捕者進入司法程序，80餘人被囚，包括黃之鋒。戴耀廷教授、陳健民教授、朱耀明牧師及另外六人被控煽惑他人作公眾妨擾等罪名。2019年4月下旬，戴耀廷及陳健民被判處16個月監禁，朱耀明獲緩刑2年，邵家臻及黃浩銘則入獄8個月。

成年人來提問。」之鋒形容，筆者的說話要比戴耀廷的說話順耳得多，希望戴耀廷能明白年輕人，「調整一下心態」。

之鋒指，戴耀廷令人感混淆的言論，還有「40歲才准參加佔中」。戴申冤，他不是「不准」40歲以下人士參加，只是預計40歲以上不會踴躍，才「鼓勵」中年人參加。之鋒覺得，戴在傳媒發言上可以做得更好：「大家覺得你作為一個意見領袖，為何成日轉立場，模稜兩可。」

戴解釋，自己不是「轉立場」，而是跟不同人討論後，吸收意見做修訂，承認運動發展得太快。戴亦強調，重視佔中過程對公民意識的開拓，故有意把自己的「領袖」角色淡化：「過程裡我做回自己，而不是運動成功，我做不了自己……我認為，運動成功是參與者要對民主更有認識，不單只是爭取了民主制度。」戴指，自己身份是facilitator，不想做領袖，亦強調最終對普選方案有權否決的，是立法會拿著票的議員。

之鋒說：「中央不怕議員，他驚你(戴耀廷)之嘛……事實是，現在政治環境是我和你的感染力，未必是一些所謂泛民大佬有的。」[9]之鋒更以自己為例，指反國教時也強調想做「推動者」，不想做領袖，但發現無論社運如何強調公民參與，如何重視由下而上，到真正運作，領袖還是要下很多決定：「去年很多人捧我做英雄，說『香港靠晒你』，我一聽到就想死。但又覺得，既然大家這麼欣賞你，更加要運用你的身份地位能力貢獻多點。」

9 黃之鋒在雨傘運動後兩年，於2016年創辦政黨「香港眾志」，派出羅冠聰參加立法會直選並勝出，然而羅於宣誓後被取消議員資格，眾志其他成員亦因支持「香港前途自決」的立場，在其後的選舉未能獲准參選。坊間有一說法，黃之鋒及其盟友已經被禁絕於香港的選舉。

之鋒語重心長：「當歷史賦予了你這個位置，你就要珍惜，認真做好佢。你想低調，想淡化自己，但我經驗是做了這個位就要揹起責任，逃不掉。」戴像個受傷的孩子，思索半晌，幽幽道：「係一個好唔想做的角色，好抗拒的角色。」之鋒安慰：「我一開始也不想，慢慢會習慣。」

佔中對話系列至此，到了最後一集。[10] 事實上，對話名單裡一直有黃之鋒，是戴耀廷刻意將年輕的之鋒放在最後，讓系列以薪火相傳的意味作結。有趣的是，對話後我們發現，施和受的角色似乎互換了。筆者提起今集原意是「薪火相傳」，戴半開玩笑對之鋒說：「想不到，掉轉頭是你『傳』番畀我。」之鋒鼓勵道：「加油！『傳』咗畀你，有排捱呀。」一套公平的制度，不應該有一錘定音的「阿爺」、唯我獨尊的「教父」、永遠話事的「大佬」；就是父子之間，也可以平等對話。不講究論資排輩，誰有理就可以服人，才是民主精神的體現。

10 本文來自「佔領中環對談系列」，該系列共13章，戴耀廷與不同人士討論佔中運動，對話對象包括陳健民及朱耀明，二人後來成為和平佔中發起人，坊間稱為「佔中三子」。此系列為關於和平佔中最早的詳盡報導，獲得由國際特赦組織香港分會、香港外國記者會及香港記者協會聯合舉辦的2013年第十八屆人權新聞獎「中文特寫優異獎」。

獄中最侮辱的時刻

2017年11月5日

黃之鋒在公開大學報讀了一科Crime Control and Punishment，9月未開課就入獄，親身實地考察——他在監獄飯堂吃飯時，六人一張枱，囚友談的是誰的下體鑲了珠子[1]以增加性交樂趣，誰去哪裡嫖妓，誰跟哪個大佬，誰收錢用鎅刀割破立法會候選人的橫額。

他婉拒了囚友介紹他去「鑲珠」的邀請，也對他們自製的寫真集不感興趣，反而把懲教署派發的「犯人須知」小冊子讀完：「入獄第一個星期我以不變應萬變，他們叫我做甚麼就做甚麼，第三到四個星期就構想，究竟青少年犯議題可以怎樣跟進。」

---

1 把鋼珠鑲在男性下體表皮裡，進行此小型手術的人相信可增強性生活樂趣。香港監獄中男囚犯的「傳統」，會把可以取得的材料如玻璃樽底部磨成小珠，再用磨尖的牙刷當作「手術刀」，在獄中私下進行此程序，以煙仔作酬勞。但有過來人及醫生指鑲珠不會增加性樂趣，亦有健康風險。

他好像把香港眾志[2]的街站搬進了監獄。少年犯討厭頭髮被剷青，他把囚友意願向長官反映。黃之鋒的毛氈摺得不好被警告，他認為懲罰標準不一於是投訴，此前監獄少有投訴證實成立：「關鍵不是投訴甚麼，而是投訴後他們的反應，讓我知道囚友若投訴會得到怎樣的待遇。」

面對黃之鋒這個「麻煩友」，監獄主管軟硬兼施。官階甚高的大sir每兩星期找他談話一次，他在少年監房最後兩週被獨自囚禁，該監倉是同一條走廊十幾個倉唯一可被閉路電視拍攝到的，旁邊囚室犯人也被調走：「他們全天候監視著我。雖然長官不斷說，這裡一視同仁，但若他們真是用對待一般囚犯的待遇對我，就會出事。」

一視同仁的待遇，就發生在他21歲生日之後不久、坐監第61日那天。黃之鋒沒想過，從出名嚴厲的壁屋調到出名寬鬆的東頭，搜身後被告知需要光著身子、蹲在地上仰頭回答長官問題三分鐘：「其他囚友都說有同樣經歷，他們說，光著身子踎在地上像一條狗，感到沒尊嚴。」他說69日牢獄，這三分鐘感到最侮辱。

根據香港法例第234A章《監獄規則》第9條：「搜查囚犯須在適當顧及體統及自尊下進行……以盡量得體的方式進行。」黃之鋒強調，他不是第一次搜身，明白基於防止犯人身上藏毒，需要脫光衣物。之前他在警局和壁屋少年監獄也曾被搜身，過程一至兩

2 2016年3月，黃之鋒宣佈反對德育及國民教育科而創立的中學生社運團體「學民思潮」停止運作，4月與盟友成立政黨「香港眾志」，黃為秘書長，並派出成員參加同年9月立法會選舉，選舉前會擺街站收集市民意見。

分鐘，但搜身後會獲准穿回衣物才問話。

事發於約三週前（10月16日中午），黃之鋒因為滿21歲而從壁屋少年監獄調到東頭成人監獄，按例行程序，入獄前須搜身。當時他被帶到保安搜查室，現場有保安組三名職員：「搜完身後職員指示我，不准穿回衣服，叫我踎低回答問題。有一刻我想站起來，職員又要求我踎低。大約問了十條問題，都是圍繞三合會背景和是否有吸毒，就這樣，我全身唔著衫唔著底褲踎喺度岳高個頭答問題，答咗三分鐘。」

黃之鋒回憶時，語氣倔強又幽默：「我當時諗，哼，踎不踎好呢？好，踎咗先。踎緊嗰陣佢問我做甚麼職業，我答，議員助理；佢問我有無三合會背景，我話無；有無政黨背景？我照答。這份表格是問關於社團背景，我見到喺備註一欄佢寫咗『香港眾志』（苦笑）。」

黃之鋒有即場詢問，為何要光著身子蹲下來答問題：「個沙展答我：這裡是用『踎廁』，看你蹲下來有沒有困難。」黃之鋒覺得答案不合理，稍後向更高層再問，對方只含糊表示基於保安理由，黃說：「我也同意要除衫搜身，我也同意要問資料，問題是否需要不穿衣服踎喺度？」他發現其他東頭囚犯有同樣經歷。黃說：「有一個五六十歲的囚友說，也覺得脱光衣服踎很有問題，佢話：『覺得自己成隻狗咁，人係有尊嚴㗎，坐監都要講尊嚴呀！』」發生這件事的東頭懲教所是全港首間禁煙監獄，專囚禁刑期短、罪名輕的犯人，以「模範監獄」見稱。黃之鋒說，撇開這件事，東頭總的來說待遇較寬鬆，「好捱一點」，沒壁屋般嚴厲。

黃之鋒一輪嘴回憶道，囚禁少年犯的壁屋有很多「不成文規矩」：「向長官說話要仰高頭45度角，職員未開口訓話已經用手指撩起我下巴，指示我要望高一點」；「任何時候都不可以講no sir，只能講sorry sir，因為講no代表我哋可以『說不』」;「『報牌仔』就是拿著犯人證讀出自己名字和編號，由於要遷就坐著的長官，我們要紮馬讓自己矮一點，視線才不會高於阿sir。」[3]

黃之鋒饞嘴，離開監獄，臉書貼滿美食照，有串燒、加了芝士的公仔麵、媽媽的手沖奶茶。這天他約記者去大排檔，檔主大叔一見他就笑，親切地拍他的肩：「鋒仔！」黃之鋒靦腆回應，點了招牌炒飯和凍奶茶。食物一上枱，之鋒眼睛發亮：「這裡最好食係炒飯，加了魚乾，夠入味。」但全程只吃了半碟，他手上還拿著一支喝完的「午後之紅茶」。這麼愛吃，坐牢不苦？之鋒說，69日沒有為食物難過：「我食量不大，一定夠飽，想食就等到出來先食。」嗜奶茶的他說，壁屋的茶沒有人會喝，因為兩星期才更換一次茶包，味道奇怪，兩個月來他只飲清水解渴：「唯一有味道的飲料，就是食飯有個橙，啜個橙入面啲汁。」回憶起那個橙，之鋒語氣裡竟有點小確幸。

「監獄資訊原來很精彩」

吃不飽，穿不暖，黃之鋒沒擔心過，這個腦袋不能停的青年，最擔心是監獄資訊少，令敏銳的思想呆滯。幸好，有心人在外面印了幾百頁臉書寄給他，剪報如雪片湧進。[4]職員拆信拆到手軟，來探

---

3 「牌仔」是指有照片的在囚人士身份證，在少年監獄中，有「報牌仔」的做法，一般作為點名、訓練紀律之用。

4 親友或市民可以寄信給在囚人士，只能以A4空白信紙上附加文字，並在每頁寫上囚犯編號。懲教署人員檢查後，只會將信紙轉交囚犯。

在茶檔訪問出獄後的黃之鋒(攝影：李紹昌)

監的牧師議員不絕。[5]而不同職級的懲教人員輪流找黃之鋒談話，囚友看見黃之鋒久不久又被長官召見，揶揄他：「黃之鋒又去涼冷氣。」

「漸漸我發覺，監獄的資訊原來很精彩。無論跟囚友談話、跟職員傾偈，都很有趣。我每日就想，少年犯這個議題可以點跟進？就像在外面搞社運一樣。」

黃之鋒最初不是想「搞事」，只是他不小心刺激了這個系統。入獄一個星期後，他那幅寫滿錯字的手繪「監倉平面圖」在網上被

5 在囚人士每月只可兩次接受親友探訪，但議員、牧師及神父的探監次數不受限制。

公開，[6]黃形容事件令懲教署「大為震驚」，原來因保安原因，平面圖不能流出。黃之鋒被職員告誡。

第三個星期，他的毛氈摺疊不整齊，早上例行檢查時，黃之鋒說被職員斥責：「__你老母__你__唔__識摺呀？」之鋒說，其他囚友也因毛氈同時被罵，唯獨他接到警告信。他認為不公平，把事件寫在信中欲寄給朋友，但由於信裡引述了職員那句粗口，被獄方以信件載有「淫褻」內容為由而阻截該信寄出（《監獄規則》第47A條5e）。

「這句說話是你們職員自己講出口，卻禁止我引述？」其後署方派了「投訴調查組」人員來問他要不要投訴，黃決定投訴，內容指署方對他摺氈的懲罰準則不一。黃承認本來也不想投訴，但既然對方派了人來，他也不好退縮。投訴後，有人勸喻他取消投訴，以免影響相關人員仕途。[7]據懲教署年報，2014至2016年「投訴調查組」正式展開調查的個案每年約一百宗，經調查證明屬實的，三年來只有三宗。之鋒說：「我投訴後的遭遇，讓我明白一般囚犯作投訴會面對甚麼境況。」

到了第四至五個星期，囚友開始向黃之鋒反映「民意」，不滿頭髮被剪得過短，[8]他於是向監獄主管反映意見，希望把頭髮長度由6 mm增長到1 cm，之鋒形容此舉再次令署方「大為震驚」。即使早

6 黃之鋒把自己手畫的囚室平面圖寄給親友，錯字處處，被傳媒公開。

7 黃之鋒正式投訴遭懲教職員以粗言穢語辱罵，於2018年中獲回覆投訴不成立，署方指「無法證實」。黃之鋒再向上訴委員會正式提出上訴，但上訴於2019年1月被署方駁回。

8 《監獄規則》第34條：「每名囚犯均須服從就洗滌、洗澡、剃鬚及剪髮事宜而不時訂明的指示。」但真實生活裡，成年男囚犯的髮型長度往往比少年犯的較寬鬆。

前梁國雄為男囚犯髮型司法覆核成功，由於懲教署決定上訴，[9]因友還是要按指示剪髮。黃之鋒翻查法例，指出《監獄規則》第34條只註明剪髮是關乎清潔，沒註明長度；他與長官爭拗，卻被告知此規矩不會改變。

雖然未能「成功爭取」，但他覺得值得做，還以議員做社區工作邏輯解釋：「爭取不到也可以寫到入『工作報告』[10]嘛，讓其他囚犯知道我有試過，讓大家感到被充權。」不過，事後職員翻查閉路電視，曾經和黃之鋒談話的十數個犯人逐一被帶去問話，此後部份人不敢再接觸黃之鋒。「13 + 3」政治犯[11]之中，只有黃之鋒被判入少年監獄：「今次坐得好有意義，他日我要跟進少年犯議題，說服力強好多。原來監獄不比外面沉悶，局勢時刻轉變，每天像在鬥智鬥力，interesting，正！」

之鋒說，少年犯之間話題無聊，常提及性。由於監倉嚴禁淫褻不雅書籍，囚犯會用報紙的性感女郎圖片自製寫真集，俗稱「night勝」，是因為監獄手淫叫「落night」，書音近「輸」故改稱「勝」。「少年犯最愛看的電視節目，就是J2台週日早上播的K-Pop，因為可以看韓妹。我說，韓妹的臉蛋都一樣。他們窒我，反問我坐幾耐？這個少年犯說：『我坐五年，點頂呀！』」黃之鋒才醒悟，大部份少年

---

9 2018年5月，懲教署上訴得直。上訴庭指基於傳統社會外觀標準而定，懲教署讓男女囚犯的髮型差別待遇，並沒有對男囚犯做成較不利對待，不構成歧視。

10 香港民選議員有習慣定期製作「工作報告」，向選民交待自己的政績。

11 「13 + 3」是指兩次社會運動被同期判囚的人士。「13」是指反對新界東北發展、衝擊立法會而被捕的13名社運人士，包括社民連副主席黃浩銘、香港眾志主席林朗彥、何潔泓等；「3」是指在雨傘運動前夕爬入公民廣場而被捕的三名學生領袖，包括黃之鋒、羅冠聰及周永康。

犯都是坐四至五年，自己刑期算短：「判刑之前，我在集會上還向支持者說：『明年見！』判後發覺，原來年底之前就出到來，聖誕都有得過，頂！講大咗嗱……」看到他那個「我真樣衰」的表情，我和攝記都忍不住笑了出來。

話題回到8月17日黃之鋒判刑後，囚車從法院緩緩駛出，過百攝影記者一擁而上，攝記要捕捉歷史一刻固然辛苦，原來車內人也嚇一跳：「我在囚車裡一出來，嘩！咁大陣仗，一道強光籠罩著我30秒，閃光燈不是一下下『閃』而是連續發光，我差不多盲眼。鏡頭不斷撞向車窗鐵絲網發出『澎澎聲』，我感到車身搖晃，還以為快要反車。我知道你們（指著攝記）要影我，唯有撐大眼，望不同方向畀你哋影。」囚犯罕有吐苦水，攝記條氣順番晒，兩人相視而笑。

監獄一句話「只有三分一聽得懂」

之鋒再說，原來《明報・星期日生活》也有跟他在獄中邂逅。話說壁屋會提供幾份公家報紙，[12] 其中一份是《明報》，經常「神秘失蹤」，估計有不少人拿來看。之鋒說，在獄中讀到10月8日周保松的文章，內裡提及他去探望新界東北案的周豁然，周豁然投訴說監倉裡電視聲吵耳，之鋒有點不好意思：「我卻在監獄裡面追看TVB電視劇《表哥畢業喇》、《使徒行者2》、《同盟》，其實okay好睇，鮑起靜我都接受到，是不是很厲害？」之鋒低聲問：「坐監睇電視，時間會過得快一點嘛……我睇TVB好膚淺呀呵？」訪問時，之鋒的話

12 監獄提供數份公家報紙給囚友輪流免費借閱，囚友亦可訂閱只供自己閱讀的報紙。

夾雜了監獄術語：「擺門」(做樣子)、「落山」(出獄)、「大棚」(大型監倉)，他解釋：「監獄中人一句話裡，三分之一是術語，三分之一是粗口，只有餘下三分之一我聽得懂，我花了一個月才開始聽明白。」

黃之鋒也在壁屋遇上有少年犯向他承認收過錢，搗亂雨傘運動：「囚友不太明白政治理念，外面很多人都覺得囚犯被打是應該的，但為何外面的人都關心他們？因為這個世界有樣嘢叫人權。那套講少年犯的電影《同囚》[13]出咗，加上傳媒和議員跟進，囚友說待遇改善了，發聲是有用的。」

對於懲教職員，之鋒分析也不忘自嘲：「同樣是紀律部隊，警察會有多點使命感，想懲惡懲奸，會想拉晒我們這班政治犯(笑)。但懲教職員不少人因為這份工危險較少而去做，再加上監獄環境封閉，心理狀態較獨特。」

「很多前線職員是中年男性，在家庭受了氣不被認同，回到青少年監獄對住我們這班嚫仔就有一種滿足感。不少職員跟我訴苦，說家裡子女也不肯聽話做家務，這裡他一聲令下，我們就斟茶遞水洗廁所。即使再低級的懲教職員在囚犯面前經過，我們都要高聲奉承『乜哥物哥』(之鋒嘀咕：「唉，我都有嗌，唔嗌好麻煩……」)，他們就會有一種莫名的自豪感。」

今年(2017)6月中，一班議員巡視壁屋，當日接受懲教署職員敬禮的，包括後來成為階下囚的被DQ議員羅冠聰。[14] 有犯人向黃

---

13 《同囚》為2017年5月於香港上畫的電影，內容談及少年犯在獄中遭不人道待遇，引起社會及傳媒關注。

14 香港眾志於2016年9月立法會選舉中派出羅冠聰參選，羅以5萬餘票於港島區勝出。他於10月12立法會大會上宣誓時，提高誓詞中「中華人民共

之鋒提及早前見過羅冠聰來巡倉，之鋒這樣說：「係呀，他當日來巡視，現在到我入來做田野考察囉。」

之鋒說，入了壁屋兩個月，署方搞了一個「家長日」活動，接待少年犯家長來參觀。活動上，少年犯要公開向父母懺悔，又安排一個環節，讓子女奉茶以謝親恩（說到這裡，之鋒反了一反眼）。正當其他少年犯訴說以前運毒、以後改過自新的感人故事，之鋒把現場變成「大台」：「當日是我入獄後第一次拿著咪高峰，我當眾說了一句：『終有一日我會用另一個身份（立法會議員）入番呢度！』」[15] 職員臉色一沉，之鋒媽媽笑著把這杯在監獄裡極罕的新鮮沖泡熱茶讓給兒子喝。說起這一幕，之鋒眼睛閃亮，嘴角泛起招牌招積笑容，總結還是那句口頭禪：「正！」

和國」的「國」字的聲調，當時被裁定宣誓有效。然而11月5日，全國人大常委會為基本法第104條釋法，指出公職人員宣誓必須擁護基本法及效忠中華人民共和國。2017年7月，因人大釋法而法庭為司法覆核作出裁決，宣佈取消羅冠聰及另外幾位議員資格，法官指羅宣誓時沒表現出擁護國家的意圖。坊間簡稱此為「DQ事件」，即英語「取消資格」(disqualified)的簡稱。羅亦於2017年夏天因雨傘運動衝擊公民廣場案而變成在囚人士。

15 訪問刊出後，黃之鋒所屬政黨「香港眾志」曾派出成員周庭於2018年初參與因羅冠聰被取消資格而出缺的議席補選。遞交參選表格後，選舉主任以周庭所屬政黨曾支持「民主自決」立場，故此顯示周庭沒真心真誠擁護基本法及效忠香港特區，而取消其參選資格。坊間認為，「香港眾志」所有成員短期內均難以再參加香港的選舉。

補白

第三次訪問黃之鋒，發覺他説話沒以前那麼快，但約了記者的他依然遲到，不過今次遲到只有半小時，期間還保持聯絡，現身時還有say sorry，有進步了。

公民廣場案，黃之鋒等人原被判80小時社會服務令，律政司其後覆核刑期，上訴庭改判黃入獄半年，此訪問期間，黃在保釋中。至2018年2月上訴至終審法院得直，法官撤銷上訴庭的監禁判決，恢復原審裁決，黃不需要再為此案坐牢。

不過，黃之鋒於2014年佔領行動期間，與其他人士阻礙執達主任清理旺角佔領現場，律政司對黃之鋒等多名示威者控以「刑事藐視法庭罪」。黃認罪後，2018年初被高院判監三個月；黃後來提出上訴並獲准保釋，至2019年5月改判兩個月，再度入獄。

就「剝光豬」事件，黃之鋒於2018年1月初向懲教署投訴調查組正式投訴於東頭懲教所被要求脱衣蹲下回答問題。懲教署於6月去信回覆指，當日負責進行搜查的職員否認事件，而且沒相關指引，故認為黃的指控「無事實根據」。黃其後入稟小額錢債審裁處提出索償，於2019年1月中開庭，希望能在庭內公開盤問懲教署職員，並取得相關人士口供，但審裁官於2月底裁決指控不成立。

後記

不少相熟記者向我投訴：「黃之鋒沒有禮貌。」他們覺得黃之鋒目中無人，說話急促，在國際上有了名氣，所以待人接物不細心。聽到這些話，我理解記者們的感受，但又想告訴他們，黃之鋒不是故意顯得沒禮貌的。

接觸他七年來，一開始我已經留意到，即使他身處輕鬆的環境，例如安坐家中，說話時的眼神頗特別，他不會直接望著與他對話的人的眼睛。當我嘗試捉緊他飄移的視線，他會不由自主地閃躲，我相信這個小動作他自己也沒有意識。這種情況，以單對單對話特別明顯。

這可以解釋，為甚麼一般人察覺不到他這個特點。每當他身處人多的公眾場合，例如站台向群眾致辭，他不需要把眼神鎖定在任何一個人身上，他便會脫胎換骨，鏗鏘地演說，在萬人聚集的場合顯得神采飛揚，魅力四射。人越多，他的演說能量越激昂，我親眼見證過。

相反，當人數越少、私密度越高，黃之鋒就顯得有點不自然，甚至可以說是有一種社交障礙。在公眾場合，若有市民跟他搭訕，他好像不懂得與陌生人談天，他會走神，身體不由自主搖晃，好像要挖個洞把自己藏起來。

我知道，當我告訴你黃之鋒是一個怕羞的人，沒有人會信。一般人會以為，一個敢於挑戰權貴、在大街上高談闊論的小子，必定是社交能手。我們偏見地以為。

觀察一個人，必須從最微小處開始，例如黃之鋒不會直接望著別人的眼神。

更重要的是，有人以為黃之鋒不常正眼望別人，所以他沒禮貌。我想強調，「不正眼望著人」是一個不容否認、可以用肉眼觀察的客觀事實，至於為何他有這個習慣，則需要記者抽絲剝繭、細心解構。

不少採訪者太容易把自己的價值加諸於這些觀察，瞥見受訪者一些表面看起來似乎較負面的行事習慣，就不敢寫進文章裡。我不認同。我認為採訪者必須打開心窗，擁抱採訪對象的任何真實面向，這是對受訪者的尊重，也是新聞特寫重視人性的採訪精神。

後來，黃之鋒因為爬入公民廣場而坐牢，此後一張由他手繪的監倉平面圖流傳到媒體手中。平面圖裡含有不少錯別字，「廁所」寫成「次所」，「硬板床」變「硬版床」，「儲物箱」變「儲物廂」，他的中文水平被猛烈抨擊。然而，批評者未必了解黃之鋒為甚麼會寫錯。

在他15歲的時候，我們第一次訪問他。黃母透露，黃之鋒小時有特殊學習需要，童年時被發現有大小肌肉不協調、讀寫障礙、視覺追蹤等問題，這些障礙令他學業成績平平。而那張監獄平面圖，當然是出自之鋒之手，錯字連篇是因為學習障礙使然。

雖然他有讀寫障礙，但黃之鋒卻有另一些天賦，思路和口才十分敏捷。訪問他會令記者感到困惑，他説話語速極快，連珠炮發，我經常覺得他的腦部運轉速度太快，嘴巴好像要追著大腦似的。之鋒思路跳躍，若記者不夠清醒，隨時被他那飄忽的論點帶到離題萬丈。普通人語速是一秒四個字，他一秒已經説了八個字。採訪他，對記者也是一種折磨。

21歲的少年，領導多次大型社運，建立政黨派戰友出選立法會，候選人勝出卻被取消資格，他自己也因為抗爭而入獄，連番打擊，不少人已經頹喪灰心，但之鋒仍然活潑像當初。有人形容之鋒坐牢時期相對較短，他似乎能夠承受：「佢坐完監好像沒有甚麼不適應，出來還是像從前一樣。」

或者說，成年人擔心之鋒太年輕承受不了，是一場美麗的誤會。之鋒因為天生有特殊學習需要，他對世界的感受方式和思考框架與一般人不同。別人覺得難受的事物他毫不動容，由於他有一種鈍感力，在巨大壓力下他可以腦袋像按了一個掣而變成另一個狀態，保護他不至於情緒崩潰。當然，這種性格也容易惹人誤會，令人覺得他「玩玩吓」、「不夠認真」，甚至令戰友覺得難以捉摸。

因為他成長的「障礙」，讓他受不了沉悶，他喜歡冇時停，坐下來也忍不住周身郁。他喜歡新奇刺激的事物，嚮往新挑戰和難關，這個世界讓他最納悶的就是一成不變、缺乏新鮮的課題。所以，凡人對於坐牢會意志消沉，他只要找到有趣點，支撐他捱下去，即使是吃不飽穿不暖，也能暫時承受。

2012年9月，我在反國教運動之後訪問他，之鋒頑皮地調侃筆者是Auntie Vivian。他在訪問裡打了個比喻，說一邊上學一邊搞社運，就像漫畫英雄Spiderman，上學時做一個正常孩子，下課就變身搞社運。說到這裡他語氣雀躍，眼神閃出光芒。

有人說黃之鋒是有機心的政客，我反而覺得，就算他已經二十多歲，卻因為他獨特的身心狀況，讓他一直活在自己的世界裡，始終能夠懷著一顆童心，這種心態反而成為了一張保護網，讓他可以孩子氣地把抗爭變成歷險，如同在電玩世界裡打怪獸，過關斬將，迎接一次又一次冒險的旅程。

7 出走筆記

跟法國男到越南山區過「簡單生活」

2015年3月15日

前言

每篇特寫文章，都反映了一個特定時空。這篇講越南山區「簡單生活」的遊記，寫於2015年初，距離香港一場大型社會運動落幕後不久。即使我只是旁觀者，都感到頹喪、疲累、乏力。

其後，吵吵鬧鬧的口水戰、非敵即友的謾罵，佔據了新聞版面日常，讀者開始迴避政治新聞消息，連採訪這些新聞的記者自己也感到煩厭。

作為一個自由撰稿人，我想繼續紀錄，但卻沒法子從香港紛亂的政治爭拗裡找到意思。我上網隨便搜查，找到了越南北部山區，從旅遊網站看到Olivier那間殘舊簡陋的木屋，看到翠綠梯田和雲海，更被Olivier小兒子的可愛甜笑融化了（須知道我對城市孩子的好感是零，但這個長在山野的孩子又好像有點不同）。

在法國出生的男人，可以在越南山區找到理想生活；我這個在香港感到有點窒息的女記者，避走山區，呼吸一下新鮮空氣，不知道又會找到甚麼啟示？於是，我揹起多年沒用的60公升背囊，開展這趟歷奇之旅。

如果Olivier Tisserant沒離開法國，他或許會是個「毒男」。[1] 在法國東北小鎮La Voivre長大，大學主修網頁設計，在網絡上找他很容易，Facebook、Google+、Linkedln也有其蹤跡；加上性格害羞，說話陰聲細氣，藍色眼珠不直視你，頗有「毒男」氣質。

然而他卻選了一條「脫毒」之路，畢業後到亞洲旅行，被越南北部Sapa的梯田美景迷倒了，留下來做導遊，學懂了當地話，更與一名少數族裔婦女結婚，誕下混血兒子。只有29歲，這個法國爸爸近年在當地深山建了一間民宿，以太太名字作招徠：Chez XiQuan（來住在XiQuan家的意思）。我從河內坐了十小時車，行了四小時山，終於到達他家門。

為了這趟深山之旅，我鍛煉了體能幾個月，有過來人溫馨提示：「有人喺嗰度行山行到受傷」、「那邊常下雨，路很爛呢」，好彩到埗後天公造美，總算能應付路程。反而是在Olivier家生活了三天，在物質條件簡約環境下，我不斷反思：一個來自先進國家的男子，為何甘願在山區過簡樸生活？

1 或稱geek，迷戀電腦、孤僻、不擅社交的男性統稱。

Olivier Tisserant的房子約千呎，處於山腰，即使開電單車入山，最後一段路還要走一小時。房子由木板和竹片搭成，水泥地板，煮飯要斬柴，喝的是山水。他買了個小型發電機，利用河流動力提供些微電力，僅夠支撐燈泡和手機叉電，但電壓太低，連風筒也用不了。剛到埗的晚上，他們給我燒水沖涼，用柴煲滾鑊裡20公升水加30種草藥（這種草藥浴是當地風俗，給產子婦女進補，是現成旅遊活動）。搞了一小時，期間煙燻滿屋，大人細路嗆得流淚，我這個城市人有點內疚，不禁問：「山區人多久浸浴一次？」答案是：「一年可能一兩次，其餘時間只用水抹身。」

當水煲滾，我正準備泡浴，Olivier突然指著天空說：「我聽到聲音，風暴要快來了。」我愕然，這人不是電腦專家嗎？他剛才說的話像漁民，單憑耳聽已可預測天氣；果然十分鐘後，當我蹲在廁所的巨型木筒裡，就聽到外面像哭號的風嘯。這個「狂風中的spa」簡直畢生難忘。

黃昏後，太太XiQuan回來了。XiQuan有「廣氏女兒」的意思，今年35歲，是紅瑤族人。紅瑤族原居中國，[2] 幾百年前部份人南遷東南亞。XiQuan說，族人都有中文名，她讓我看銀手鐲裡刻著的名字：「廣李大妹Ly Ta May Quan」，但她卻不懂讀寫，只有少數男性學中文，文化主要靠口傳，少作筆錄。

十多年之前，XiQuan與第一任同族丈夫生了三個孩子，丈夫去世後遇上Olivier。筆者問Olivier如何認識太太，Olivier害羞地說，在山區做導遊時遇上四處賣刺繡的XiQuan，當時XiQuan已懂說一點英語（這裡少數族裔婦為掙外快，會推銷紀念品或任嚮導，

2 中國廣西桂林仍有紅瑤族聚居。

練得簡單英語)。Olivier後來學懂了太太的母語。一家人對話，時而法文，時而紅瑤話，時而越南話，三語並用。

傳統民族服 vs. North Face

Olivier不是山區唯一的外國人丈夫。十九世紀初，法國殖民者把Sapa開發作避暑勝地，至1950年代越共抗殖，法國人離開山區；廿年前越南改革開放，遊客湧入。山區婦接觸遊客期間學懂英語，較易與遊客結緣，有來自挪威、日本的男遊客後來做埋山區新郎。

XiQuan像山區大部份婦女，愛穿色彩繽紛的民族服，胸前掛銀飾，頭戴紅帽子。這也是Sapa吸引遊客的賣點。我最初到埗，看到婦女穿著民族服四處推銷手工藝，有點反感，以為是為吸引遊客的「販賣風情」之舉，後來才知道誤會了；即使平日在家，婦女們都會作傳統打扮。

55歲、Olivier的外母Vang Tio May自豪地展示一雙染紅了的手掌給我看。山區的婦女，不論老嫩，手掌都因漂布而染上紅、黃或藍色。外母解釋，每套民族服要用一年時間手製：「我們覺得穿傳統服裝既漂亮，又可識別不同的族裔，若只穿越南服(城市人便服)就變成越南人了。」男人呢，愈來愈少人穿傳統服了。Olivier早年也有穿傳統服，後來覺得在山區走動易弄污衣服，覺得North Face「襟著」得多(越南有North Face工廠，真假North Face充斥市面)。

洗澡後，我坐在客廳(所謂客廳是矮木桌和一堆膠椅，旁邊是灶頭)看他們一家預備晚飯。昏黃燈泡下，父親、母親、女兒們各自忙碌，有人預備柴火，有人負責炒餸，有人負責餵禽畜。我見過豬若吃不飽，會群起撞門(我這個城市人未見過這麼「孔武有力」的

法國人Olivier（右一）在越南的家

豬，嚇得我)。二歲半的兒子頑皮地偷吃餸菜，貓咪爬上主人的膝頭求吃的。一家五口，三扒兩撥，一桌菜便預備好。我不想濫情，但這畫面太溫馨，這種一家人夾手夾腳做飯的默契，是城市家庭沒有的親密關係。

法國爸爸特意造了French fries，薯仔是自家產，炸好後，加上爺爺嫲嫲早前從法國帶過來的海鹽調味。我一直好奇，兒子在亞洲娶了個山區婦女，法國老爺奶奶點睇？Olivier淡然説，父母都接受：「我父母愛來越南爬山，更常來探望孫兒，我也曾偕太太和兒子回法國探親。」他説，妻子去法國時穿上民族服，法國人都覺得

「亞洲人穿民族服頗正常」，沒大驚小怪。反而他的故事成為法國一張地區報的新聞，當地記者形容，這個「法國鄉下仔」搬去亞洲深山做隱士是一項「壯舉」。[3] 開飯前，Olivier深明亞洲文化，囑咐小兒子「嗌人食飯」，孩子不情願地對我這位Madame叫了聲："Bon Appétit!"

待客的餸菜比平常豐富。這晚桌上除了薯條，還有炒梅菜、臘肉炒沙葛、炸素春卷，配自家種米飯。山區少數民族的主糧白米都是產自梯田，來自資本主義社會的我忍不住問：「米會賣嗎？」問了出口才知道買賣不是必然的。原來米田雖然幅員廣大，但產量僅夠家人吃，因為山區天氣冷，一年只有一造米，不及南方可以兩至三造。他們的耕種方法原始，不少人仍用水牛犁地。Olivier說，以前太太主力耕田，他和年長的孩子也會幫手，現在民宿生意不錯，他們轉而僱人代勞。

我承認自己對衛生有點「潔癖」，但在山區幾天，放下了戒心。我們喝的水是煲滾了的山水，但裝在透明水瓶裡還是看到不明浮游物，一次喝茶杯裡冒出一條不知誰的頭髮，浸浴的木筒是「滑潺潺」的，我還從水裡扯出一條爛布條。睡前大家也會刷牙，口裡的泡沫是吐在地板上。雞鴨通山走，我看到小童抱著一隻生雞把玩，腦海裡即響起香港政府日播夜播的「禽流感」警告聲帶。身體不適點算？Olivier說，小病有土法醫，大病才會去市內醫院。其實，民宿須經越南政府規管，要納稅，設施比一般民居「先進」。

雖然物質條件差，但留在山區幾天，身心感覺自在。多吃菜，

---

3 法國報章*L'Est Républicain*於2012年初刊登的報導，見：https://www.estrepublicain.fr/actualite/2012/01/02/des-vosges-au-haut-tonkin。

少吃肉，走動多，空氣好，腸胃好。禽畜通山走，即使要吃掉牠們，罪孽感也低，因為覺得牠們比現代農場的「擠迫戶」幸福，生前自由快樂。早睡早起在城市是不可能，但這裡電力不足，天黑齊晚上8時自然入睡，早上7時公雞扯破喉嚨大叫（其實公雞凌晨4時已開始啼，入睡前需要用廁紙塞住耳朵），陽光曬進木板房溫柔地喚醒你，晨早雲海在山間飄過，野鴨在湖邊午睡，野生桃花漫山綻放。這樣的生活，是城市人千金難買、夢寐以求的。最難得是孩子與遊客常交流，卻沒沾染城市人的物欲，Olivier說：「曾經三天沒有電，女兒們沒不高興，依舊滿山跑找玩意。」一次外出，Olivier沒鎖門，我問：有賊嗎？我心裡想著自己留在房間背包裡的美金，Olivier卻說：「錢沒人偷，花園的雞反而有人偷。」

Olivier承認，現在過的生活是法國人幾百年前過著的：「我長大的法國小鎮只剩下兩個農夫，沒人願意耕種。我討厭現代人生活讓人坐在電視前癡肥下去，在這裡過的是簡單生活。」

山區的泡麵和迪士尼

「簡單生活」四字在我腦海揮之不去，一個城市人像我來到山區過活，需要適應。一些在城市take it for granted的生活水平，像雪櫃、按掣便有熱水，這些基本生活條件欠奉。記得徒步往Olivier住處中途，我們路經一市集，因當地人也慶祝農曆新年，食店關門。我們踏進一家士多，十多個小孩擠在桌子前吃泡麵。我第一反應是：「有無搞錯，山區不是吃自然風味，全村細路都食泡麵？」有遊客曾在網上投訴，山區居民以泡麵招待是「搵笨」。

我到了Olivier家才明白，山區的「簡約生活」，泡麵是重要一環。因為開爐煮食太大陣仗，沒雪櫃很多材料都沒法保留，要快速醫肚，只需沸水的泡麵便成為山區美食。我見到Olivier不但讓兩歲半兒子吃泡麵，我吃完麵不敢喝的味精湯，Olivier竟「不浪費」拿去餵狗……我跟隨Olivier到親戚家拜年，主人家炮製的「盛宴」包括白切雞、煨花生、燻豬肉，這種排場一年只有幾次，平日吃的是飯、菜加少許臘肉，山區沒有胖子。

「簡單生活」的另一代價是沒法上網。我最初找到Olivier是因它的民宿有網頁，但我透過電郵找他，許久沒回應，到最後要打長途電話才找到他。到埗後才明白，人人都有一部二手「Nokia農民機」，山區電話信號尚可，但上網就不是處處通行，奇就奇在Olivier本身是網頁設計師，但他家因太偏遠沒法上網，他要用一個半小時到市集才能收發客人的電郵。

但是「簡單生活」竟又可以有點現代娛樂。一個下午，我在屋內休息，傳來迪士尼卡通《阿拉丁》主題曲"A Whole New World"的音樂，卻是法文版；我尋找聲源，原來Olivier用平板電腦給兒子看卡通。我問，你不是反對電視嗎，現在卻用iPad湊仔？Olivier說，他會挑選好片子給孩子看。可憐天下父母心，這些視頻又是用一個半小時出市集下載的。山區好像與世隔絕，但看到孩子在看迪士尼卡通視頻，又頗超現實。

我最好奇的是，這位爸爸對孩子的未來有何看法。越南山區兒童多不上學校，男的種田，女的繡花。Olivier談起兒子未來，首次流露他對這片「世外桃源」的不滿。Olivier形容：「越南官方學校開始要求少數族裔上學，但內容洗腦味重，孩子不能認識世界，反而一味灌輸越南人優越。」批判力度之強，以一直溫吞的Olivier來說甚罕見。他說，有計劃將來送兒子回法國讀書，或者從法國申請網上教材在山區替兒子home schooling。一句講晒，他始終對法國教育系統較信任。

至於女兒呢，就更棘手。此行令我最忐忑的，就是了解到山區女孩的命運。山區隨處可見不同年紀婦女，三五成群坐在一起埋頭做刺繡。若從一個「左膠」[4] 角度去想，山區女性若對手製民族服有歸屬感，有一種族群身份認同，須予尊重，不能說這種勞動費時、經濟價值低。

然而刺繡以外，紅瑤族也有一風俗，就是女孩年紀輕輕要嫁人，而且由父母撮合，某程度上盲婚啞嫁。Olivier繼女15歲，已有人開始提親，但他希望女兒夠18歲才出嫁。我問，你會替女兒安排結婚對象嗎？他語氣平淡：「由她母親決定吧，我不想麻煩。」我自己也是一個女性，對於這種按父母之命、未成年便出嫁的做法，心裡感到不舒服。我遇到當地婦女，30歲前已生了三胎；在市集的手信店裡，22歲頂著大肚子的女孩問我：「你有孩子嗎？為甚麼沒有？」我失語，望著她，想起她的年紀和我在大學教書遇到的學生差不多。我苦苦想了好幾天，也不知道究竟哪一種人生比較「幸福」。我沒有答案，也不知道可以怎樣解釋城市女人的世界觀給她們知道。

事實上，山區的圖畫不是玫瑰色的，尤其對於女性。當地人說，有些山區婦女回家面對丈夫拳打腳踢；未成年的少數族裔女孩，有人曾被拐到中國大陸，因為內地農村男多女少，男人會找這些少女做妻子。這些悲劇還是存在的。

---

4 尊重文化差異，不認為西方文明比其他文明高級的一套價值觀，與西歐新左派接近，但在香港被諷刺為「左膠」，此文中使用有自嘲意味。

農曆年初三，隨Olivier到親戚家拜年，我跟一個約12歲、長相有點像「迷你湯唯」的小女孩份外投契，我們言語不通，但透過身體語言交流。我把相機借給她，我們穿梭山間拍下植物圖片，從照片構圖可看得出她十分聰明。爬山期間，我不小心把鞋弄得滿是泥濘，女孩伸手從矮樹扯下幾片葉子，我以為她是找拍攝物件，怎料她俯身用葉子替我抹掉鞋上的泥巴，我心裡泛起一陣感動。

我看著她天真的笑容，心想：幾年後，她會嫁人？會成為母親？她喜歡刺繡嗎？她會留在山區種米嗎？我不知道，我只知道她做了一件小事，讓這位從城市來的女子窩心了許久。

Olivier Tisserant 小檔案

八十後，長大於法國東北部一個只有七百人的小鎮La Voivre，精通多媒體設計。除了歐洲，大學畢業後踏足過的只有汶萊、泰國和越南。廿歲仔去到越南北部山區Sapa，他記得第一個感覺："I fall in love with this place"；問佢鍾意呢度啲乜，佢話：「朝早山上啲雲海飄吓飄吓」，果然有啲法國人的無厘頭。就咁就留低做導遊，還娶了個山區少數族裔寡婦做太太，生埋個B。四年前在山上建了新屋做民宿，第一個招待的香港客人就是譚蕙芸。

後記

每次進行採訪，總會期待一個「觸電時刻」的出現。在一瞬間，目睹一個畫面或聽到一句説話，會讓我感到從頭到腳給打通了經脈，猶如看到整個故事的核心精髓被凝結在那神秘的一刻。我的心裡會忍不住大喊：「Eureka我找到了！」

未出發，這故事的原材料已經夠吸引。如果只是到訪一間樸素民居，世上還有無數的歸園田居。但一個法國青年人走入深山娶了個穿著民族服的婦女，還落地生根做了山區新郎生了孩子，那就特別了。

研究院時代，我熟讀文化理論，對階級、文化、品味等概念特別敏感。採訪這一家的時候，我小心看守著自己的獵奇心態，特別是與害羞的Olivier訪問，談及他如何看繼女年紀輕輕便要出嫁這種事，簡直是刺中「先進國家講人權」與「傳統山區文化講承傳」兩個價值系統的深層矛盾。幸好他們經營民宿，習慣與陌生人接觸。我也做了資料搜集，把這兩個人的故事，放置在越南殖民和解放史的脈絡裡。

説回那個觸電一刻，發生在第一個晚上的餐桌上。一家五口煮好了餸菜，每人眼前裝滿一碗白飯，枱上還有一碟送飯的「法國炸薯條」，只看飯菜已經夠「中西合璧」。冷不防Olivier拿起一瓶法國出產的海鹽灑了兩下。瓶上有法文字樣“Fleur de Sel”，然後小兒子對我説一聲“Bon Appétit”，登時我的腦袋「嗡」的響了一下。這一刻，我知道這個故事最有趣的畫面出現了。

一瓶「法國海鹽」、一句“Bon Appétit”，以香港人的認知只會出現在法國餐廳，但當時我卻身處沒有自來水、沒有供電設施的越南山區，耳邊響起的不是古典音樂，而是豬叫雞啼和風暴來襲的呼嘯。餐桌簡陋，食物粗糙，滿地泥濘，如此場景，高檔品味的符號與原始落後的山區交織，成為一幅超現實畫面。

新聞特寫之迷人，在於不斷打破、顛覆、推翻我們對於既有秩序的想像。

有時記者為了效率，未到現場已先把稿子構思好。我覺得，若未採訪已可以定調，那還是「新」聞嗎？還是硬生生把真實世界剪裁加工，套入記者自己死板的想像裡？

記者工作繁忙，日復日採訪，腦袋也麻木，難以想像世界的奇妙多變，於是便會僵化，重複既定模式，像工廠生產線一樣倒模製作大綱近似的故事。其實，記者的想像有多開闊，採訪的題材便有多紛陳。我們覺得新聞變得沉悶而重複，肯定是記者的世界觀出了問題，而不是世界出了問題。

真實的故事往往出人意表。一個法國人樂於與目不識丁的越南山區婦人生活，我們未見過、沒法想像，這些有血有肉的陌生人，以生命啟導我們生活的多種可能。**雖然最初覺得超乎常理，但當細心了解過前因後果，又會覺得合乎情理。**最好的特寫新聞故事，往往能夠做到「意料之外、情理之中」。

到眞實的梅村，感受眞實的自己

2017年10月6日

前言

我曾經反覆思量，這篇文要不要放在書裡。相比其他文章，它如此平實，談一個香港女子偕丈夫到法國梅村禪修，情節沒有驚濤駭浪，平淡如水。我一直把文章放在後備文件夾，直到2018年盛夏某一天，我忽然覺得這篇文章非刊不可。因為，就在一個陽光普照的早晨，歌手盧凱彤躍下高樓離世，和2003年離開的張國榮一樣，兩人均承受情緒病的煎熬。

我也是情緒病的過來人，忍不住把自己的故事寫在臉書，鼓勵大家留意精神健康，我特別提到康復期間嘗試了進行正念修習。我的精神科醫生推介了一個價值十美元的應用程式給我，無論何時何地我都可以鍛練這個心法，十分划算，比私家精神科醫生收費便宜多了。

落筆在臉書寫這種過來人故事，自己也嫌濫情和肉麻，但想到能夠喚起多點人關注，唯有硬著頭皮去做。誰不知，不少陌生網友留言說，正念練習對他們有幫助，扶持他們渡過人生低谷。

正念禪修不是靈丹妙藥，道理一字咁淺，每個人都可以做，視乎你肯不肯。正念的原理淺白但深邃，我們不掌握過去和未來，只能好好專注當下，一呼一吸，此刻無價。

要走多遠的路，才能明白平淡是福？**要寫多少的字，才能寫出一種不顯匠氣、毫不費力的渾然天成？**從事文字工作的人知道，這是一生的修為。

“

剛上映的一行禪師紀錄片《與正念同行》風格唯美，戲裡的法國梅村鳥語花香，優美寧靜如人間天堂。電影拍攝期間的2013年冬天，香港人徐婉詩（Celia）也身在法國梅村。她說真正的梅村修習並不詩情畫意，除了要忍受嚴寒天氣、刻苦工作，在擠滿幾百個僧侶和退修者的環境生活並不放鬆，也容易起磨擦：「試想像，在我那間房有十個陌生人住在一起，裡面有不同國籍，年紀由二十幾歲到七十歲也有，溝通出現問題也是很合理的。」

其實，《與正念同行》電影裡，也有記下不完美。有一幕，禪修中的僧侶們，有人無法集中精神，呵欠連連；也有比丘尼幽幽訴說，煮飯工作辛苦。Celia說，真實的禪修比電影裡更刻苦：在寒冬細雨中徒手擔泥運石修路，在無邊無際的樹林清理落葉殘枝。「你以為掃樹葉好禪？真係做起來，做極都做不完，我做到發脾氣！」

和她一起去禪修的新婚丈夫也受不了，在一個月後計劃逃走，不過二人最終在歐洲兩個梅村逗留長達一年。

一行禪師說過，沒有痛苦就沒有快樂。Celia說，捱過了痛苦，對自己了解多了，才發現讓自己痛苦的未必是別人，也可以是自己。

十年前，Celia在香港的公開活動接觸過一行禪師的教導，但沒下苦功修習，數年過去，至2011年人生出現難關才認真起來。那時她在中大讀博士，壓力甚大，加上親人離世，讓她出現驚恐症狀，向臨床心理學家求助，對方教導她呼吸和放鬆，她才想起：「這些方法那麼熟悉？不就是一行禪師那一套？」之後四個月，她差不多每天黃昏到當時位於尖沙咀的梅村正念修習中心，在法師帶領下先在尖沙咀海旁禪行，再打坐並研習佛經，情況紓緩了，還結識了也喜歡禪修的丈夫。

新婚兩年後，夫妻決定放下香港一切，到法國梅村學習。兩人參加的是較為艱深的「冬日退修」(Winter Retreat)，[1]三個月不准離開梅村。另外，由於男女分開村落居住，兩口子一星期只有幾次在集體活動裡見面。Celia形容，梅村雖然面積甚廣，但村裡人口不少，生活其實頗「繁忙」，長住僧侶有二百人，冬天退修者一百，夏天退修者近一千。「你可以想像，吃飯、上洗手間多擠迫，夏天退修者多在戶外露營，有一個夏天，連化糞池也因負荷過重而滿瀉……」我說，面對這個畫面要修習「正念」像有些難度，我們哄堂大笑。

今年39歲的Celia在梅村算是「年輕力壯」之輩，獲分派體力勞動工作，一個冬天她瘦了近十磅。冬天的法國徘徊在攝氏零度，加上雨季，泥路都變成泥濘。Celia需要把小石子用手推車推去鋪在泥路上，或負責搬運又濕又重的殘枝落葉到堆肥區，更要輪流做飯。她說日復一日工作做不完，開始發脾氣：「為何又是我擔泥？為何又是我搬葉？但這些樹葉是無窮無盡的。」

1 梅村提供不同時間長短的禪修營，一般夏天開設的較大眾化，不單因為氣候較怡人，規定也較為寬鬆。

徐婉詩（攝影：蘇智鑫）

筆者反問：「做不完有懲罰嗎？」Celia眼睛亮起來：「就是沒有，有人勸我不如直接跟僧侶說，工作辛苦想休息，但我覺得勤力是應該的，停下來會過不了自己那關。這種心態很『城市人』，或者有點『香港人』，希望快快手手把事情做完，我給這些想法綁死了。」過了一個月，Celia說她學懂了如何hea，工作一陣就和大家喝茶吃點心，「我還教導其他人如何hea」。

Celia說一大班陌生人生活，難免有衝突：「願意花三個月來退修，下了這麼大決心的人，背後都有點故事，行事為人都有點『騎呢』，包括我自己（笑），大家生活起來，固然會有衝突。」簡單如晚上有人動作太大把其他人吵醒，要開窗還是關窗等生活小節，也會產生口角。

幸好，一行禪師教導的其中一個核心是如何化解衝突。Celia說，她們要跟同房定期做一個練習，叫做「重新開始」(Beginning Anew)，步驟是先讚賞對方，再為自己過錯道歉，然後講出感到的傷害，最後表白自己的困難，並尋求對方幫助。透過練習Celia發現，在梅村群體中惹人生厭的人背後都有創傷，例如曾受過暴力對待，或有酗酒或精神困擾：「看到大家背後的苦難，不會那麼易討厭對方；誤會解決後，在梅村結識的會是維持一生的友誼。」

活在安全網，其實很戇居

Celia也發現自己一些積習：「我有點保護主義，覺得來修行不是來交朋友，覺得要靠自己。法國冬天又凍，我又唔識法文，擔心病了看醫生溝通不了，於是帶了半個行李的藥物過去。後來發現這都是『太要靠自己』的心態，想織個安全網，不願意和別人connect，其實很戇居，一個人生存在世界上無可能不依靠別人。」Celia後來真的病了，治好她的除了藥物，還有同居退修者的關懷。

在法國梅村逗留了三個月，她和丈夫再到德國梅村，兩人在歐洲兩個梅村前後逗留了近一年。夫婦回港後，Celia繼續教學工作，卻覺得自己改變了。她以前以全職大專教席條件獲聘，現在則奔走於幾間大學任兼教講師：「我回來最初適應不了，教書時人也變得敏感，會撫心自問，我在教學上是否對學生最好？是否讓他們有得著？有些朋友覺得你為何變得那麼理想主義，諗嘢那麼『離地』？」她說，自己懂得自嘲也因為看得開了：「以前不會想那麼多，打份工實際啲。」筆者認識Celia七年，她喜歡說：秋天到了，我們一起到草地野餐吧。當時覺得她有點奇怪，現在就知道這種氣息來自哪裡。

電影裡的一行禪師像與世無爭，其實他曾捲入政治旋渦中。六十年代，他曾聯絡美國民權領袖馬丁路德金，促請對方反對越戰，兩人在美國碰面後一見如故，馬丁路德金更提名一行禪師成為諾貝爾和平獎候選人。其後越南「解放」，大批船民投奔怒海，禪師支持人道救援工作，被越南禁止入境39年。流亡期間，禪師於歐美亞洲建立多個禪修梅村中心，香港梅村位於大嶼山昂坪，至2005年越南政府批准一行禪師回國弘法，卻惹來當地仍被打壓的佛教組織批評，指禪師回越南如同協助政權製造一種「越南宗教自由已改善」的假象。

回溯這段歷史，一行禪師實踐engaged Buddhism，勸勉修習者不要漠視社會不公義，近日緬甸羅興亞人[2]慘況，梅村僧人也發出聲明。但禪師不贊同佛教組織成為政治團體，不應偏幫任何政治勢力。Celia說，禪師主張對善和惡都會以慈悲之心待之，其立場難免未能討好各方。一行禪師對作惡者的態度，可以從他的一首詩〈請以種種真實之名呼喚我〉裡看到：內容談到越南難民逃亡潮[3]時，一個12歲越南少女逃難時慘遭海盜侵犯，但在同一首詩中，他也寫到海盜行惡的社會背景。禪師曾說，站在受害者的那一邊很容易，

2 因為宗教及歷史原因，佛教徒為主的緬甸人與回教徒為主的羅興亞人，世代之間已有衝突。緬甸在八十年代軍國統治期間，一直不承認百萬計居於國家西部的羅興亞人為其國民。2017年衝突加劇，數以十萬計羅興亞難民逃離緬甸到附近國家，緬甸軍人對羅興亞人居住區域進行火燒村莊、屠殺及強姦等罪行，聯合國介入事件，稱羅興亞難民為「種族滅絕」的人道危機。多年被譽為「緬甸良心」、曾獲諾貝爾和平獎的緬甸國務資政昂山素姬因未能阻止這場災難，被褫奪不少國際榮譽。

3 一行禪師表示，七十年代末期曾收到一封信，當時大批越南難民因為政局而逃離剛解放的越南。信中說一艘小船上有一個12歲少女，遭泰國海盜強暴後自盡。禪師禪修很久，寫了這首詩，同時寫到海盜和少女的苦難。

但要明白作惡者才是真正的慈悲，才能促使人與人和解。筆者反問：「他主張的是大愛包容[4]嗎？」Celia笑而不答。

Celia認同：「今日香港，十分需要一行禪師。」打開臉書，關於政治的帖子刀光劍影，大家都以正義之名行殺無赦：「禪師教導我們，你覺得是別人紛擾你，其實不是別人紛擾你，只要你夠堅定、平靜、澄明，就不會受干擾。」另外，網絡很多負能量，Celia記得在德國梅村時，有退修者說每天看新聞見到敘利亞難民危機[5]受到困擾，當時僧侶勸喻大家要進行「news fasting」(對新聞資訊「禁食」)。Celia說：「當你上網上到一刻內心覺得頂住，覺得有無力感、沮喪，就要立即停止。」

普通人或許可以不看新聞，但記者避無可避，點算好？Celia讀博士前曾在有線電視做記者六年，她笑說：「記者這份工真是很toxic(毒素很高)，所以我不做了，哈哈哈。」不過，她仍建議記者行家要把握放假期間「排毒」，例如放下手機進行禪修。即使生活每一刻也可禪修，在梅村飯堂和辦公室，每15分鐘會打鐘一次，提醒大家停下工作、觀察呼吸，而吃飯首15分鐘也不能說話，每一口食物咀嚼30至40次。

---

4 「大愛包容」是個反諷的詞語，諷刺主張人人平等、寬恕不同族群的價值觀。有人認為這種態度如同縱容劣行，令社會問題惡化，令受害者得不到公平對待。

5 人口二千萬的敘利亞，自2011年局勢不穩，政府軍出動化學武器對付平民，十萬計人死亡，近半人口逃離到附近中東國家避難。由於中東難民營資源開始緊絀，難民於是向歐洲國家逃走，形成新一股難民潮。2015年9月，因為三歲男童Alan Kurdi伏屍土耳其海灘照片曝光，引發西方再關注事件，歐盟亦因為收容難民問題而衍生政治動盪。

梅村好多笑聲，出家人很funny

雖然梅村有這些做法，但並非「教條」，執行寬鬆。Celia比較法國和德國梅村：「德國人則好認真，會真係跟足咀嚼40次；但法國人好輕鬆，你叫佢咀嚼40次，他會咀嚼十次便算。」Celia說，在電影裡梅村顯得很「嚴肅」，其實真實的梅村好多笑聲，她形容出家人很funny：「僧侶們平日很多玩的時刻，很搞笑，會踢球，會爬山，會踩單車，跌到焦頭爛額，成日做傻嘢。」

可惜是，Celia離開梅村後不久，2014年底一行禪師中風，長時間復康治療後仍未能開口説話，今年(2017)已91歲的禪師近日轉到泰國休養。[6]「在梅村每星期有兩次親身聽到一行禪師的開示(教導)，有一個假期(梅村叫"lazy day")的清晨，我拿著電腦在一個辦公室修改博士論文，忽然感受到一道氣場，我仰頭一望，看到禪師開門走進來再緩緩離開，我起身合十，他就請我坐下，這一刻令我很難忘。」

她說，電影裡出現的很多法師她都認識，並有鮮活的記憶，其中法弟法師來港曾跟她碰面，就用她Celia的名字即場唱了一首歌，又鬼馬地借了供奉佛壇的芒果來吃；另一位法友法師，在聖誕節活動上表演rap唱歌。

佛教徒慶祝聖誕節？原來，一行禪師早年在美國大學教導佛學和比較宗教，對西方宗教非常了解，他曾出版一本叫《生生基督世世佛》的書，指出佛陀和耶穌有共同的終極關懷。不但法國梅村常

---

6 2018年10月，一行禪師於泰國慶祝92歲生日，其後他回到16歲出家的越南順化市慈孝寺，並表示希望在此終老。

有天主教修女和神父來禪修，香港神父關俊棠早在2000年已到法國梅村修習，有法籍和美籍的女法師會把耶穌像放在枱頭。在中學已領洗為天主教徒的Celia說，聖誕節期間，她和梅村其他退修者一起到附近的天主教堂望彌撒。

這種「有容乃大」的包容性，是一行禪師的核心教導。他希望修習者有一個「開放的態度」：「不要崇拜或受制於任何教條、理論或意識形態，包括佛教在內。所有思想體系都只是指引的方法，並非絕對的真理。」禪師在其著作《當下自在》裡也寫道：「人類在教條和意識形態的名義下互相殘殺。如果你有一把槍，可以射殺一兩個或三五個人；但如果你執著於某種意識形態，把它當作是絕對的真理，就能殺幾百萬人。」

在一呼一吸之間，我們從黃昏談到夜幕低垂。三小時的對談，Celia全心全意投入，我也沒生起要玩手機的念頭。一行禪師的教導很簡單：過去已逝，明日未來，在此時此刻，感受當下，才能讓人不枉此生。

後記

這篇文章和我其他所有文章都不同。從採訪、撰寫、校對等過程，我刻意提醒自己要抱著正念。我提醒自己要留意呼吸，別去追求完美，留意自己當下情緒。否則，寫的人也焦慮緊張，還談甚麼正念？連寫作者都做不到，還向讀者解說正念，不是最荒謬的事情嗎？

有趣地，文章出來，竟也有一種潛藏的平和力量，每次重讀，我都感到有種安撫心靈的功效。原來寫作者的心理狀態真是可以透過行文傳達出來。以往我撰寫文章的時候，整個人狀態都是亢奮的，焦急地追趕死線、核實內容、講究文字精準，搞得自己神經繃緊。記者這行業特別爭分奪秒，有時弄巧反拙，製造大量垃圾資訊，未造福社會已先毀了自己心靈。

無論時代如何進步，人的心更難找到安穩。行文者在紛擾的世態若能保持清心，排除雜念，讓生命留白，才有胸襟洞察世情，才有餘力安慰受苦的人。

2015年7月5日

救災切忌「離地」——在港長大尼泊爾青年家鄉賑災記

前言

這是一篇關於「如何伸出援手」的文章。

在我們的社會裡，做慈善工作總帶著一種由上而下、施與受的階級關係。

我留意到，近年社會開始討論「助人的禮儀」，對捐助者有更高的道德要求。例如捐贈舊衣物的時候，我們要理解回收了的衣服送到哪裡，還是最後送到堆填區棄置，抑或運到第三世界國家，不小心傷害了當地成衣製造業？一些亞洲國家開放給遊客來做義工的所謂「孤兒院」，寄居於此的兒童不是沒有父母，只是因為家貧被逼與父母分離，被送到院舍生活，展示給西方遊客以掙取生活費。西方社會已警告遊客別隨便參觀，以免加劇販賣兒童的操作。

不過，華人社會似乎仍停留在「做善事就是好事」的層次，我常聽到這種論調：「肯幫人已經值得鼓勵，怎麼可以要求這麼高？」

即使是從事善慈事業的大機構，也出現問題。2008年四川地震期間，我被電視台派往當地採訪，親身見證過救援物資被濫用。近年國際救援組織屢傳醜聞，大型慈善機構或官方組織也不等於可以完全信賴。

幫助人，不只是光有善心就足夠。我在這趟尼泊爾之旅，深有體會。

“

四月底，尼泊爾發生7.8級地震，[1]八千人死，二萬人傷。個半月後，筆者乘搭的飛機在加德滿都降落，這趟行程在地震前已計劃好，忽然來一場八十年一遇的大地震，行程都打亂了。在首都國際機場，我和紅十字會從香港派來的護士義工擦身而過，也看到馬來西亞的救援物資囤積在行李輸送帶旁。救援工作仍加緊進行中。

然而，人是善忘的。距離大地震只七星期，歐美傳媒事後兩星期已撤離，尼泊爾不再是juicy的新聞點。這時到訪，已沒有人再批評我們像無綫節目《東張西望》主持人於震後趕到現場或會分薄災民的資

1 2015年4月25日，尼泊爾發生八十年來最嚴重的地震，震央位於Gorkha山區。尼泊爾的地理、城市化及建築物結構，令它於地震中蒙受大規模災情，不幸中之大幸是發生時間在中午，不少住在郊區的人民當時在戶外，減少傷亡人數。不過，在首都加德滿都，不少歷史建築物（如寺廟）都受到破壞。

源，[2]反而尼泊爾人都害怕世人把他們遺忘。遊走旅遊區，商販慘叫「我們少了九成旅客」。首都景點Durbar Square的皇宮和寺廟倒塌得只剩亂石，零星的遊客像瞻仰遺容一樣漫步其中，有點超現實。

回帶至地震剛發生時，臉書充斥著「Pray for Nepal」等貼圖，全城響應説要捐錢賑災。人在香港，想關懷尼泊爾，到自動櫃員機按幾個掣，一千幾百元捐出去，心裡便好過了。到真正站在尼泊爾土地上，我才發現想幫忙災區的卑微願望似乎無從入手。天大地大，災民遍地，我的資源有限，如何開始？應該捐物資還是錢？捐物資談何容易，要買啱用的東西分發給需要的人，如何做到？捐錢夠實際，但如何避免有人中飽私囊？即使面對災民，如何做到公平，不會引起混亂？我忽然明白，光有善心是不夠，善款在手，才是煩惱的起點。

幸好，我們這班香港來客有「盲公竹」Nauraj Pun[3]帶路。30歲的他是土生尼泊爾人，少年時在香港求學和工作，熟悉港尼兩地文化。地震後，他自發到山區救災十多次。令我們訝異的是，地頭蟲如他，語言文化障礙比外來人少，也曾因派物資引發混亂而要向警察求助，更曾在過程中和村民口角。Nauraj領略到：「每到一個陌生地方，要先了解當地居民需要，不要有太大野心，從小規模開始做好。」用港式潮語總結，土炮民間救災切忌「離地」。

---

2 香港無綫電視綜合節目《東張西望》在2013年底港視不獲發牌事件後，曾以整集節目「報導」不發牌決定的「理據」，被指立場偏頗。通訊局接獲2.7萬宗市民投訴，指節目誤導、歪曲等，通訊局裁定投訴成立，判罰款5萬元。自此之後，《東張西望》節目的質素惹人關注。地震發生後，《東張西望》派出藝員到尼泊爾採訪，有網民批評此舉如同分薄災民資源。

3 "Nauraj" 發音接近廣東話的「啦－嘩－廚」。

Nauraj 13歲來港，由於任啹喀兵[4]的父親早逝，母親教育程度低，他像香港很多少數族裔一樣，終日在佐敦的佐治五世公園蹓躂。融樂會創辦人王惠芬當時任職另一機構外展社工，於公園的籃球架下遇上Nauraj，她記得這小孩內斂害羞，用破碎的英語向她求助："Miss, school, I want school, take me." 王惠芬協助他入讀小學，可惜後來Nauraj會考成績一般，即使有設計天份，也只能在食店工作。隨年紀漸長，加上香港工作前途黯淡，Nauraj決定破釜沉舟，孤注一擲到地盤當苦力，只要肯捱，半年可儲得十萬元。他拿著這筆血汗錢回到鄉下、位於雪山下的湖邊小鎮樸卡拉(Pokhara)，接手家族的破舊民宿，好好打理，並開始小老闆的生活。

看著Nauraj成長的王惠芬，一直心中有愧。在她眼中，Nauraj天資聰穎，若悉心計劃應可入讀設計課程甚至升讀大專，然而在Nauraj升學遇挫時，王惠芬因事離港兩年，回港後才發現Nauraj已在薄餅店工作。王惠芬形容，香港少數族裔不熟悉教育制度，學校亦沒關懷這批弱勢社群，不少人像Nauraj般，在求學路上走了很多冤枉路，花錢讀了一些不被承認的文憑，也背負了沉重的學費貸款。談起這段往事，Nauraj臉上有點失意，但回鄉後，他發現在香港學到的技能原來有助他營運民宿：「在地盤我學習到維修技巧；在文憑課程我學習到旅館管理，我感激香港教給我的一切。」[5]

---

4 啹喀人原居於尼泊爾中部，英國人自十九世紀初，因為啹喀人英勇善戰，招募他們加入東印度公司成為僱傭兵，他們跟隨英軍駐於緬甸及印度，及在1997年前的殖民地香港負責邊防工作。九十年代中，政府修例給予在1984年前在香港出生的啹喀兵子女居港權，吸引一批尼泊爾年輕人到香港生活。數以萬計尼泊爾人現居於佐敦及元朗一帶。

5 香港基層少數族裔居民，包括巴基斯坦人、印度人及尼泊爾人，不少在香港土生土長，但基於文化差異或父母教育水平問題，子女在求學路上仍然就在旅館開業兩週年、開始收支平衡時，尼泊爾發生大地震，震央Gorkha（廓爾喀）山區還要十分接近他的民宿。旅客雞飛狗走，Nauraj卻生起了往震央救災的念頭：「感覺是政府反應不過來，我們不如自救。」於是他坐言起行，在路上遇到十來個志同道合的當地青年，一起互相照應上路。

他們一行十二個壯丁，向友人籌集了一批賑災資金，揹了大批食物到震央，但礙於經驗不夠，災民蜂擁而上，情況一片混亂。Nauraj說：「我不認識那裡的人，也不敢相信他們，有時災民為了自保，也會撒謊。」混亂期間，Nauraj和朋友唯有逃到警察局，由警員協助維持秩序並派發物資。另一次，他們到訪一條陌生村落，要向商店買藥物，卻被當地的惡霸懷疑他們是否真的去救災還是另有企圖，雙方發生口角。Nauraj形容，最終為平息事件，他們決定道歉了事：「災民失去了一切，情緒激動是難免的，道歉可以解決事件，不失是一個方法。」

我們聽到Nauraj這名尼泊爾青年在自己國家救災也遇上重重障礙，有點意外。Nauraj解釋，尼泊爾是個頗「分化」的國家，全國有七十多個地區，住了三十幾個民族，有幾十種方言，仍有習俗把人分為上下等的世襲「種姓」（caste）[6]：「除非我們有親友住在另一區，否則尼泊爾人很少會去探訪另一區，是一種各家自掃門前雪，我不

有各種困難。想較全面理解少數族裔在香港的不公平待遇，可以參考王惠芬的傳記，黎苑姍著：《公義的顏色 ── 王惠芬與少數族裔的平權路》（香港：三聯，2017）。

6 種姓制度是一種社會階層制度，以一代傳一代或只容許同種姓之間通婚的習俗，以保存一個社會的分階層生活方式，傳承的包括職業、宗教、社交習慣、禁忌等。印度到今天仍然保留鞏固的種姓制度，而尼泊爾、斯里蘭卡、巴基斯坦也保留某程度上的種姓制。

打擾你、你不打擾我的心態。」

在香港成長的Nauraj，因這次救災才有機會好好踏遍以前未曾到訪的山區，忽然對祖國的美景產生了憐惜之感：「很多外國人來尼泊爾登山，事實尼國的山脈舉世聞名，但坦白說，尼泊爾人自己從不好好欣賞這些山川風景。今次我去陌生山區救災，終於發現，嘩，原來我們的山區風景好美。」救災後期，有時他到山區未必是送物資，只是與孩子們跳跳舞談談天，已覺得很有意義。

落地之前，一切皆空想

我們這次尼泊爾之旅由王惠芬牽頭，以到訪當地社福組織、了解尼國的公民社會為目標。遇上地震是時間上的巧合，到災區看看變得順理成章。但到災區光看沒有行動似乎又說不過去，於是我們跟Nauraj開了一次會議，討論到災區應如何做。未去之前，一切都是空想，我們想得美，送實物像米糧便很理想；我們也頗頭巾氣地想，送錢似乎不太好，也不肯定錢能落入有需要的災民身上。誰知翌日親身去到「在地」的村落，一切假設都被推翻了。

在地區領袖介紹下，我們從樸卡拉開了四小時車到達Dhading區。在當地人的帶路下，我們爬了廿分鐘山路，已可看到由碎石和泥土建成的簡陋房屋，部份已倒塌。由於當時氣溫高達攝氏三十幾度，我們汗如雨下，氣喘如牛。當時大家已認清事實，這裡方圓十里也沒有市集，加上山路險峻，我們這幫手無縛雞之力的城市人，根本沒辦法抬幾十包米上來。好了，發放物資的計劃證明不可行。

我們來到了一棵樹下，當時已有十來個村民聚集，Nauraj替我們用尼泊爾話說了一些開場白：「這幾個是來自香港的旅客，他們在地震後旅客稀少的日子仍然到訪我國，已為國家經濟做了好事，他們希望盡點綿力，小小意思幫助大家。」Nauraj說，適當的解說有助管理村民期望。村民表示，地震後個多月來，政府向每戶發放了150元美金，軍隊和一些非政府機構也有派糧食和防水帳篷。我們詢問現在最需要是甚麼，他們說主要是糧食、重建房子的資金，生活所需的家具被壓爛要重新添置。

之後，有趣的事情出現了。村民像唱山歌一樣，召喚所有人來「開會」。有婦女向山上喊破喉嚨：「飽珠……」，原來是土話「阿嫂」的意思，大意是問大嫂哥哥在不在家，請他下來集會商議。小部份人擁有諾基亞農民手機，電召其他村民到場。不出30分鐘，樹下集合了近百村民。我們城市的人看得傻了眼，在一個普通的日子走入一條村，短時間內便號召了所有人回來，可見農村人際網絡之緊密。村民自稱來自最低級的種姓，從事農務或苦力工作。

樹下人頭湧湧，Nauraj氣定神閒地替村民登記。他拿著筆記簿，要求每戶登記戶主姓名，並記下誰的房子倒塌了。有全村人見證，個別村民難以撒謊。約一個小時後，簿上登記了39間屋，其中13間倒塌了。我們決定向每戶發放10美元，塌屋的每戶20美元。Nauraj同意這做法，我們了解過，重建一間屋動輒500美元，不是我們能力可以應付的。最後我們逐一向每一戶主親手送上小小心意，村民都滿意地離去。整個過程氣氛輕鬆，大伙兒有講有笑。

事情比想像中順利。Nauraj形容，他多次出入災區，發現必須先登記村民資料，並了解其基本需要。一天之前，我天真地問：「派罐頭可行嗎？」Nauraj沒好氣地答：「送罐頭像送椰子給馬騮，要再送他們罐頭刀，加上村民一般吃不慣罐頭的。」一問一答，更顯我的想法如何「離地」。

Nauraj（右一）為災區村民逐一登記房子倒塌的情況

幾天之後，我們到訪一間位於Nawakot山區的村校，又調整策略，改為派發物資。事緣這間只有30名學生的官立小學，在地震之後倒塌，我們參觀了校舍，連天花板也掉下來，壓毀玩具和書枱，學生現移師至臨時帳篷上課。但據曾到當地做義工的港人提示，若送贈名貴物資給學生（例如較高級的鉛筆刨），有可能給老師拿回家轉贈給親友，故此提醒送贈物品時要小心。我們當下已決定絕不捐錢，而向老師查問學生需要，並在當區市集搜購最便宜的書簿膠擦鉛筆。我們雖已僱有汽車，但下山購物搬搬抬抬整個過程耗費不少心力。整間小學的書簿費不過百多港元，但花去的心思卻遠超這個價錢。

外人出現，易惹虛假期望

這次土炮救災，讓我一直頗大困惑。頭巾氣如我一邊做一邊反思自己有沒有「好心做壞事」，會否整個過程只讓自己感覺良好？對災民長遠究竟有沒有益處？王惠芬後來到訪過加德滿都一個大型難民營，裡面住了1,400人，災民見到陌生人來訪便圍上來，滿有期望，希望獲得現金支援，王想到力有不逮，唯有急急離開。事後王惠芬反思：「普通人真不應該抱著『好奇』的心態去大型災場，那裡人數眾多，我們的出現容易引起他們的期望，若沒有深思熟慮如何應對，只會引起混亂。大型的賑災工作，只適合專業救災機構或政府處理。」

筆者認為，普通人若想行善不是沒辦法，而且也能彌補國家級救災系統的不足。發展中國家的官方賑災基金，一直備受貪污傳聞困擾。我們訪問了尼泊爾資深記者Amendra Pokhrel，他說尼國記者正加緊進行偵查報導，了解善款被濫用問題。他們發現善款發放到地區後會受政治勢力左右，例如政客會向村民發放統一金額，不去識別誰需要更大，以期望受惠者將來用選票回饋；另外他們亦發現，與政客親密的人會獲得更多善款。他聽到我們的土法賑災經驗，反過來稱讚：「你們做得好（You did a good job）。關鍵是找到對的人，用對的方法，沒有引致混亂。」他同意民間力量想救災，最重要有相熟而懂尼泊爾國情的人做中介，小規模進行是較有效做法。

回到樸卡拉的山下民宿，我見證Nauraj在救災中展現的統籌和辦事能力，但可惜的是他在香港雖然生活了14年，香港卻有負於他，令他在這裡求學和工作處處碰壁。他談到香港這個曾經令他迷失的城市：「我在香港受過傷害，生活得滿有壓力。在香港我終日只想搵錢，回到尼泊爾後，我不再想搵錢，只想幫助別人，我發現這些人會倒過來幫我，我現在不想錢了，生活卻不成問題。」他接收旅館後，發現裡面住了一個連護照也丟了的外國人，整天酗酒，Nauraj讓他在這裡打散工寄住。「你也變了半個社工？」我取笑他。Nauraj吸了一口尼泊爾Surya品牌香煙，望著雪山笑而不語。然後，我在臉書上看到他又再去買書簿，繼續他的民間賑災之旅。

後記

尼泊爾發生地震之後，不少人在臉書貼出「Pray for Nepal」字樣，原來港人喜歡到雪山旅遊，更欣賞尼泊爾民風純樸。諷刺的是，香港人或許欣賞這片雪國秘境的風情，但環顧在港尼泊爾人士的坎坷遭遇，似乎他們的國民和後裔們又不太受港人歡迎。

能夠跟隨王惠芬到訪尼泊爾，是一個難忘的經歷。她當年力排眾議，在香港創辦服務南亞社群的社福機構，不但辭去受薪社工職位，還過了幾年沒有薪金的日子。那些年，社福機構完全沒有把南亞裔人士的需要放在眼內。她廿四小時把手機開著，讓足不出戶的婦女求助，讓孩子們打電話問功課，讓失意爸爸訴說兒子沉淪毒海的辛酸。

受惠於領隊王惠芬種下的因，我這位團友也被她早年看顧過的「仔仔女女」視若貴賓。南亞裔少年不少性格單純，只是生活在五光十色的香港社會裡感到迷失，走上了酗酒吸毒犯案之途。只有少數香港人像王惠芬一樣，不會因為他們的膚色而漠視或厭惡他們，反而伸出援手。即使最終他們有些人失意回鄉，但他們還是對王惠芬的恩惠銘記於心。

令人難過的是，近年香港主流社會對南亞裔人士看法更趨負面。有人把土生南亞裔孩子和來尋求庇護的難民混為一談，認定南亞裔人士對治安構成威脅，把他們和搶劫、非禮罪案劃成等號；年輕人因為強調「香港人」的本土身份忽視了非華裔，令土生南亞裔人士在香港的處境更嚴峻。

這篇文章值得每個香港人好好細讀。文中帶我們四處探望的尼泊爾青年Nauraj心地善良，乖巧上進。聽著尼泊爾青年在香港遇到的歧視，我感到愧疚，香港實在辜負了他們。他曾經在香港這個城市打拼，但最終這片土地容不下他，或許問題出在我們這些「香港人」的身上。

8 他人之抗爭

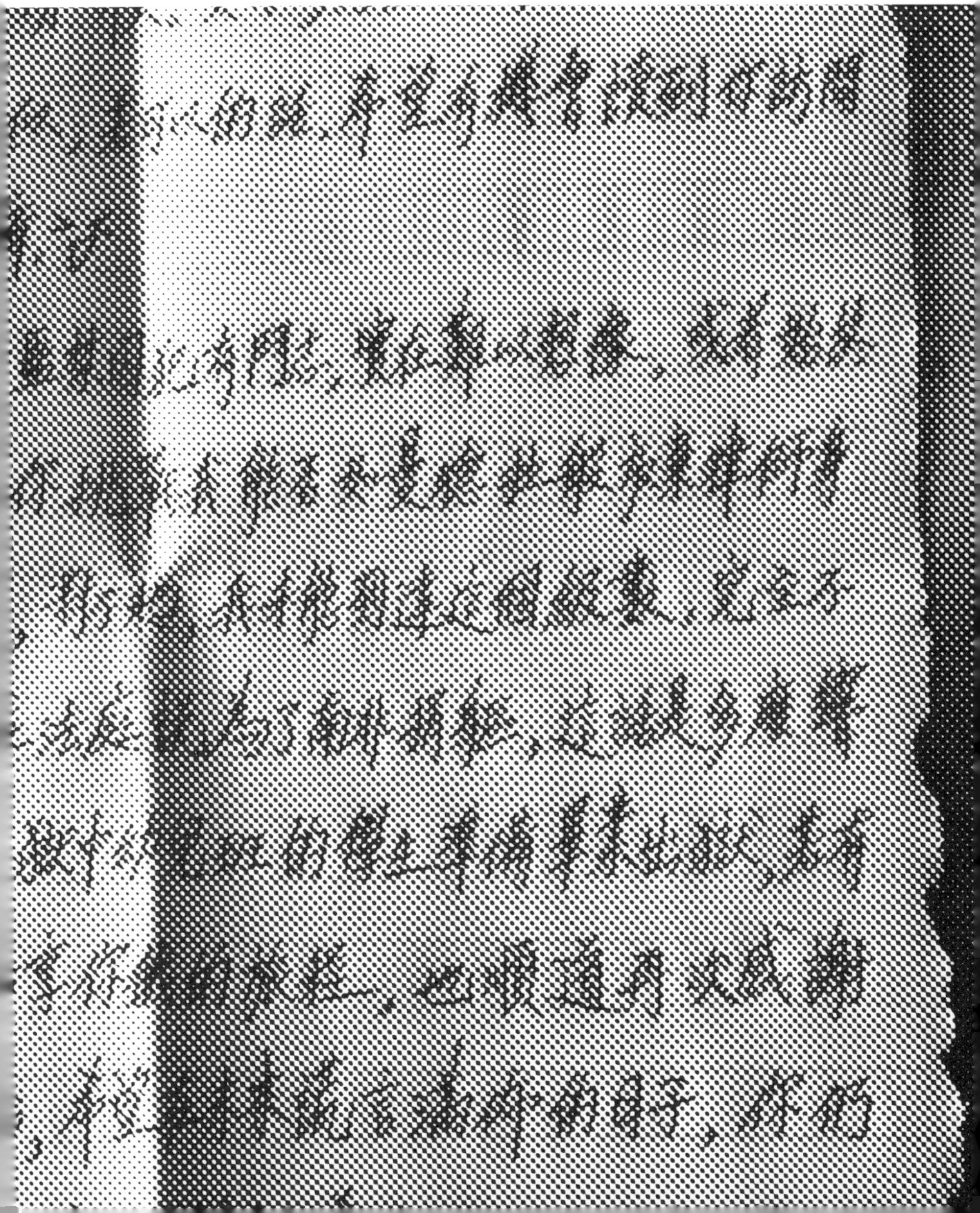

白人獄卒看守曼德拉，直至自由一刻

2018年3月4日

前言

不少人說，記者心地不好，唯恐天下不亂，因為假若天下太平，記者便沒有新聞可報。這種說法某程度上沒錯。再完美的社會也不會沒有問題，而敢於把不光彩的一面暴露，就是記者的天職。但當社會氣氛已經緊張，陣營敵我分明，民間瀰漫著撕裂的情緒，記者或許可以多想一步，如何繼續報導，但同時打開一些思維上的新出路。

在後雨傘時代，我親赴南非，為了較全面理解南非民權領袖曼德拉的生平，我更訪問了與他生活逾一年的白人獄卒。曼德拉年輕時曾經激進，信奉過暴力抗爭，坐牢半生後，把握歷史契機與白人政府和談，更與白人一起成立聯合政府，近乎奇跡地把接近開打內戰的國家拉回和解的道路。但只要細心了解，你就知道曼德拉和南非人付出巨大代價，多少生命在過程中犧牲。要走上這條漫漫自由路，一點也不易。

人性是卑劣的，人性也可以是高尚的。相信仇敵終歸也只是一個平凡人，也有善良的可能，這是曼德拉一直持守的信念；憑著這信念，他才能帶領南非進行真正的大和解。這篇文章，值得每一個對時局感到無力的人細讀。

“

曼德拉相信，政治犯有責任把抗爭帶進監獄。1964年，因破壞國家安寧罪被判終身監禁，獄中的曼德拉沒有停止抗爭。他說，監獄是社會縮影，社會不公義，監獄也不會平等。那些年南非監獄中，白人囚犯可以穿長褲、吃麵包，黑人囚犯只能穿短褲、吃稀粥；為了改善待遇，曼德拉聯同囚犯絕食。遇到跋扈囂張的監獄長官，他代表全體政治犯投訴，叫南非監獄部頭痛不已。

遇強愈強的曼德拉，卻有一顆柔軟的心。他認為獄卒態度差是受制度的影響，他深信在爛透的制度下也有一些有心人。曼德拉在自傳中寫到：「遇到了幾位像Jack Swart的獄卒，鞏固了我的信念，就是在那些把我鎖在鐵窗之後27年的人之中，有人仍保存著人性的美善。」

今天，曼德拉已逝，透過曼德拉基金會安排，我在南非與Jack Swart相遇，他帶我到訪他和曼德拉曾經共處14個月的「豪華監獄」，並細數這位黑人民權領袖的日常，一個白人獄卒和著名黑人囚犯如何在同一屋簷下互相欣賞，互相鬥氣，互諒互讓。

今年70歲的Jack，一頭銀髮，打扮有著南非老一輩白人的「土氣」，短袖格仔恤衫和臉上有點喜劇感的「二撇雞」，[1]活像美國中部農夫一樣。六呎四吋高，手長腳長，走起路來有點搖晃。他很怕醜，平日只和妻兒安靜過活，或上上教會，甚少與外界接觸，去年(2017)開始曼德拉導賞活動，我是他接待的第一個亞洲人。

回看其出身，不難明白他為何如此害羞。1947年出生於南非西部基層白人家庭，因為窮困常搬家，初中畢業後輟學，18歲為「搵份好工」加入南非監獄部，一做32年。早在1966年，他便在Robben Island(羅本島)初遇曼德拉。據曼德拉記述，羅本島的世界「黑白分明」：犯人清一色黑人，獄卒清一色白人。

Jack回憶，當時沒有「政治犯」[2]這個概念：「我們知道這群犯人讀書多，是有點不同，不過上司說他們是『恐怖份子』，勸我們不要接近他們。」後來Jack開車送犯人去勞動，上司指示他要刻意把車開得搖晃，讓坐在後面的犯人難受。做過乘客的曼德拉一次忍不住敲車窗斥責他：「你這樣開車算怎樣？把我們當作貨物嗎？」Jack沒說甚麼。他淡淡說，當時覺得上司指示奇怪，還是照做。

Jack在監獄部做過不同工作，最喜歡做廚房，他做得一手好菜，1980年代末擢升為地區監獄廚房部主管，沒想到新崗位未坐暖，就被調派另一特別任務，專責照顧一位「特別犯人」——曼德拉。「當時我很不開心，感覺像被降職一樣」，Jack的小鬍子投訴著。

時為1988年，南非政治氣氛改變，曼德拉已服刑四分一世紀，在國際輿論壓力下白人政府軟化，與以曼德拉為首的政治團體

---

1 又稱為「八字鬍子」。

2 1960年代，多名反抗種族隔離政策的抗爭者被判處入獄，曼德拉就在數個監獄度過27年。

Jack Swart（右上）與他從前看守的犯人：已故南非總統曼德拉（受訪者提供照片）

ANC（非洲人國民大會）開始和談。為方便會談，南非政府把曼德拉送到一間較有私隱的「豪華監獄」。[3]

我和Jack從開普敦市中心上車，車子向東走45分鐘到達Victor Verster監獄（今Drakenstein Correctional Centre）。穿過了一群圍著曼德拉雕像拍照的遊客，我們的車子獲准入閘，現在這裡仍是一個低設防的監獄。29年前一個晚上，剛接受完肺部手術的曼德拉，從醫院被送到這裡，車子開到泥路盡頭，林蔭下出現了一間平房。

可以想像，曼德拉當年抵埗時的訝異。廿多年來他被關押於細

3 曼德拉二十多年來被囚禁的監獄條件刻苦，囚犯要做石礦場苦工，囚室細小。直至政治氣氛改變，白人政府希望與曼德拉所代表的一方和談，才把他送去一所舒適的大屋。

小的空間，囚室只有幾十平方呎，忽然被送到這間數千呎大宅，曼德拉形容這屋為「鍍了金的囚籠」。這大宅原是農夫的平房，監獄部購入後變成曼德拉專用房子，有三間睡房、三個洗手間，還有電視室、飯廳、客廳、後花園、小型游泳池。曼德拉在訪問裡說：「在這裡我可以隨時睡覺，隨時吃飯，隨時游水，若不是有圍牆和鐵絲網，基本上我是自由人。」不過，屋內每角落都安裝了偷聽器，門外有24小時守衛監察。

Mr. Mandela從不令我覺得他在使喚我

隨後14個月，曼德拉與南非政府對話，曼德拉不但可以在這裡接見朋友，和家人開生日派對，政府高官送上美酒，在獄卒陪伴下他甚至去過海邊散步吃龍蝦。忽然，一個囚犯搖身一變成為「貴賓」，每星期有醫生驗身。大宅的大內總管就是Jack Swart，他每天朝七晚四當值，按醫生指示烹調三餐，並打掃衛生：「南非政府不能讓曼德拉死在監獄裡，否則會引發暴動。」Jack說。

有趣地，Jack獲得指示，最初稱呼犯人為「曼德拉」(Mandela)，三個月後，上司指示他要加上一個尊稱「先生」(Mr. Mandela)，可見南非官方態度轉變。

大宅外，種族關係開始吹和風；大宅內，白人獄卒和黑人囚犯的關係也正微妙轉化。曼德拉知道，要一個白人獄卒「服侍」黑人犯人，若處理不好，Jack會覺得難受。Jack說，曼德拉心思細密，當他煮完飯，曼德拉會堅持洗碗，早上曼德拉也堅持自己收拾床鋪，自己動手開洗衣機洗衫。Jack回憶道：「他從不令我覺得他在使喚我。」有一次曼德拉需要改短褲子，Jack找自己太太做，曼德拉堅持付費。又有一次，Jack做多了餸菜，賓客沒有來，曼德拉叫獄卒們一起坐在餐桌大快朵頤。

Jack說，最初看到年屆七旬的曼德拉，忍不住想：「這個70歲的老頭，南非政府為何重視他？」相處下去，他看到曼德拉鋼鐵般的紀律：他每天清晨4時起床做運動，70歲仍做手指頭拳上壓。一次外出歸來，曼德拉問是否有人入過他房間：「每次他離開，會用間尺量度枱面上物件的距離，回來再核實，他便知道有人入過他的房間。」Jack說，親眼看過曼德拉拿間尺量度物件，佩服他的偵探頭腦。

朝夕相處14個月，大男人也有鬥氣時。南非是釀酒大國，曼德拉愛喝一種偏甜白酒Late Harvest，在Jack眼中曼德拉「不懂得酒」。有次曼德拉的律師友人到訪，曼德拉叫Jack去買甜酒，Jack忍不住說「這種（有品位的）人是不會喝甜酒的」，曼德拉不信，叫Jack買了兩支白酒回來，結果客人沒有選甜酒，而是選了Jack那支不甜的Riesling，Jack十分得意，曼德拉笑說覺得很沒面子。

熟稔後，Jack提起多年前他在羅本島開車整蠱犯人一事，怎知曼德拉用幽默感化解：「那個開車那麼差的司機是你？我希望你做菜的技術沒有開車那麼爛！」兩人一笑泯恩仇，Jack有時間便會用紅高粱製手造啤酒、焗製麵包給曼德拉享用。

Jack說，從曼德拉身上看到牢獄如何令人與社會脫節。曼德拉在1960年代入獄廿多年，未見識過「新科技」。Jack說，曼德拉曾經問他：「為甚麼這間屋有兩部電視機？」原來他以為廚房的微波爐是電視機。[4] Jack於是示範將一杯水放進去叮熱，再叫曼德拉把手指

4 微波爐於1940年代中期發明，直至1970年代才於市場普及。曼德拉在1960年代入獄，至1990年才重獲自由，故未親眼見過微波爐。

放入去感受，當曼德拉明白這玩意的神奇，遇到其他坐牢多年的囚友來探訪，曼德拉都會重施故技戲弄他們。

歷史時刻，只來得及拍一拍我肩膊

1990年2月，白人政府宣佈解除種族隔離政策，釋放曼德拉。但曼德拉卻討價還價：白人政府希望以飛機送他到約翰奈斯堡，[5]他堅持自己步行離開開普敦監獄，與民眾接觸。Jack說起這一幕，語氣裡有敬佩：「他不會按對方的方法做，他有自己一套。」

曼德拉是天生的政治家，早年在法庭抗辯，特意穿上黑人傳統民族服裝以示對「白人法庭」不滿；[6]離開監獄後當選南非總統，又曾於1995年欖球世界盃頒獎台上穿上白人酷愛的球隊球衣，討好不少白人選民。[7]曼德拉的一舉一動，有其政治信息。

獲釋當日，1990年2月11日，Jack早上回到大宅，裡面已塞滿

5 南非現時有三個首都，包括位於西南方海邊的開普敦。開普敦數百年來為歐洲殖民者爭奪的城市，白人政府時期（1948–1994）是南非政府的首都；在種族隔離結束後的南非，開普敦成為國會所在地，即是「立法首都」。另外兩個首都分別是總統府所在的普利托利亞（行政首都）和最高法院所在的布隆方丹（司法首都）。另外，約翰奈斯堡是南非最大城市，從這裡乘坐飛機到開普敦，需要三個半小時。

6 1962年10月22日，曼德拉因為未取得批准離境及煽動工人罷工而被控告，他穿著傳統的Xhosa部落服飾出席第一天審訊，與平日身為律師的西裝衣著甚為不同。

7 欖球運動在南非有政治意涵。由於欖球在種族隔離時代是白人圈子喜歡的球類運動，欖球與「種族」、「階級」掛鈎，黑人及基層普遍不感興趣，甚至有反感。南非因為種族隔離政策，而被拒參與1987及1991年兩屆欖球世界盃比賽。1995年曼德拉作為聯合政府的總統，而於南非舉行欖球世界盃，象徵意義甚大，曼德拉刻意穿上Springbok隊隊衣及帽子，以示種族和諧，西方媒體都讚嘆他的政治智慧。

廿多名賓客，他記得平常安靜的郊區，整天有傳媒的直升機在上空盤旋，記者出盡法寶採訪。自由之前的幾小時，曼德拉在房間小休片刻，預備當天演辭；離開大宅之前，混亂中曼德拉只來得及拍一拍Jack的肩膊，兩人就這樣道別了。然後，曼德拉在監獄門口步行出來，這一幕被喻為這位民權領袖「漫漫自由路」的歷史性一刻。

曼德拉在自傳裡這樣形容Jack：「我感謝他這段日子提供的美食和陪伴……他性格善良，脾氣好，對人沒偏見，他像我的弟弟(曼德拉比Jack年長27歲)。」曼德拉在另一訪問裡說：「Jack和我關係很好，他是個好棒的小伙子，我的好朋友。」

曼德拉自由後，沒有忘記這位好友，1994年成為總統，派人送機票邀請Jack和妻兒去觀看總統就職典禮；曼德拉在國會演說，請了Jack坐貴賓席，兩人見面時，曼德拉稱呼Jack為「中尉」；Jack當時官階只是「準尉」，還以為老友記錯，不久後他就被擢升為「中尉」，他猜測是曼德拉親自提攜。其後，1998年曼德拉八十大壽和再婚[8]典禮上，Jack也是座上客。私底下，兩家人偶爾也有茶敘。

在南非期間，筆者曾與不同人聊天，大部份對曼德拉異口同聲讚許。1990年曼德拉獲釋後，南非經歷動盪時代，幾年間因為政治衝突而死亡人數逾萬。南非差點要發生內戰，可幸在曼德拉斡旋下扭轉局勢。負責和平談判的曼德拉和白人政府代表F. W. de Klerk，共同獲得1993年諾貝爾和平獎。1994年4月底民主選舉順利進行，

---

8 曼德拉曾經有三位妻子。在他坐牢時，第二任妻子雲妮(Winnie Mandela)亦有參與民權運動，但後來不但捲入暴力事件及醜聞，唯曼德拉在自傳裡沒有提及雲妮的負面新聞，竭力維護妻子的尊嚴。最後一任妻子馬契爾(Graça Machel)從事人道教援工作，於1998年與曼德拉成婚，獲南非人民的尊重。

曼德拉出任總統，五年任期屆滿後即退位讓賢，沒戀棧權力，深得各方讚揚。

如此背景下，Jack不過是曼德拉生命裡一個小角色，但曼德拉也有本事感染這位平凡人。我和Jack相處一整天，充份感受到他的內斂，但當這位阿伯走進這間今日已破落的大宅，恍如換了一個人。當Jack走到廚房門外，流露出罕見的情緒：「站在這個走廊上，我閉上眼睛，就可以見到曼德拉，他每天早上7時聽到我開門，就會從走廊走出來跟我說：『早晨Mr. Swart！你好嗎？』」看到木獨老頭激動得把一雙手摁在心口，我看到傻了眼。

喪禮結束三個月後收到的請柬

在南非，「曼德拉」是一盤生意。酒店、機場充斥著曼德拉商品，Jack坦言：「若我要出賣和曼德拉的過去，我可以賺很多錢，但我沒有四處張揚，鄰居也不知道這段過去。」事實上，曼德拉基金會文獻證實有三名獄卒曾和曼德拉緊密接觸，[9]另外兩人已出書，有人寫的內容被質疑誇大；Jack較低調，只替曼德拉基金會做有限度的導覽活動。

Jack沒有把這段和曼德拉的過去「美化」，他不諱言，沒有因為曼德拉而改變政見，也從沒投票給曼德拉所屬的政黨(南非是投票給黨，不是投給人)：「我十分喜歡曼德拉這個人，他知道我對政治沒興趣，一直尊重我，只和我談天氣、家庭等話題，所以他是個君

9 見〈曼德拉和他的獄卒們〉(“Nelson Mandela’s Warders”)一文：https://www.nelsonmandela.org/content/page/nelson-mandelas-warders。

子，至於他的黨，我猜黨做的事他也沒有完全控制權。」不少南非人都說，曼德拉2013年底離世後，國家管治變差，剛剛又換了新總統。談到舊友逝世，Jack有點納悶：「我收到曼德拉喪禮的請柬，已經是喪禮結束後三個月，或者有人不想我到場，你知道嗎？我始終是個白人。」時至今日，南非的種族撕裂，仍未修補好。

告別前，Jack不忘提醒我，曼德拉在1993年在家鄉Qunu買地建了一間祖屋，祖屋的圖則竟是複製自這座「最後的監獄」，不少人對曼德拉這個做法大惑不解。曼德拉在自傳解釋說：「這間大宅是我第一間寬敞舒服的家，我十分喜歡，我熟悉它每個角落，晚上我找廚房也不會迷路。」Jack說在他心目中，這間他有份建立的大宅較接近一個家，不像一個監獄。說時他的小鬍子微揚，臉上閃過一絲自豪。

補白

去南非前，我搜集資料，在英國報紙看到關於Jack Swart帶你參觀曼德拉最後監獄的導覽團。有趣地，這個團在Airbnb上可以預訂。預訂後，有人用Jack頭像在網絡跟我通話，後來才知道是「曼德拉基金會」職員。見到Jack的真人，看到他拿著Nokia古老手機，便知道他不會上網。

原來曼德拉基金會與Airbnb合作，曾經邀請阿伯開放自己屋企讓人來住宿，害羞阿伯嚇一嚇：「我不想共享我屋企，特別係我老婆。」新時代概念阿伯受不了，基金會立即安撫：「只要你帶人去看看監獄，講解便可」，阿伯才肯參加。

曼德拉放監這麼久，為何阿伯去年才開始導覽生涯？事緣他好怕拋頭露面，但20年前離開監獄部之後他忙於做運輸工作，至上年69歲才真正沒工作，閒來想找點事做幫補家計；也因為曼德拉基金會的人脈，才可以安排到訪「最後的監獄」。據聞，這間「最後的監獄」由於仍在運作的監獄範圍，雖然已列為國家古蹟，但多個政府部門仍未傾掂數如何處理這間屋，未來仍不知道會否對外開放。

初遇Jack時，我跟他握手，這位阿伯嚇得全身僵硬，不敢望我的眼睛。他去年2月才「出山」正式做導遊，據聞最初更生硬。至今他帶了49次導覽，我是他接待的第一個亞洲人。我一邊跟他説話，一邊覺得不對勁。他是我遇過最呆若木雞的導遊了。想起這個導覽團收費高昂（筆者自費參加），要二千多港元，我有點光火。

但漸漸發現，Jack的寡言和冷淡反映一種「有碗話碗，有碟話碟」的務實，這樣他的話更添可信性。我開始有興致跟他打開話匣子，挖掘更多曼德拉的資料。

訪問之難，還因為語言障礙。南非白人母語不是英語，而是Afrikaans，這語言可追溯至歐洲移民到南非後與黑人土話交雜，接近荷蘭語，所以Mandela House譯作Mandela Huis。當年曼德拉為了打開白人心扉，特意學習Afrikaans。在大宅14個月，曼德拉與Jack雙語並用。Jack的英語不算流利，訪問要多點耐性。

大半天相處後，Jack才輕鬆下來。古肅的他透露，過去來這房子這麼多次，他也不會坐在曼德拉的座位上，但因為我的陪伴，他樂意破例。在我的建議下，他也肯於監獄閘門前下車，效法曼德拉當年從監獄門口步行出來：“I have visited so many times. This is the first time I sit at Mandela’s seat and walk out of the gate!”

離別前，他和我拍照時，終於老友鬼鬼地把手放在我的肩膊上。我説我要把他的故事寫在香港報紙上，Jack説很期待，還叮囑要把剪報寄給他。那天負責開車的是Jack的朋友，這友人最後跟我說：「他最初很害怕你這個亞洲女子，擔心大家溝通不來，最後他很喜歡你，你真是有辦法能讓別人傾心吐意（You get people talk!）。」

曼德拉説過，不要假設別人是邪惡的，除非有證據證明。也因為這種性格，曼德拉被批評為太心軟。在自傳裡，曼德拉這樣總結他的人生觀：「如果要和敵人和好，就要大家一起攜手努力，這樣仇敵便會變成你的伙伴……沒有人一出世便因為別人的膚色、背景、信仰而討厭另一個人。仇恨需要學習，如果仇恨是學習回來的，人們也可以學習去愛，因為愛比仇恨更接近人性的本質。」

後記

南非太遠，曼德拉這種偉人太遙不可及。落筆時我猶豫良久，如何令讀者更易投入。撰文於2018年春天，剛好香港監獄迎來一批因抗爭而入獄的年輕政治犯。我想起曼德拉坐牢廿多年一直未喪失鬥志，還一直在思考如何促進跨民族和解。我記著這一點，撰寫了這篇文章。

念念不忘，必有迴響。兩星期後我收到一個訊息，來自赤柱監獄。原來，監獄裡《明報》可供囚友訂閱，一位因為社會運動而被判刑的青年讀了這篇文章，受到感動。他是黃浩銘。

我和黃浩銘屬點頭之交，他在信裡向朋友提到我，朋友於是電郵了他的筆跡給我看：「譚蕙芸，我讀了你在明報星期日生活的訪問，十分

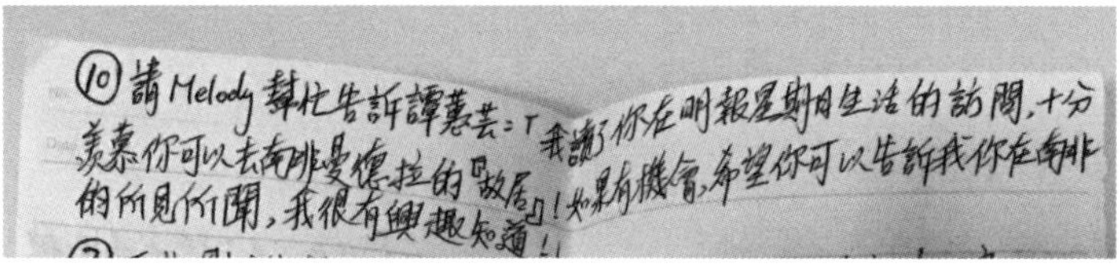
⑩請Melody幫忙告訴譚蕙芸：「我讀了你在明報星期日生活的訪問，十分羨慕你可以去南非曼德拉的『故居』！如果有機會，希望你可以告訴我你在南非的所見所聞，我很有興趣知道！」

羨慕你可以去南非曼德拉的『故居』！如果有機會，希望你可以告訴我你在南非的所見所聞，我很有興趣知道！」

我感到驚訝，忽然醒覺：當所有人都用手機看報，實體報紙最忠誠的讀者就是監獄裡的朋友，因為囚友沒有手機，不能隨便上網。我不敢令這位讀者失望，立即回信告訴他採訪點滴，靜待兩星期，再收到他的回信。

黃浩銘今次寫道：「初入監獄，心裡徬徨，能在我身邊讓我回復平靜的，其中一個是曼德拉。曼德拉是我的偶像，他不但有驚人意志和寬容，沒有因為享負盛名而戀棧權位更是值得敬仰。當他站在法庭說為了國捐軀，這話是多麼響亮，多麼壯志！我自問未達這個級數，無論是刑期還是待遇，都與偉人們差太遠，反而被安慰了。很感謝你把曼德拉的故事寫在剛好我有訂閱的報章，這篇報導，冥冥中鼓勵了我。」（節錄）

友人告訴我，在獄中寄信並不容易，因為監倉光線不足，寫字時間不夠，紙和筆也是珍貴物資，郵票還要在獄中勞動賺取金錢才能買到。我看到黃浩銘給我寄來的兩頁紙上，密密麻麻鋪滿文字，他的字跡在紙上留下深深的坑紋，可見他寫字非常用力。在資訊爆炸的虛擬時代，如此有誠意的讀者來信，份外可貴。

小思老師曾經勉勵我：「寫文章就算沒有人讀也不要灰心。只要一千個讀者裡有半個讀者因為你寫的一言半語而得到鼓勵，就值得了。」這兩頁來自赤柱監獄的文字，或許是我採訪生涯裡最寶貴的一封讀者來鴻。

25 3 2018

慧芸兄：

不知道這是否你第一次這麼近距離的監獄？你那段遊歷真令我好生羨慕，但我可肯定的是你是首次收到來自獄中的書信吧？我比曼德拉精通好多了，起碼我的信沒有被扣起，也不用當書信「揼石仔」。曼德拉是我的偶像，正如哲古華拉是長毛偶像一樣。初入監獄，心裏彷徨，能在我身邊讓我回復平靜的，只有三人，其中一個是曼德拉。因那病苦比較法，我自問無論是刑期或待遇都與偉人們差天遠，反而被安慰了。

我在獄讀過你的文章和訪問，第一篇不是曼德拉而是黃之鋒。我有位朋友是南非人，正如你所說，曼德拉的確是人人都稱讚，反而最近因貪腐醜聞下台的總統祖馬，雖然也是政治犯出身，可就完全有不同結局。曼德拉不但有驚人的意志和寬容，沒有因為享負盛名而戀棧權位更是值得敬仰！很感謝你把我偶像的故事寫在剛好我有訂閱的報章，因此別因為你的學生沒心機看而灰心，冥冥中卻鼓勵了我，甚至讓你我通信，也是一種緣份。正如你說，在我們社會低潮時，了解人家經驗，絕對是對我們的一種鼓勵。然而，雖然曼德拉是

P.1

如此受你我尊敬欣賞，但在他入獄那27年，南非的年青一代奮發抗爭，組織村街委員會連結社區，再加上南非白人政府面對國際輿論及經濟壓力，南非才有機會為自由開一片天。如果參考經驗，其實波蘭在蘇共壓力下爭取民主與香港更似，若可以的話，希望有機會讀到你訪問波蘭團結工會核心人物的文章。

要像曼德拉這般的終身監禁囚犯有鬥志，實在難以想像，或者他們都是在社運口腔期，如你挑戰我能否如曼德拉般放棄事業「拋妻棄子」去貢獻社會，對不起，我未能到達這個級數，完全不能與他並存。所以當他站在法庭說為了南非捐軀，這話是多麼響亮，多麼壯志！如今，我這個獄中幼兒班的學生準備畢業出獄，若有可能，找個機會食頓飯分享你我的旅程，也順道再次感謝你那訪問為我提供養份，希望在未來謊言滿佈的日子，你們能拿起鋼筆為社會說出真相，道出公義！

你的讀者

[illegible]字

25-3-2018

赤柱監獄 書

P.2

黃浩銘獄中來鴻（獲允許刊登）

追尋南韓抗爭精神——從世越號到光州學運

2015年5月3日

前言

在大學教書有一個好處，每年都會迎來新一批20歲上下的年輕人，他們的嗜好，無論是吃喝玩樂、行為舉止，教曉了我這個成年人甚麼是最新潮流。

女孩們額前飄逸著的空氣瀏海、嘴上塗上的血紅唇色、男孩們眼簾上若隱若現的眼影、oversize外套配上運動帽，口裡一邊背誦著anniong haseyo一邊聽著K-Pop，相約去吃部隊鍋又或者炸雞配啤酒……毫無疑問，韓風已把年輕一代收服了。我這位老師只能做韓風的旁觀者，不為所動。

也許因為我對韓風無感，當有機會到南韓，我能夠拒絕首爾作為購物天堂的誘惑，轉而跑到鄉下光州，發掘這裡發生過卻鮮為人知的事跡。

在世界大事之中，光州事件不為世人所知。如果不是2017年秋天香港上映南韓電影《逆權司機》，不少讀者應該未聽過猶如六四事件翻版的「光州民主運動」。在軍人主政的年代，南韓政府派軍隊開槍屠殺爭取民主的平民，死傷慘烈。當年的犧牲引發了整個八十年代南韓抗爭風潮，間接促成南韓民主化。要認識今日南韓，不能不知道光州。

這次到訪南韓，讓我對這國家改觀。南韓有價值的事物豈只吃喝玩樂？國民對歷史真相的堅持，無論是近年發生的世越號沉船事件，還是數十年前的光州運動，他們都有一種拒絕遺忘的驚人意志。無論是小店職員、主婦、OL、神職人員，平民百姓都會堅持守護記憶，守護良知，守護公義。這種另類「韓風」所展現出來的高尚情操，才讓我由衷折服。

港人去首爾，最愛入住明洞區的旅館，事關樓下有無限購物機會。化妝品店十步一間，操普通話的少女推銷員，一邊派面膜一邊喊：「買廿片送十片，好便宜啊！」那邊廂，時裝店外搭建了舞台和音響，百計韓國妹妹預備好自拍神棍，在烈日下呆站幾小時，只為等待K-Pop偶像出場；不遠處的樂天百貨，遊客瘋狂搶購辛辣麵、泡菜、士多啤梨。明洞恍如一個購物黑洞，把所有人的血拼基因勾引出來。

在遊客眼中，明洞就等於購物。然而在化妝品店和炸雞店之間，卻出現教宗方濟各[1]的身影，「他」正向人群微笑揮手。在物欲橫流的明

1 意大利裔阿根廷人方濟各在2013年3月13日獲選為羅馬天主教第266任教宗。

洞遇上教宗，簡直如沐春風。當然這位「教宗」不是真人，而是個紙牌公仔，是一間天主教書店的櫥窗裝飾。天主教在南韓舉足輕重，多達一成南韓人為教徒，而且南韓天主教並不「離地」，在民主進程中擔當重要角色。

我走近紙牌教宗，發現他胸口貼上一條黃絲帶。去年（2014）5月世越號沉沒，導致近300人罹難，家屬苦苦追求真相，政府回應令民間不滿，教宗於三個月後到訪南韓，不但替家屬施洗，還別上黃絲帶扣針舉行彌撒。有傳媒形容，家屬過去一年最安慰的時刻，就是遇上教宗。

世越號海難一週年，七萬人在市中心大集會，演變成警民衝突，我們幾天之後才踏足首爾，想不到也遇上「小規模」後續示威。當天我們坐巴士原定到總統府青瓦台附近，忽然巴士轉彎，乘客交頭接耳「嘰呢咕嚕」一會又回歸平靜，良久我才知道巴士因示威改道，慌忙下車轉搭地鐵。從地鐵站爬出地面時，卻被眼前畫面嚇一跳，幾排防暴警察正拿著盾牌對著我們。

當我們走到街上，更覺震撼。4月18日星期六晚，市中心空空如也，多條行車線的主要幹道被警察的大巴士打橫擺陣封鎖，千計防暴警察駐守大街小巷。然而警察士氣並不高昂，都是廿來歲年輕伙子，脱下頭盔後滿臉疲憊，有些圍起來抽煙或玩電話，臉上好像寫上「這些場面我們見慣了」的表情。我們嘗試向示威者聚集的光化門廣場走近，警察沒干預，知道我們是「遊客」還笑笑口讓路，一直走了15分鐘，感覺像從香港演藝學院走到中環大會堂那麼遠，最後被攔阻沒法前進，途中只見零星路人，連示威者影兒也看不見。

翌日，我在首爾的便利店翻閱當地報紙，赫然發現頭版大相不是報導示威，而是總統朴槿惠出訪南美，作風儼如內地官報。多位南韓市民跟我們說，他們已不相信主流傳媒，轉向網絡汲取消息。[2]事後，我們從網媒才知道，昨午千計世越號家屬和支持者與警方激烈衝突，警察出動水炮驅趕，為防止示威者衝出馬路，把封鎖線拉到老遠，癱瘓交通。

經歷過雨傘運動，今次再見識到南韓防暴警察的佈陣，就發現南韓規模要更誇張。光從外圍觀察，已知道南韓政府對付示威者滴水不漏，寧濫勿缺，動用大批警力從外包抄，不讓物資和示威者加入，但當中耗費資源巨大，後來看BBC報導始知道，原來當晚出動了1.4萬名防暴警察、大巴士50架。令人心寒是，南韓已把裝備「制度化」、「常規化」(不期然令人想起港府攞錢買水炮車)，除了封鎖路面的大巴，補給車輛也不少，有些警察巴士內設洗手間，我們看到警員人有三急上車排解，長期待命也沒問題。

當晚因警察行動，市內交通一片混亂，原來20分鐘車程變成兩個小時。我們的民宿主人KJ曾在美國留學，是一位中產精英男，他痛罵政府對海難家屬麻木不仁，不滿傳媒將家屬形容為貪錢，更難忍朴槿惠此刻離國。對於警察的行動，曾在大企業工作的

---

2 國際組織「無國界記者」的「新聞自由指數」顯示，南韓的新聞自由在2018年之前的十年一直變差，排名下墜了30位，2016年跌至全球排名第70位，至2018年才回升至第43位，主要因為新總統文在寅上場；至2019年更成為亞洲第一，超越台灣爬升至第41位。該會指出，2014至2016年時任南韓總統朴槿惠在任是記者的艱苦鬥爭時代，最終朴因為貪腐入罪才令南韓新聞界「呼吸一口新鮮空氣」。

KJ形容：「我認識一些警察，都是年輕人，心裡都幫海難家屬，但他們都是打份工，好無奈。」

世越號，拒絕遺忘

究竟南韓還有幾多人記得世越號？這問題一直懸在我心裡，事隔一年，300條人命，大部份是中學生，沉船仍未打撈，[3] 只要社會遺忘，真相就會石沉大海。[4] 然而遊走南韓街頭，光從掛上黃絲帶的人身上，就可看到南韓人那種追求真相的韌力。辦公室女郎、穿制服的鐵路員、三五成群的學生哥、天主教修女，胸口都別有黃絲帶；即使是麵包店、咖啡店，都把黃絲帶綁在當眼處；街上黃色海報都寫有「4.16」的日子。我曾用英語問南韓市民為何掛黃絲帶，答案都一樣：「Sewol Ho（世越號），remember。」不分男女階層，小市民都散發著一種拒絕遺忘的意志。

雖說主流媒體受掣肘，但我在便利店找到一份*Hankyoreh 21*雜誌，該報業集團記者收取較低薪金，採取平民入股制，支持有心的報導。100頁盡是世越號的報導，從事發經過、打撈細節到問責關係圖表都有，雖然我不懂讀韓文，但中間八頁圖輯已穿越文化隔

3 事發近三年後的2017年4月，沉船終被打撈上岸。

4 世越號沉船事故及其嚴重傷亡，引發連串效應。事後發現船公司、船員失誤，政府各層級施救援慢，傳媒報導失實，海事法令執行疏漏。特別是時任總統朴槿惠收到沉船報告後，七小時不知去向，而在黃金時間官方不但沒有全力救災，更阻止民間人員提供協助。事故導致朴槿惠民望大跌，失去民眾信任。2016年底，韓國國會就腐敗和濫用職權指控彈劾朴槿惠，翌年3月被免職，後來被控多宗包括親信干政、受賄、濫用職權等罪成，判入獄32年。

閡，看者無不動容：放著叮噹文具的書桌、擺放了毛公仔的床鋪、結他、獎牌、波鞋、小提琴、顏色筆，都是學生的遺物。世越號的家長至今仍把已離世孩子的房間打理得整整齊齊。另一張相裡，穿著喪服的家屬抱著離世女孩的照片，遺照裡的女孩戴著kawaii的平光大眼鏡，手拿一個橙扮鬼臉，一臉稚氣。

光是在首爾，已可感受到南韓的抗爭氛圍：警察和主流傳媒隻手遮天、動用有形無形手段阻截示威者聲音；小市民、獨立記者、教會等民間力量，以人肉城牆來支持受壓迫者。其實，這種對壘源遠流長，自八十年代對抗獨裁軍政府到後來民主化後，鬥爭從沒停止，深入南韓的社會文化肌理。

在旅程途中，我們南下光州，目的只有一個，就是希望近距離了解「光州學運」。這宗事件發生在1980年5月，又稱「5.18運動」，被當時身處光州的《紐約時報》記者Henry Scott Stokes稱為「南韓的天安門事件」(Korea's Tiananmen)，[5]芝加哥大學韓國史專家Bruce Cumings甚至形容，慘劇死亡人數不比天安門少：官方數字200人死，但民間指逾千人死，受傷失蹤數千人。[6]當年光州學生市民為對抗以兵變上台的獨裁軍人全斗煥，不惜十多日上街，卻遭政府派出空降部隊殘暴殺戮，男女老幼血流成河。事件震驚南韓，引發八十年代全國抗爭潮，間接迫使軍政府在八十年代末開展民主化，終在九十年代初開花結果，金泳三、金大中等文人政府相繼上場。

---

5 "Zone of contention," *University of Chicago Magazine* (December 5, 2003); Henry Scott-Stokes and Lee Jai Eui (eds.), *The Kwangju Uprising: Eyewitness Press Accounts of Korea's Tiananmen* (M.E. Sharpe, 2000).

6 Bruce Cumings, *Korea's Place in the Sun: A Modern History* (New York: W.W. Norton, 1997), p. 338.

南韓世越號海難一週年，首爾市中心防暴警察佈陣

籌劃今次光州之旅，我充份感受到「書寫歷史的霸權」。事關去光州之前，我們報名參加了「板門店三八線一日遊」；相比之下，三八線之旅方便得多，付100美元給一間支持美軍的「民間組織」United Service Organizations，他們就派人用旅遊巴載你到南北韓邊界，更有美軍做導覽，三年韓戰用幾分鐘PowerPoint解説完，踏進JSA感受一下小藍屋的緊張氣氛，望過對面「數吓見到幾多個北韓兵」是最大亮點，還要睇吓南韓憲兵幾型仔，卻絕口不提韓戰中，美軍曾於北韓炸掉水塘破壞43公里農田或使用汽油彈滅村的殘酷行為。[7] 參觀完畢，你會覺得北韓是壞人、美軍是正義朋友云云，

7 Cumings翻查機密資料，有這些發現，見：*Korea's Place in the Sun*，頁295–296。

買埋紀念品就上車歸家。事實上，我們團友裡大半都是「很美國的美國人」，那種在美國中部會遇到的牛仔風、保守式衣著的白人。[8]

事後回想，美國真是很懂得搞公關，日復一日的三八線旅行團，其實是在書寫韓戰的歷史，書寫美國在南韓的「功業」。美國自二次大戰後深深介入南韓社會，從軍隊調動到經濟支援有其影響力，至今仍有近三萬美軍在南韓。學者Bruce Cumings在2003年甚至形容，美國自1945年後已「佔領」南韓至今。他指，美國的確大灑金錢支持南韓經濟，卻沒有積極推展民主，光州事件便是一例。

相比遊覽三八線的方便，南下光州，旅遊資訊少得可憐，亦反映這段歷史在西方主流社會的「邊緣化」。打開歐美旅客用家為主的TripAdvisor，光州帖子少得可憐，曾參觀過紀念館的外籍人士都留言指，對此段歷史「聞所未聞」；改為中文搜索，只有幾個台灣背包客專程為去光州了解學運，卻因參觀資料混亂失望而回。猶豫間，我向韓國通香港學者鍾樂偉求救，他說：「要了解韓國民主運動，我大力推薦你去光州一趟。」就憑他這句話，我們踏上光州之旅。

從首爾南下光州，我們無知地搭錯了慢速火車，原本兩小時車程變成四個鐘頭。到達火車站，在旅遊中心已看到「光州起義」小冊子，但看畢更覺混亂，裡面至少介紹了十個景點。懂普通話的車站服務員對我們的熱情再澆冷水：「5.18公墓可以去看，其餘沒啥看頭。」茫無頭緒，我們漫無目的乘的士到其中一間紀念館，卻發

8 1950年韓戰爆發，三年後，在北緯38度線（三八線）設立非軍事區作緩衝。南韓總統文在寅上場後，與北韓總統金正恩在2018年4月底於板門店「和平之家」舉行南北韓高峰會，兩人更在全球傳媒面前，攜手越過三八線。兩韓簽訂《板門店宣言》，同意朝鮮半島無核化，並盡快結束戰爭狀態。

現展品資料貧乏，正當近乎絕望時，卻讓我們看到一間亮了燈的辦公室，於是不理三七廿一衝了進去求助。

皇天不負有心人，那裡是「5.18紀念基金會」總部，[9] 輾轉找到會說英語的職員Lynn Jeong，她對我們千里迢迢來看光州事跡，意外又感動。我向她抱怨，為何網上對旅客的支援這麼少？怎知討論一發不可收拾，我們用了個多小時了解，原來發生了近35年的「光州學運」名義上雖平反了，但在追尋真相、問責、賠償等事宜仍未如理想，近年更有人散播謠言，指事實不是民主運動，而是北韓間諜滲透的「暴動」，讓他們疲於奔命（不期然令我想起某些人至今仍說「天安門無死人」云云）。

我們顯得難以置信。坦白講，在我們這一輩「大中華主義」的港人腦海裡，「六四事件」是一個強大對比點。當天安門母親不能公開拜祭去世子女，光州學運的死難者已能長眠國家級公墓；當六四事件紀念館要躲在香港一個私人商廈單位裡，光州的紀念館又光亮又宏偉；當下令鎮壓天安門的北京官員逍遙法外，南韓的劊子手至少被審訊坐牢。我天真地反問 "I thought Koreans are proud of Kwangju"（我以為南韓人會以光州為榮），Lynn一臉委屈，彷彿有理說不清。

原來，涉事的全斗煥及盧泰愚兩位軍頭（後來成為總統）雖然得到判刑（兩人只坐牢一年多就被特赦），但不少疑團仍在霧中，例如當時誰下令開槍、死難者名單等，更重要是美國在屠殺中的角色，仍然充滿謎團，但國內仍有強而有力人士希望這段歷史隨風而去。至今「光州」在南韓仍是個敏感詞，三年前（2012）上畫的電影

---

9 The May 18 Memorial Foundation, http://eng.518.org/.

《26年》，取材自光州學運，疑因題材敏感，投資者中途撤資令拍攝延誤四年，最後得到網民捐款才成功開拍。

事實上，不是每一任總統都願意參加5.18紀念活動。屬保守派的李明博先後缺席兩次，並不准紀念活動使用廣為南韓人熟悉的光州抗爭歌《獻給你的進行曲》，更宣揚把是次運動以中立名詞「光州事件」取代「光州民主運動」(六四由「屠殺」變成「事件」，這種手法好熟悉啊)。家屬和官方就悼念儀式意見不合，紀念活動演變成警民衝突。隨著另一保守派總統朴槿惠上場，追究光州學運的希望更渺茫。民主路漫漫，當然，六四事件平反連起點都未有，但光州學運即使平反了，仍然有大量工作要做，像口述歷史、死難者名單、賠償、悼念，是一場又一場的鬥爭。[10]

這趟旅程我一直思考，整個南韓也有示威，為何偏偏光州成為民主運動的主場？原來和其「政治、經濟、地理上的弱勢」有關。韓戰以後，朴正熙軍政府期間，官商勾結嚴重，稱為「財閥」的大集團得到政府的優厚借貸條件，這種裙帶關係並非惠及全國，首爾及朝鮮半島東南區最得益，因後者是朴正熙家鄉。西南部亦即光州所在的「全羅南道」就被排斥於經濟發展外，[11] 淪為鄉下，卻孕育了

10 2017年5月19日，南韓總統文在寅到光州出席光州事件37週年悼念集會，同年8月下令國防部成立特別調查團，徹查當年是否有軍機射殺示威者；調查團於2018年2月底公開報告，證實軍隊當年確實從直升機開槍掃射平民。調查團形容軍隊的行為是「大屠殺」，要求政府訂立特別法，找出光州事件的更多真相。2019年4月，87歲的全斗煥為光州事件再上庭，他在兩年前出版回憶錄，指兩位指證軍人惡行的神父是「撒旦」，被遺屬控告誹謗，法庭展開聆訊。同年5月19日，文在寅出席光州事件39週年紀念活動，以總統身份向全國國民和光州人道歉，表示「對於當權者濫用權力感到羞恥」，並對一些否定光州運動、甚至辱罵受害者的行為予以強烈譴責，指這些行為「非常可恥」。

11 Cumings, *Korea's Place in the Sun*, pp. 326–329.

左派抗爭思潮，亦是反對派政治家金大中的家鄉。

西南區域的積弱一直維持，至今光州市中心仍可見殘舊不堪的樓宇，發展步伐明顯比首爾落後。我們抵達光州後常被施以「注目禮」，因不懂韓語的國外遊客甚少。在多個5.18紀念場地，我們是唯一來參觀的遊客。西南的地域弱勢，亦可解釋為何旅客從首爾抵埗後，根本難以接觸「光州學運」的資料。Lynn形容：「南韓有地區之爭，國家不會花精力去宣傳光州學運，更遑論吸引遊客下來。」

美國默許的光州屠殺

更重要是美國在光州事件的角色，讓「光州學運」難以進入西方主流意識。美國默許光州屠殺，是多名學者和記者的論點。美國學者Bruce Cumings指，韓戰後任何南韓軍隊調動，是由南韓與美國共同管理，美國根本沒可能不知悉軍人的殺戮行為，美國的默許是因為擔心光州失控，北韓會乘虛而入。事實上，在幾次南韓兵變中，美國沒支持南韓民主化，反認為軍事獨裁有利其地區利益。[12]《洛杉磯時報》在1996年引述美國解密文件，指美政府當時知悉並支持出兵鎮壓光州。[13]光州事件發生翌年，美國總統列根初上場便招待下令鎮壓光州的總統全斗煥訪美，高調支持其政權。在光州事件前，南韓人對美國還抱有感激之心；之後南韓人醒覺「自己國家自己救」，反美情緒出現，並催生八十年代的抗爭浪潮。

---

12 同上註，頁359、375。

13 "Come Clean on U.S. Role in Kwangju: South Korea: Its 'Trial of the Century' Examined the Nation's Militaristic Past; Washington Must Now Examine Its Part." *Los Angeles Times* (October 7, 1996).

南韓光州學運死難者照片

至此，我恍然大悟。整個「光州學運」被遺忘，很大程度是因為美國霸權有意無意淡化這段歷史。Cumings形容，美國大部份人對韓國歷史無知，程度令人震驚。事實上，南韓工運在七八十年代規模好比「波蘭團結工會」，[14] 光州學運猶如韓版天安門事件。然而這些歷史在美國都遇上冷淡回應，知識份子沒興趣，傳媒忽視。而我醒覺，在「歷史書寫的霸權下」，美國不重視的歷史就難以進入主流論述，甚至「不是歷史」。

外人想追溯這段「光州學運」歷史，要花盡九牛二虎之力，我感到自己好像一條逆流而上的三文魚，當到達上游時，能夠接近歷史真象，多辛苦也覺值得。翌日早上，我們身處距離光州市中心一小時車程的「5.18民主運動國家公墓」，在這裡遇上Lynn替我們安

14 Cumings, *Korea's Place in the Sun*, p. 372.

排的導賞員Kim Hyang Soon。Kim是全職主婦，卻是一位「社運師奶」，她義務用私人時間自學英語，希望讓更多人知道這段歷史。

她先教我們如何獻花，以正確的手勢上香，如何默哀，然後帶我們到後面安葬了700人的墓園，挑選一些逝者的事跡給我們介紹。公墓造型有點中國古代風，墳頭上堆有泥丘，Kim解釋：「泥丘是代表先人的房子。」今日宏偉的公墓在1997年落成，當年死難者被草草埋葬，連棺木也欠奉，後來才移到這裡安葬。她帶我們到一位中年男士墳前，Kim先彎腰用手指輕揉先人遺照，以示尊重。她說，這位男士39歲，剛參加完兒子的百日宴，準備離開時，軍人向他下命令，他沒反應就被射殺，原來他是失聰的，聽不到軍人的說話。另一位紮著孖辮的女孩16歲，並不是參加示威，只是去捐血支持傷者，離開醫院時被直升機上的狙擊手射殺。另一位名叫方廣范的學生在水塘游泳時被槍殺。另一位新婚女士，擔心在外丈夫的危險，四處尋人，卻被子彈穿過頭部，當時她八個月身孕，一屍兩命。我們望著墳頭的搪瓷照片，照片裡的她披著婚紗，含羞淺笑。

參觀當天烈日當空，卻有一種詭異的蕭瑟，Kim用蹩腳的英語解釋，偶爾哽咽。我好奇，她是否親歷事件？「那時我很小，但母親回憶，說有其他人在家中誤中流彈，她嚇得用棉被蓋住窗戶擋子彈。」她又指，光州全市當時只有七萬居民，但有兩萬人參與運動。這個全民參與的史實，和外電記者紀錄相符。最初這場運動由大學生主導，後來發展成跨階層：婦女在街市做飯糰讓抗爭者吃飽，二百架的士堵塞街道保護示威者，連性工作者也去醫院捐血。這亦解釋了為何全光州市每個街角都是「學運景點」，從大學門口、街市、教會到廣場都留有抗爭足跡，整個城市恍如一個「活博物館」，光州市亦有一條巴士線「518號線」把景點串連起來。

殺戮行動代號：「華麗的休假」

公墓設有博物館，展示了死者染血的手錶、拾獲的子彈等，還播放了紀錄片，片裡軍人用槍敲向示威者身上，把死者拖行，其中一個畫面看到白色樓梯有條長長的血路，叫人毛骨悚然。更匪夷所思的是，幾千名軍人當日殺戮平民，軍方行動代號竟是「華麗的休假」(Brilliant Vacation)。面對如此悲慘的歷史，難免令人意志消沉，幸好公墓當天來了百計小學生，只見他們在墳前聽導賞，時而蹦蹦跳。看到他們無憂無慮，我沒法不濫情感慨：「這些長眠地下的哥哥姐姐，不過比你們年長十來歲，要不是他們當日壯烈犧牲，下一代怎可呼吸自由的空氣？」

離開公墓，Kim請我們坐她的車離開，她從車尾箱拿出一把黃傘子給我們看，原來是世越號的抗爭紀念品：「抱歉我今天導賞時聲音沙啞，過去幾天，我都參加了世越號示威活動。」我發現，從首爾到光州，從世越號到35年前的學運冤案，總有這些平凡南韓小市民的抗爭身影，那種對真相堅持的情操始終如一。她說：「歷史在重複，無論光州還是世越號，都是關於尋找真相，真相很重要，我作為一個韓國國民、一個母親，我視受難孩子如己出，我不能接受政府掩蓋事實，一定要發聲。」當年光州學運維持了十多日，5月27日最後一戰，百餘死士(包括十個女學生)明知犧牲仍堅持到底，Kim說：「那時以為學運慘敗，但事實證明最終勝利了。抗爭本身不能計較一時，過程本身有它的意義，因為那種精神會承傳下來。」這些說話，出自一個「師奶」口中，在香港或許是例外，但在南韓卻一點也不奇怪。

Cumings形容，他七十年代在韓國生活，發現大學生有一種讀書人「憂國憂民」的儒家浪漫情懷。他在1972年參加過一個分享會，圍坐學生逐一自我介紹，最終都發誓「我願意為民主犧牲」，他形容場面或許肉麻得「令人覺得可笑」，但近乎所有人都作出宣言，令他印象深刻。[15] 這種情懷在南韓一直存在，南韓近幾十年在抗爭中自焚、剖腹、在獄中被虐而死的學生、工人領袖、教會人士不計其數。Cumings寫道，1978年，40名參與工運的工廠女工面對流氓扔糞挑釁，面對防暴警察仍裸著身子築成人鍊頑強對抗。[16]

南韓抗爭，進退有道

經常聽到有人批評香港人犬儒、「和理非非」，「睇吓南韓人哋，呢啲至叫勇武」，這論點或許是對的。南韓人抗爭風格的確比較激情（被指貪瀆的前總統盧武鉉，2009年以跳崖明志）。2005年灣仔街頭抗爭的韓農，可謂是香港社運的「先驅導師」，當年韓農在灣仔街頭三跪一叩、高度紀律的示威方式，令港人刮目相看。當時我以記者身份，於世貿完結後到南韓追訪曾服毒自殺的韓農，見識了當地「殉道型」抗爭文化。

我們不必簡化南韓人的「勇武」，細讀歷史，可見南韓的抗爭手法也不是「一味的衝」，也會進退有道。據五一八基金會著書紀錄，[17] 1980年5月光州學運期間，首爾的七萬大學生曾冒著戒嚴令上街，然而卻因為市民反應並不積極，擔心深夜和軍人衝突，決定在5月

15 同上註，頁340、349。

16 同上註，頁373。

17 《五一八民主運動》（光州：五一八紀念文化中心，2014）。

15日晚上從首爾車站撤離(今日香港沒社運人士夠膽說「撤離」，怕被標籤為貪生怕死)。另外，南韓人對抗爭手法也有路線之爭，分裂不只是香港社運界的專利。就像光州學運，最後究竟應「和軍方談判」、「死守」還是「交還武器」(在軍隊開槍後，民間開始武裝起來成為「市民軍」)三條路線也有爭論，光州人也分成溫和派與激進派，最終堅持死守的逾百人壯烈犧牲。在1987年民主化後首次總統競選中，反對派的金大中和金泳三也無法協商，一同出選，以至軍人盧泰愚漁人得利(對香港人來說，這種反對派不團結實在很熟悉)。Cumings亦有分析，一旦民主政制到手，南韓的中產還是會回歸搵錢生活，主張激烈抗爭的仍是以學生和基層為主導，[18] 令人想起「離地中產」也不是香港獨有的群體。

從光州我們回到首爾明洞。就在港人買面膜、吃部隊鍋的那區，只五分鐘腳程，就是明洞天主教堂。表面看來這教堂沒特別，但它在南韓民主運動裡舉足輕重：1986年，舉行過光州屠殺真相申訴大會；1987年，舉行過抗議政府虐待學生領袖的示威；1988年，有大學生爭取釋放良心犯，剖腹自殺。深受國人尊敬的已故南韓主教金壽煥，在這裡保護過多位學運領袖，還揚言軍政府要拉學生就先把他和修女拘捕。[19] 今日我在這裡看到修女掛著黃絲帶，教堂書店掛著黃絲帶。

話說回來，我們到訪南韓，最初是有朋友看了杜如風的《流行

---

18 Cumings, *Korea's Place in the Sun*, p. 389.

19 在韓國，天主教比基督教更有「抗爭意味」。天主教更親近基層，與官商關係疏離。明洞教堂在七八十年代成為民主抗爭的象徵。見：Thomas Vink, "Contesting Collective Representations of the Past: The Politics of Memory in South Korea" (2010)。

首爾》，受節目的吃喝玩樂吸引，開始籌劃行程。其實，最終我們都有吃部隊鍋、買面膜，然而讓我們最難忘的，卻不是杜如風推廣的「散錢精神」，而是南韓人的「抗爭精神」。在後雨傘運動時代，政改爭議沸沸揚揚的此刻，作為香港人看到南韓人堅韌不屈，需要好好緊記：「韓國人的抗爭是如此徹底，或許沒有一個國家比她更值得擁有民主。不論是哪一個社會，民主不是一份從天而降的禮物，而是要拚命持續爭取到底的成果」，[20] 學者Cumings如是說。

後記

記憶是一件神奇的事，它是無形的、不可觸的、虛無的。你牢牢記著一件事，只要不開口提及自己記得，根本沒有人知道記憶中的事物存在。

有些記憶，我們想快點忘記。曾經聽過，忘記舊情人的進程是這樣：最初每天都憶起一個人，直至某天忽然醒覺，原來一整天沒有想起這個人，那代表我們放下了舊日，可以重新開始。

但寶貴的記憶我們不想失去。因為各種疾病而丟掉記憶，忘記了至親的臉、忘記了美好時光、忘記了自己追求過的理想，這人如同失去了靈魂重要的一塊，喪失了身份認同的根基。

一個人如是，一個社會也如是。二戰後德國認真面對納粹的錯失，痛切反思，贏得世人尊重。德國教育強調向學生說明納粹的惡行，並在

20 Cumings, *Korea's Place in the Sun*, p. 339.

柏林市中心建立了一個歐洲被殺猶太人紀念碑。這做法曾引起德國右翼政黨不滿，該黨領袖稱：「把恥辱紀念碑放在首都，全世界都不會這樣做」（"Germans are the only people in the world who plant a monument of shame in the heart of the capital"）。德國民間對此言論嘩然，因為多年來德國人始終記住自己先輩犯下的錯。

甚麼要記著，甚麼要淡忘，如何記起，如何紀錄，定義了一個人，也確立了一個國家。

這也解釋了為甚麼一個社會紀錄者的責任如此重要。記者要嚴肅對待自己的文字，因為**記下了甚麼、如何去記錄，仿如書寫歷史的前哨戰**。也因為這樣，所有當權者會用盡辦法控制記者的筆桿。如何書寫，如同一場記憶之戰。

拒絕說謊才能使人自由——專訪布拉格之春發起人

2016年1月10日

前言

2018年初，資深報人安裕給我發訊息，問我是不是經常去捷克。我答是，每年都會和學生去那邊遊學。他提起我才記得，那時布拉格之春五十週年了。

「布拉格之春」聽下去浪漫，但只是短暫的半年，到了夏天，蘇聯老大哥便出坦克鎮壓。我比較悲觀，對布拉格之春的記憶，只停留在鐵腕暴力的那個夏天，而不是生機煥發的一月初。

而我，則因為經常到布拉格，一直有讀這段歷史。提到捷克，人們記得哈維爾，或者是《生命中不能承受之輕》的米蘭昆德拉。不過讀了幾本書後，給我發現另一位更令我心動的作家Ivan Klíma（伊凡・克里瑪）。

在捷克跟人說，你喜歡哈維爾或昆德拉，他們反應淡然；但跟他們說，我訪問過克里瑪，對方無不揚眉，臉上表情會是：「嘩，這個人你認識？厲害。」哈維爾國際知名，但做了總統後風評受影響；昆德拉在國家民主化之前已經離開，並以法語寫作，捷克人都覺得他離開國家太久。至於克里瑪，一直被視為有良心的公共知識份子。

幾年前，我讀了克里瑪自傳，然後在雨傘運動結束之後，我毅然找克里瑪做訪問。他已經84歲，但腦筋澄明，我們談得深入，談自由是甚麼，談文化人使命，談抗爭怎樣才可以堅定。我記得那個下午天氣暗冷，但我的血卻沸騰，坐在我面前的人就像「歷史本身」。克里瑪小時候入過集中營，帶領過布拉格之春，經歷過二十年的欺壓，至1989年天鵝絨革命後，目睹民主化捷克的起跌至今。他以身作則表明，世上沒有英雄，地上也沒有烏托邦，回歸人性不說謊，才是民主自由的起點。

回看這篇訪問，看到克里瑪鼓勵香港人，還是感到觸動。

“

1968年，捷克共產黨展開黨內民主化運動，卻被蘇聯派出坦克進入布拉格城鎮壓，史稱「布拉格之春」。運動發起人之一的捷克作家克里瑪，其後成為異見作家，被秘密警察審問多次，一度做過掃街工人謀生。期間，他有機會移民到西方，但最終回國。克里瑪這樣解釋過：我想起布拉格的河邊，那裡是我和初戀情人第一次約會的地方，我想到如果要永遠離開捷克，以後再沒機會回去那裡，我就感到難過。雖

然最後我回布拉格定居多年，始終沒再回去那河邊；但在我意識裡，我知道自己隨時可以回到那個地方，這種心態讓我感到自由。

克里瑪坦言，「自由」是他一生的主題。

近年，他在80歲的時候出版了自傳*My Crazy Century*，[1]詳述自己「被剝奪自由的大半生」：童年因猶太背景被困集中營4年；成年於布拉格之春後被打壓為異見作家整整20年，至晚年才於1989年天鵝絨革命後再嘗自由。

克里瑪的抗爭歲月裡，已故捷克總統兼劇作家哈維爾、《生命中不能承受之輕》作者昆德拉，皆為他的文壇親密戰友。

克里瑪在自傳裡表示，反對任何形式的理想主義和英雄主義，還將自己混沌的私生活與大歷史交錯寫出。

他坦言：「我不想隱瞞，不想説謊。」克里瑪指，拒絕説謊，無論是面對國家還是面對自己，才能使人自由。

一年前，筆者身處布拉格一間咖啡室，於攝氏零度的氣溫中哆嗦著追看伊凡．克里瑪（Ivan Klíma）新出版的自傳。當時正好是香港雨傘運動尾聲，香港瀰漫著一股無力感。書裡我看到克里瑪對極權制度的觀察，以及在布拉格之春被鎮壓後，文化圈子在低潮下堅持十餘年頑強抵抗的韌力。一年後，我因公事再訪布拉格，想到邀請他做訪問。

---

1 Ivan Klíma, *My Crazy Century*, trans. Craig Cravens (Grove Press, 2013)；簡體中文版由劉宏（第一部）、袁觀（第二部）譯：《我的瘋狂世紀》（廣州：花城出版社，2016）。

我透過當地作家組織接觸到克里瑪，跟他通電話。曾在美國密歇根大學教過書的他，英語帶著濃重捷克口音，他邀請筆者到他布拉格以南近郊的家。當我到達這間小樹林旁邊的三層高小屋，克里瑪開門給我，已84歲的他背有點駝，動作緩慢但不失靈活。有英國記者形容，克里瑪有一個「披頭四髮型」和「食肉獸般的牙齒」；事實上他身形高大，頭髮厚重淩亂，頂著大肚腩，臉上表情木訥，第一眼給我印象有點像「猿人」。

克里瑪穿著格仔毛衣、絨西褲、拖鞋和襪子，帶我到二樓書房，幾百呎的空間，四壁塞滿書，書架擺放著他曾協助出版、但被秘密警察充公過、後來物歸原主的禁書（samizdat）。[2]他給我泡了茶，坐下來單刀直入：「你想問甚麼？」就這樣，我們天南地北談了三小時。訪談間，他在椅上時而深思，時而配以誇張手部動作解說，偶爾拉出手巾擦鼻。雖然他是國際知名作家，但沒有一種「我來教訓你」的氣焰。我說看完了他的英文版自傳，他不忘自嘲：「讀這本書會否浪費時間？」其自傳全球賣了兩萬本，他傾向解釋是受惠於文學潮流。我們雖然有語言、文化和年齡的鴻溝，但觸及話題之深邃，讓我慶幸在這位作家年老之時，仍能與他澄明的腦袋相遇了一個下午。

克里瑪在自傳中說：「我大半生生活失去自由，有時是坐牢（集中營），有時是失業，持續被警察審問。我做過一段時間（14年）共產黨員，當我發現這個黨是沒有良知並剝奪人民自由，我窮一生去為社會重建自由。」克里瑪少年時被共產主義吸引，後來他那位對

2 克理瑪解釋，民主化後警察願意交還被充公的禁書，是因為「警察也想顯得它們和之前的極權政府不同、開明了」。

共產主義更狂熱的父親被無理拘捕，令他開始醒覺。克里瑪今日回望：「我沒有後悔加入過共產黨，少年時有錯覺，相信共產理想可以造福人群。」

他解釋，不少捷克人最初對共產主義有好感，因為蘇聯紅軍在1945年打敗納粹德軍，其後1946年捷克舉行的自由選舉，共產黨獲票高達四成。至1955年後，捷克共產黨於黨內進行大搜捕，國人對共產黨感覺變差。

「凡是烏托邦的思想，就要壓迫人民」

克里瑪年輕時，曾任記者和文學雜誌編輯，發現在共產黨領導下的文字工作有諸多限制，於是與作家們一起爭取更多表達自由。至1968年布拉格之春被打壓後，他被逐出共產黨，但仍堅持與其他作家如哈維爾繼續地下寫作。克里瑪從書架上翻出當時他們出版的「禁書」：薄薄的牛油紙上滿佈打字機字體，他們用電動打字機製作複本然後拿去釘裝，並透過民間人脈互相傳閱，十多年間，地下書目多達數千本；另一邊廂，他們亦有把文章偷運到國外出版。

官方為了阻止這些活動，不但扣起克里瑪在海外出版得到的版稅，還沒收他的護照、駕駛執照，並切斷他家的電話線。他至少四次被秘密警察審問：「我發現，共產主義是烏托邦思想，凡是烏托邦的思想，就要壓迫人民，這是定律；因為烏托邦在地上根本沒法實現，要實現就要壓制人民，是鐵一般的定律。」他咬牙切齒說出「iron law」兩字。

克里瑪形容，那些年圈子裡至少有一百個文學家堅持站在蘇聯對立面。筆者訝異作家可以如此團結，克里瑪解釋：「捷克有很長的民主歷史，從十八世紀末（捷克在一次大戰後、1918年脫離奧匈帝國獨立）便有民主選舉，[3]加上捷克作家一直是社會抗爭的先鋒。而且布拉格之春後，蘇聯派來的領導人是共產黨內最保守最強硬的一派，是愚蠢的政權（stupid regime），對大部份國民欠認受性。」我反問，這個他口中的「愚蠢政權」至1989年才被推翻。克里瑪不忘補充：「對，它撐了20年，卻一夜間死亡。」克里瑪的語調裡，總有一種樂觀的底氣。

克里瑪自傳裡提到，官方對異見作家的手段，對香港讀者感覺似曾相識。1977年，異見作家包括哈維爾聯署《七七憲章》[4]爭取人權；官方發動市民投稿到報紙反對《七七憲章》，並拉攏藝術家、演員站台支持政權。凡是民間有反對聲音，官方都會發動同等聲音抗衡，這畫面在今日香港何其熟悉。我問克里瑪，為何藝術家會支持極權，克里瑪語帶不屑：「有些藝術家很天真，因為藝術家大部份時間都像活在夢境中（才能創作）；加上政權會用很多方法拉攏你，用物質來賄賂你。當然，我認為藝術家應該反對任何形式的操控，忠於真相。」

---

3 捷克斯洛伐克本為奧匈帝國一部份，第一次世界大戰後，托馬斯．加里格．馬薩里克（Tomáš Garrigue Masaryk）帶領捷克斯洛伐克獨立建國，被稱頌為「國父」。馬薩里克推廣民主制度，令捷克斯洛伐克成為歐洲最早享有民主政制的國家之一，其立國理念亦帶有哲學及人道主義精神，深受捷克人敬重。馬薩里克於1918至1935年擔任總統。

4 《七七憲章》（*Charta 77*）是捷克斯洛伐克共產政權時期反專政體制運動的象徵性文件，由哈維爾等知識份子於1977年發表。《七七憲章》批評政府未能實行憲法中授予人民的人權和自由。簽署者並堅持對捷克國內外人權與公民權利的尊重，最初只有242人簽名，至1987年簽署人數約一千，人數雖然不多，但政府卻對憲章運動者進行逮捕和鎮壓，發言人雅恩．帕托什卡於審問後病逝，引發外間強烈反響。《七七憲章》啟發了包括中國《零八憲章》等世界各地的其他人權活動。

我追問，藝術家是否有責任關心政治？克里瑪說，這是個人選擇，但生於極權國度有更大迫切性：「在不自由的社會裡，牽連上政治是不可避免，作家需要爭取表達自由，否則難以創作。」1989年天鵝絨革命後，哈維爾邀請他加入新政府，[5]克里瑪婉拒，他解釋，既然自由已經爭取了，他想回去做自己最喜歡的事，就是寫作。對於捷克民主化後的狀況，克里瑪覺得總的來說也算滿意。

自傳裡亦披露，在七八十年代，捷克異見作家一旦參與地下創作，報章就會出現文章攻擊他們「與西方勢力勾結」，不討好官方路線的藝術家會丟工作，有雜誌總編輯變成酒店門僮，作家變成洗窗工人，大學教授成為地鐵苦力；克里瑪就做過醫院雜工、測量技工、掃街工人。克里瑪的女兒更受父親牽連，差點沒機會讀大學。克里瑪回憶當時，語調平淡：「我算是較幸運的一個，我在西方較有名氣，他們沒有抓我去坐牢，只是不斷審問威嚇和搜屋；其他作家被迫移民，有些坐牢一至兩年。」

知識份子變身洗窗工人，正是《生命中不能承受之輕》的內容；事實上，克里瑪也把他的掃街經驗寫進他的小說《愛情與垃圾》裡。然而克里瑪卻覺得，知識份子在共產鐵腕下20年來受的苦，一點也不浪漫。他的自傳裡提到，法國著名哲學家沙特（Jean-Paul Sartre）在1960年代曾訪問過布拉格，於會面上說過一些話：「二十世紀最偉大的題目就是社會主義了，即使它是地獄，也能為文學提供上佳

---

5 不少捷克斯洛伐克地下抗爭運動者在1989年天鵝絨革命後都加入政府。當中包括米高．詹托夫斯基（Michael Žantovský）。天鵝絨革命時期，他和哈維爾等人創辦了反對陣營「公民論壇」（Civic Forum），至民主化後，他擔任多國外交官。另外，1969年自焚以抗議蘇聯鐵腕鎮壓布拉格之春的學生Jan Palach的家人，由一名律師Dagmar Burešová於法庭辯護，後者於1989年後成為首任法律部長，協助國家法律體系轉型。

克里瑪在捷克文壇與哈維爾、昆德拉齊名

的題材。」當時克里瑪覺得十分荒誕，在內心反駁道：「地獄當然是好題材，特別是你不用活在地獄裡。」

布拉格之春後，克里瑪有機會移居美國，但最終選擇「回到地獄」，不少人都責備他是傻子。他曾在自傳裡解釋，身在美國享受自己沒有份爭取回來的自由，卻知道同胞在國內苦苦掙扎，感覺不妥，而且他不想告別作家的創作泉源：「一個作家離開了自己的母語，就會失去一種聯繫，難以創作。」事實上，另一位捷克作家昆德拉在七八十年代已移居法國，部份人批評昆德拉已離開太久。

走出集中營，便是自由人

克里瑪童年在布拉格以北的Terezín集中營[6]度過了四年，當時

6 Terezín（德文Theresienstadt）是一個獨特的集中營。它原來是奧匈帝國的軍用堡壘，至第一次大戰後部份使用作監獄。德軍於二次大戰期間，利用它來囚禁來自不同地方的猶太人。知名的音樂家、戲劇家、運動員都在此逗留過，故集中營生活雖然艱苦，依然有多樣的文化活動，例如演奏會、兒童學習活動等。德軍亦讓猶太人成立其「自治組織」，並讓國際紅

他只有十來歲。他承認，集中營的日子影響他一生。筆者後來用了一日造訪Terezín，這裡收容過十萬人，最後活口不夠十分之一，其餘都被送到波蘭毒氣室。克里瑪能活下是奇跡，他一直覺得自己倖存的「運氣」令他既內疚又感恩。克里瑪形容道，他人生最快樂的一刻，就是當集中營大門打開的一刻：「那刻好像夢境，我感到自由的天堂向我打開了門，我走過這道門，就成為了自由人。」他年邁下垂的雙眼閃著光。

但克里瑪午夜夢迴都想起集中營的小玩伴，擦身而過就消失於人間：「集中營的歲月令我明白自由的可貴，就是後來共產黨剝奪了我各種自由，我仍可用一種『自由人心態』過活，即是在文章裡只寫自己看到和經歷的事，不寫被指派要寫的東西。」

筆者屢訪捷克，發現捷克人對自由的擁戴和美國人有點差異，特別在拒絕過度資本主義上比較硬淨。克里瑪也認同，即使在自由社會裡，人也可以活得「不自由」：「我認為自由分兩種，外在的和內在的；在自由的社會裡，有些人仍可能活得不自由，例如受到工作壓力、傳媒的影響，令人感到不自由。要得到自由，有時是要拒絕一些關係和影響，有時卻要冒一定風險。」

讀克里瑪的自傳叫我最訝異的是，他披露了自己私生活的瑕疵。在1968年布拉格之春、蘇聯坦克入城的一剎那，克里瑪寫道，他當時與一位女子身處英國，而這女子並不是他的妻子；到

十字會來參觀及攝製隊拍攝營中情況，製造輿論，以顯示「猶太人生活得好好的」。德軍亦使用大量心理欺哄手段，騙使猶太人自願來到，以為是獲得優越對待，怎知卻是虐待式的囚禁生活。共產政權時代，捷克斯洛伐克政府冷待此段歷史，只歌頌蘇聯紅軍解放偉績，至1989年民主化後才擴充紀念館設置，研究者仍在挖掘發生於此的消逝的史實。

捷克作家伊凡・克里瑪

1977年《七七憲章》聯署時，克里瑪到最後並沒有聯署，部份原因是希望官方能讓他女兒考上心儀的大學。這些人格的弱點，克里瑪敢於披露，當筆者問到他為何把外遇都寫出來，克里瑪顯得有點尷尬：「我決定要寫出來，即使我沒有把所有（婚外情）都寫出來，因為發生了很久，而且我太太都知道……我希望自己在這本書裡坦白，不要說謊，不想隱藏。」

捷克作家之中，從卡夫卡到哈維爾到昆德拉，大家都強調面對人性陰暗面和弱點的重要性。克里瑪寫過：「卡夫卡在共產主義下之所以成為禁書，只因他的性格太坦白。」克里瑪指，完美是一種危險的事，而對自己坦誠才是自由的開端：「納粹和共產黨都愛搞個人崇拜，當你說找到完美的人，或聲稱找到真理，就是危險的時候。」我續問，被公認為人民英雄，多次坐牢的已故總統哈維爾是好人嗎？克里瑪這樣形容舊友：「他不是完美的人，但他是一個坦誠的人（an honest man）。」

我追問，若世界上沒有「真理」，那「民主和自由」算是「好」的制度嗎？克里瑪小心修正我：「民主只是一堆壞制度裡比較像樣的；至於自由，你必須為它作出定義和一些限制，我才敢說自由基本上是好東西。」

我追問：「為何人要爭取自由？」克里瑪顯然喜歡這個題目，他眼珠一轉：「因為人類生來是自由的，但近代史卻是對人類自由的不斷踐踏，人之為人就是要捍衛自由，若人不自由就像動物，好像豬，豬也活得快樂⋯⋯直至牠被屠宰。」我告訴克里瑪，香港有一個「港豬」名詞，形容一些不關心政治的快活人，他揚眉一笑，覺得很有趣。克里瑪從沒到過中國和香港，但他的著作卻在國內出版，克里瑪說，深深明白一個小地方面對強大鄰舍的壓力：「捷克很小，當時面對蘇聯的 big power（他把手伸得高高），我們這個文人圈子只有百多人，也沒有放棄過抗爭；香港作為中國裡仍然『自由的地方』，處境一定很困難，它的面積這麼小，中國卻是強大的力量，我希望香港人能夠頂住。你們必須記住要捍衛自由，因為即使你這麼小，也可倒過來影響比你大的鄰舍。」

補白

克里瑪今年和太太結婚已六十週年。離開時，克里瑪太太開車送我到車站，她對今天捷克民主化的境況，明顯比丈夫悲觀：「天鵝絨革命的時候，我們很天真，認為得到民主後，社會所有問題會得到解決，現在我們知道情況複雜得多。」克里瑪太太Helena是心理分析師（此心理輔導學説在歐洲大行其道），[7]她説，會替求診者「解夢」：「夢境裡會讓人看到壓抑了的陰暗面，有時要了解自己不承認的東西，人才會得自由。」我補充：「所以有些人害怕得到自由，因為自由像赤裸一樣，讓人面對自己的問題，需要勇氣。」克里瑪太太笑著點頭稱是。

後記

近年有個名詞叫「後雨傘集體抑鬱」，整個香港社會經歷過大型社會運動洗禮，卻爭取不到實質改變，有人感到創傷、洩氣、無力。於是有些人索性放棄行動，有人轉向盲動和激進，有人則不斷發放負評論，但自身也受到負能量侵蝕。如何在客觀條件受限下，仍然可以讓心靈自由，克里瑪有資格説話。

童年被關押在集中營，年少時加入過共產黨，成年後被打壓為異見份子，於老年又被平反，如此跌宕人生，他看清了制度對人的逼害是一回事，但心靈能否自由是另一回事。克里瑪一矢中的説：「不少活在民主國家的人，仍然感到不自由。」

---

7 弗洛依德出生於現今捷克、當年奧地利國境，為心理分析學派始祖。今日的維也納也設有弗洛伊德博物館，可見心理分析在歐洲的重要性。此學説重視潛意識，以夢作為分析的材料，認為潛意識會影響心理、生理運作，歐洲亦有發牌認證和培訓機制。經歷過創傷的人，例如集中營倖存者等都可以選擇以心理分析作為治療。然而在歐洲以外地方，也因為大學的研究傾向，認知行為治療作為心理輔導的手法更為廣泛採用。

和克里瑪訪談是「療癒系」的。我訪問過不少政治人物，克里瑪令我難忘的是他對「自由」理解的深度。一般政治人物會批評外在力量，恍惚自身沒有缺點。但克里瑪處處提醒我們，任何聲稱自己能提供完美方案的人，都要小心提防。而他不住提醒我，他自己也不完美。他在自傳中寫自己的事跡，連最私密的人格瑕疵也紀錄下來。

三年之後，我和學生再去探望克里瑪。87歲的他行動依然緩慢，頭腦依然清醒，回答問題時依然像個冷面笑匠。老人眼神發亮，講到不少有趣故事：他在被打壓的日子如何因為幫助創作大受兒童歡迎的捷克小鼴鼠卡通，其出現在黑名單的名字得以在官方認可的戲院出現，得到一定收入，連秘密警察也因為知道他有份創作家傳戶曉的卡通而態度軟化下來。

學生問他在共產年代投入卡通製作的原因時，期待一些理想宏大的答案，怎知他答得坦白：「為了生計！那時我沒工作，老朋友是原創者，請我幫忙，又有點收入，生活幫補了很多。」沒有偉大的論述，答案裡只剩下事實和真相，有碗話碗，有碟話碟。跟他年紀相差六十個年頭的學生，集慣了亞洲長輩式的婉轉，看到這位伯伯毫不修飾的直白，傻了眼。

每次跟他訪談都感覺如沐春風，感受到原來一個「自由人」就應該長這個樣子。自由不只有外在，也有內在。克里瑪的話如同敲問每一個人，在爭取外在的政治公義時，能否先以同樣標準對待自己的陰暗面。他似乎回應了已故總統哈維爾的格言，談民主制度，首先要問自己能否活在真實之中（Living in Truth）。

哈維爾在還是異見作家的年代寫過一個著名的小故事，關於一個街邊攤販。這小販在紅蘿蔔和洋葱之間掛起了一幅橫額，上面寫著「全世界勞動人民團結起來」。哈維爾批評這小販自己也不相信這句話，只是基於盲從和習慣而把橫額掛出來。他認為，深入民間日常習慣的「謊言」，正是暴政統治的共謀。哈維爾說，即使是無權無勢的人也有能力反抗（the Power of the Powerless），而反抗的方法就是由拒絕說謊開始。

或許，從事社運的政治人物、從事紀錄的傳媒工作者、從事任何工作崗位的平民百姓，在日常生活中先拒絕謊言，面對自己真實的內心，先解放自己的心靈，才有資格談改變社會的不公義。

在冷靜和熱情之間
——編輯與寫手的合作關係

曾經收到來自一間陌生雜誌社的邀稿，對方禮貌周周，反覆來回通電話幾趟，詳細解說對文稿的期望，作為寫手的我感到被尊重，但最終自己呈交的稿件，坦白說，於心有愧。那位編輯難得坦白：「說實在，這篇稿令我們有點失望，你在其他平台寫的文章精彩多了。」

我反覆思量，究竟哪裡出錯？這位編輯態度誠懇，願意溝通，指示清晰。問題是，到我下筆之時，自己像洩了氣一樣，掏不出熱情來。

寫文多年，教我明白每一個卓越的文字工作者背後都有一位優秀編輯的身影。他們低調、沉實、富啟發性。他們有一對慧眼，看得出有潛力、年輕的寫手尚待發揮的光芒，懂得給予適當的意見和勉勵。簡而言之，好的編輯就像一位運動項目教練，把選手自己也不知道的潛能誘發出來。傑出的編輯也像演藝界的明星經理人，從素人身上瞥見明日之星的材料，加以鞭策、提攜、引導。

寫手終於嶄露頭角，皆因受到編輯長時間的提拔和啟蒙，兩人的關係裡有一種忠誠。編輯和寫手的互信需要經年孕育，當中有一種超越語言的默契。我的比喻就是，寫手在信任的編輯手上能夠發揮出不一樣的風采，因為我們知道，替你扣上安全帶是信任的人，所以即使危站懸崖邊也會無畏懼地縱身躍下，連潛意識的能耐也能調動出來。到了理想境界，你知道編輯信任你作為寫作者的人格，因為實驗失敗而引致的瑕疵會被包容，所以寫起字來不會躡手躡腳，可以盡情發揮，如此狀態下才會寫出一鳴驚人的文章。

人和人的相處模式有多少種，寫手和編輯的相處模式也如此多樣。

寫手和編輯的關係微妙。有人以為稿費多一點就能馴服作者，但這種關係未必持久；有人以為平台名氣響噹噹自然吸引大牌作者，但老牌傳媒未必懂得培育新銳寫手；有人以為編輯只需唯唯諾諾，但有志氣的作者知道這種討好關係沒法讓自己成長。更耐人尋味是，寫手和編輯的關係不能只建立於金錢，不少作者只是以「自由撰稿人」身份供稿，和傳媒機構沒有僱傭關係，加上稿費一般微薄，維繫文字人和編輯之間只剩下共同愛好：寫字人愛寫，編輯惜字，僅此而已。

* * *

2016年初，適逢台灣總統大選，我以大學老師的身份帶學生到當地觀選，自己也走訪了現場。在朱立倫的活動上遇到一位年輕人，他一家是本省人，卻在國民黨造勢晚會外圍擺賣藍營紀念品。我看到他眼神閃亮，叫賣得起勁，和全場有心理準備會敗陣的支持者氣質明顯不同(那年蔡英文勝選沒懸念)。原來他一家人堅定投票給綠營，這位青年更曾支持太陽花運動。當時香港處於後傘運低潮，年輕人皆灰心挫敗，這位後生仔卻朝氣勃勃，我沒法壓抑好奇心，用一整晚跟他聊。我知道，我沒法不寫這個人的故事。

回到酒店已是深夜，我激動地在手提電腦上敲打著：「在最沒生氣的地方，我碰上台灣最讓我感動的年青人。這位年輕人有自己的思想，會追夢但也腳踏實地。看到這樣成熟而有主見的年輕人，我覺得台灣有希望。這晚賣完圍巾，他在網絡留言：『自由民主在華人世界並不容易，趕緊回家鄉投票，把我們擁有的美好發揮極致，不要放棄我們應該擁有的美好未來。』」我記得他那閃亮的眼神青春無敵，文章題目訂為：〈國民黨造勢晚會最閃亮的一雙眼睛〉。

夜深一人，熱血沸騰，卻又孤獨難擋。我把文章發佈，但按下發送鍵，臉書上讀者寥寥，自己也忍不住罵自己傻：已經是凌晨三時，哪裡會有知音？冷不防，幾分鐘後，臉書的「小鐘」圖像發來訊息，打開信箱看到這句話：

「你好，我是《立場新聞》的鍾沛權，可以轉載你那篇〈國民黨造勢晚會最閃亮的一雙眼睛〉文章嗎？」

擺賣國民黨紀念品的台灣男生Matt

寥寥幾十字，實事求是，卻是一位忠實編輯在淩晨時分仍克盡己任的說明。這段淩晨通話讓我感動得很，猶如空谷吶喊得到回音。我趕緊說好，把拍攝的照片電郵過去，希望可以幫助文章發佈，淩晨三時半文章推出，[1]讀者反應佳，幾日內千人點讚。

每一個媒體都有它的編採風格。《立場新聞》不向作者提供稿費，仍有上百計作者願意供稿。我一直好奇，《立場新聞》編輯室只屬小型(全職人員十餘人)，專責處理投稿的職員更只有一人，面對互聯網海量文章，如何做到快速回應？

現為《立場新聞》總編輯的鍾沛權解釋，他們把上百計認可作者歸類為「博客」:「博客的文章是《立場新聞》的『半壁江山』，非常重要，尤其遇上大新聞，可以豐富我們對時事的討論。」

鍾透露，他們之所以反應快，因為《立場新聞》員工向心力強，即使離職員工也願意義務提供意見。他們成立了一個有數十名成員的「工作臉書群組」，裡面包括前員工和友好人士，一旦在網上留意到好文章，會在群組提出：「因為有這個『有機群體』，讓我們互相提醒，看到有意思的文章，配合我們編採關懷的，例如有關政治、環保、性別、文化的好文，會在這裡提出，讓我們留意得到。」

傳統媒體會考慮文章是否配合機構編採方向，但《立場新聞》有一個宗旨頗特別，即使編輯室未必同意某文章的立場，也有機會刊出：「一件大型新聞事件發生，我們想成為匯聚不同觀點的平台，做到百花齊放，意見紛陳。所以我們有個不成文規定，只要你是我

1 參：https://thestandnews.com/%E5%8F%B0%E7%81%A3/%E5%9C%8B%E6%B0%91%E9%BB%A8%E9%80%A0%E5%8B%A2%E6%99%9A%E6%9C%83%E6%9C%80%E9%96%83%E4%BA%AE%E7%9A%84%E4%B8%80%E9%9B%99%E7%9C%BC%E7%9D%9B/。

們的「博客」，不論文章長短、風格、觀點，會照樣刊登，我們希望做到『百分百言論自由』。」

鍾承認，這個編採方針容易惹誤會：「有同事和讀者會質疑，為何你會刊登某人的文章？這篇文章即使在你心目中是『垃圾』，只要代表一些人的意見，垃圾文章也值得讓大家鑑賞。後來大家漸漸接受，知道我們轉載不一定代表我們支持。」

《立場新聞》愛物色年輕寫手，包容各種題材：「有一位到處品評薯條、寫『薯條食評』的作者，開始受到傳媒關注、接受專訪了；也有球評家在我們這裡出文章後，有足球網站邀請他寫收費文章，雖然後來不再為我們寫，但我們也開心，知道方向是對的，讓新作者得到更多人認識。一些較資深的寫手也表示因為我們的平台，得到更多曝光。」

鍾沛權說，資源有限，但有意把評論文章的光譜拉闊，有時找文章會找到台灣或內地，或請內部同事翻譯較小眾的學術文章。好像2019年左翼學者齊澤克(Slavoj Žižek)與加拿大心理學教授Jordan Peterson在多倫多大學舉行一場關於「幸福」的論壇，《立場新聞》較早期已經跟進，之後作詳細轉載。[2]「好文章要不觀點新穎，要不文筆好。作為編輯的職責，就是想辦法把文章影響力擴大，例如做美術圖表、引述金句等。」鍾解釋。

鍾沛權以前在傳統媒體《經濟日報》和《明報》工作過，知道大傳媒的運作規律，明白《立場新聞》未能提供稿費的做法不理想：「遇上作者投訴，我們也要禮貌周周，控制情緒智商，不吵架，多

2 參：https://thestandnews.com/%E4%B8%96%E7%B4%80%E5%A4%A7%E8%BE%AF%E8%AB%96/。

解釋。有時作者需要改動文章，即使是改幾十次，或者只改一粒字，也要盡量滿足，完全遷就。始終我們沒付稿費，就任勞任怨。」快50歲的鍾說起這些話來恭恭敬敬，沒有老總的霸氣。

* * *

那邊廂，即使有資源提供稿費，編輯也唔易做。

此書收錄了兩篇曾刊登於《端傳媒》的文章。《端傳媒》於2015年中在香港成立，面向大中華讀者，標榜「深度文章」，不會和其他傳媒搶即時點擊率。為了解編輯的工作，我邀請了兩位《端傳媒》的編輯馬家豪（豪）及何錦源（源），詳談編輯崗位的樂與怒。

* * *

芸：《端傳媒》既要做深度報導，又要邀請作者寫評論文章，如何判斷甚麼時候做採訪，甚麼時候約作者寫文章？

源：有時邀約評論文章會比採訪速度更快，一件新聞事件發生後兩至三日，我們可以刊出第一篇深度評論，反而深度報導需時，或許要一星期後才能刊出。

豪：準備深度報導需要時間，無法第一時間作出反應，而評論會快一點完成，可以填補前期的空檔。

芸：傳統傳媒一定是新聞比評論快，網媒是倒過來，作者也可以留意新媒體這個時效性的特質。（兩人同意）

芸：《端傳媒》約稿的題目會圍繞甚麼？

源：作為編輯，我們會思考《端傳媒》的形象是甚麼，例如富有國際視野、關注兩岸三地議題，所以中港關係、港台關係、國際事件等不能迴避。另外，我們編輯之間也不時有一些共同關注，好像全球右翼和民粹思潮崛起，我們特別多做，例如2015年的敘利亞難民潮，我們就曾有一系列的報導和評論分析。

豪：有時一些題目做不做可能只是一念之差，做編輯會考慮很多。除了阿源所提到的，還有很多實際操作上的考慮，以及很多取捨。例如有一個題目是需要快出街的，你知道某寫手能處理得好，但就是交稿特別不準時，你博不博呢？又或者這位作者稿費很高，跟他的溝通成本又很高，但他寫回來的東西可能很值得，編輯會考慮到這類所謂「性價比」的問題。(笑)

芸：我那篇關於欣宜的文章，[3] 最初提出時也擔心沒有市場，始終較學術性。

源：《端傳媒》不怕學術性，反而喜歡文章能夠替新聞資訊提供附加價值(added value)。我們有時也會邀請一些不太習慣跟一般讀者對話、但在某領域上有深入研究的專家寫文章，這時候作為編輯便要下點苦功協助，但關於欣宜那篇文章沒這個問題，因為你一開始已有意識寫給一般讀者看。

芸：專家寫文章會出狀況？

源：不一定，但確實有些專家不習慣寫中文媒體文章，寫文章時會較多使用專有名詞、術語、歐化用語，或未必懂得與普通讀者對話。這時編輯就要告訴他，如何寫得更「貼地」、更能回應坊間關注。

豪：文章的問題簡單可以分兩方面：一是「內容」，二是「文筆」；文字寫得不好，編輯可以協助修改，但內容問題是比較致命的，因為編輯沒法替作者採訪。做編輯最痛苦的就是收到一篇「沒

3 〈因女藝人欣宜「高調肥」捱轟，我重讀了約翰．伯格〉，見本書，頁91–100。

辦法出街」的文章，那時一方面要顧及文章品質，另一方面又要平衡作者感受。編輯室偶爾會傳來慘叫：「這篇文章太差了，怎樣『退稿』(拒絕刊登)？」我曾經試過寫一封回覆作者的電郵，寫了兩小時。(頭痛狀)

源：「退稿」是最難的，真實說話肯定傷人(笑)，但也要想辦法說出一些具體拒絕對方的原因，否則對方也不會服氣，這是最尷尬和最困難的情況。

芸：最難纏的作者是？

源：有些投稿者覺得他提供稿子，你便一定要刊登，你不刊登就是「不識貨」。也有一些作者，可能行文有沙石，或者內容有些許問題，但編輯建議改一個字、一個標點符號也沒有商量餘地，那編輯也會很為難。

芸：一個字也不讓你改的作者，會繼續合作嗎？

豪：視乎作者是否能夠寫出「只此一家」的文章。如果寫得不好，又沒有改動的空間，溝通無效後，可能只能選擇減少合作了。

源：也視乎媒體風格和需要而定。我以前在《明報》觀點版做編輯，也一般較少給作者修訂文章內容的建議，除了因為作者多是媒體寫作經驗豐富的作者，文章普遍較為成熟完整，也因為日報時間緊逼，不太可能就內容來回修訂幾輪，最多是跟他們討論以後稿件的寫作方式。再加上在傳統大型傳媒工作，編輯會更容易擔心：「若我建議你修改內容文字，是否會引起干預作者表達自由的疑慮？」種種考慮之下，很多傳統傳媒較少觸碰作者的文章內容，做編輯主要負責約稿，提供寫作主題建議，對方交稿就處理事實核查、校對、刪減贅字，甚或製圖、排版等工作。

芸：《端傳媒》的作風怎樣？

源：到了《端傳媒》，因為不把時效性放於首位，重視文章內容的深度和說服力，因此編輯可有更多時間與作者溝通討論，提供較細緻和具體的意見。我會在約稿時跟作者事先說明我們的編輯風格如何，有機會修訂文稿兩至三輪，看作者會否接受。

芸：《端傳媒》編輯的修訂，會在哪些地方？

源：會看編輯和作者之間的化學作用。做編輯要非常敏感，需要熟悉每位作者的脾性，理解對方接受哪一種介入。有些人接受你跟他談觀點，有些年輕寫手不介意你修訂文字，每人的接受度不同。

豪：深度報導方面，我們會較早介入編輯，從選題切入角度，到採訪題綱等，沿途跟作者保持溝通，避免到成稿後才發現問題。盡早介入也能減省最後文字編輯的壓力。

芸：年輕寫手和資深寫手有何不同？

源：年輕寫手種類更多元。他們不一定是以寫媒體文章為志業的人，他們或許只是某個領域的粉絲或研究者，喜歡就一個自己熱衷的題目發表意見，而不是想做專職的時事評論員。因此，他們很少會專屬某一家媒體，會更願意替不同平台撰文，但這也表示編輯需要花更多心力去爭取他們到自己的平台寫文章。

豪：年輕寫手配合度很高，他們都很有自己的想法，但普遍都願意接受編輯的修訂意見，請他們再採訪，多次增訂資料也沒有問題。有些寫手或許有別的正職，為了理想和興趣而幫我們撰稿，這一類作者通常特別努力和用心。

芸：文章的題目如何孕育？由編輯提出抑或由作者建議？

源：構思題目的方法很多元化，不同編輯自有不同的風格。在傳統的正式電郵、電話邀稿以外，我喜歡和寫手建立長時間合作關係，熟悉對方專長，也讓作者信任我這個編輯，他有寫作意念便會主動跟我提出：「我有這個想法，不知道你們有沒有興趣？」當對方拋出想法，我的角色就是提供輔助，支援作者，跟他討論一下角度是否成立、讀者興趣如何、坊間關注點是甚麼。很多時候，一件新聞事件發生了，我們跟作者像朋友一樣在社交平台上「吹水」(閒聊)，最後會演變成一篇文章。

芸：我在臉書上常看到編輯的身影，建議作者寫文章的留言。

源：對，看臉書成為我們工作的靈感泉源，不少作者會就時事寫臉書status(動向)，但未必想到要寫一篇文章，其實很多有意思的念頭，是可以發展成一篇文章的。我們留意到便會留言，「威逼利誘」他們寫成文章。(笑)

豪：會留言說：「寫一篇」。(笑)

芸：好多時候，看到一件社會事件，作者會感到憤怒，情緒爆發出來，就等編輯推波助瀾。

豪：每個記者都有他們特別關注的議題，部份人會有很強烈的立場，編輯需要協助他們保持理性客觀和中立的筆。如果文章立場太鮮明，縱然同路人讀著會很過癮，但對於其他讀者而言，它的說服力就相對減弱了。不過太冷靜的筆，寫出來的文章可能太穩，缺乏味道，所以最重要還是平衡吧。

芸：寫文章太熱情不好，太冷淡又不好。(眾人同意)

芸：作者和編輯，其實是兩種性格的人，同意嗎？

源：大學畢業之後，我就知道自己不適合當記者，我不擅長對陌生人的工作。

豪：和錦源差不多，我性格有點怕生，臉皮很薄。以前上司派我出去做訪問，我就特別不喜歡做街訪，很介意別人怎麼看自己。採訪時，往往也不能流露自己的真實想法，覺得有點難受又很累，我知道自己不想做記者。所以你說得對，編輯和記者的性格甚至有點矛盾，編輯或許沉穩內向一點？記者或許較為外向，或者可以說是wild（野性）……？不過這當然不能代表全部人，我認識的無論編輯和記者，都很有性格就是了。

芸：編輯冷靜，記者熱情？

豪：編輯的思慮需要全面，要考慮到公司內其他部門的協調溝通，考慮跟外部作者的關係，又不能忽略成本效益等問題，同時需要把好文字的關。

芸：記者和編輯的相處，難免會起衝突，如何化解？

源：老套點說，「和而不同」這種合作態度是重要的，如果作者和編輯的識見、觀點和口味只能一致，那便會少了很多火花。只要大家互相信任，尊重對方的專業，願意嘗試理解對方意見的出發點，我想即使衝突在所難免，也還是可以透過磨合，找到能夠折衷的地方的。我比較怕單一的編輯作者關係想像，即要不就是編輯對作者必恭必敬、唯唯諾諾，要不就是作者完全聽令於編輯，任其差遣。在香港以外的地方，編輯和作者的關係有更多可能性，例如以審稿嚴謹程度著稱的《紐約客》（*The New Yorker*）可以留住一批優秀的作家。我認為，關於內容與文字的討論和衝突是可以存在的，但在香港卻會因為種種的考量和局限，例如時間成本，而盡量避開。

豪：有時記者會氣沖沖來問編輯，為甚麼把這句刪了，那句又沒了。當下編輯就算把全盤思慮說出來，也未必能在當下說服對方，不過只要雙方都知道，大家都是為了有更好的報導，這些衝突也無傷大雅。

芸：記者太衝擊性？

豪：(笑)有時衝擊也不是壞事，編輯有時可能過於保守穩陣，需要一些提醒。

源：編輯傾向保險一點，會避免最壞的事情發生。我們會提醒作者，這樣寫會招致別人怎樣怎樣的批評，會提醒作者先在文章內回應，或者專注你想講的東西，不要打開一些無謂的戰線，但這不是絕對道理，有時招致罵戰不一定是壞事。

芸：對，我的欣宜文章，也引來了好幾篇文章反駁，幾篇文章的閱讀量反而一起提升了。

芸：「編輯」這工作好像不為人認識，你們如何向親友解釋這工作？

豪：好少解釋，別人問起，我會說我的工作是「做新聞」、「改吓文章」。好多人預設做新聞就是做記者，以為我們要出去做採訪，當我說很少外出採訪，大家就不會再討論下去。

源：我會說工作主要是「改吓文字」，但其實我們的工作較為後勤，涉及一堆雜務，跟別人說我們的工作是關於「如何上版」、「如何和攝記溝通」、「如何與美術溝通」(笑)？沒有人有興趣吧。

豪：可能我們的工作不太dramatic(戲劇性)？記者在採訪不同人之後，往往有不少有趣故事可以分享，但我們沒有這些，只有「和作者如何交惡」、「哪個作者不讓我改標點符號」這些故事，哈哈，但又不方便對其他人說。

芸：編輯的功勞不為人所知，行內也甚少獎項頒給編輯，編輯這崗位是否得不到重視？

源：在現在的行業環境中，如果介懷的話，就很難專注做編輯了。對於編輯的名字未能在作品上刊出，這種「不具名」的待遇，我倒沒有所謂。有些記者轉做編輯面對的最大掙扎是，花了心力去把文章改寫，文章後來爆紅，編輯名字卻不被提起，會覺得委屈。有這種感覺我可以理解，不過如果這種感覺一直困擾著他，我想他還是較適合留在前線，那他的成功感會更大。比起具名與否，我自己較重視與作者之間的合作關係。

豪：只要聽到作者說「我信任你，總之你幫我處理好文章吧」，或者作者表示看到我編完的文章認同效果好，我已經感到很滿足。

源：對，有時，只有你這個編輯才可以凝聚到這班作者，或者作者衷心表示信任和重視你的意見，那就已經很有滿足感了。

* * *

走筆至此，我特別要多謝《明報‧星期日生活》副刊的編輯黎佩芬。此書大部份文章得以面世，她有功勞。對於我的奇怪點子，她沒有皺眉；對於我失控的文字，她往往包容。多年來她低調不領功，讓作者發光發熱，為稚嫩的寫手提供成長園地，卻從沒在質素上妥協。她話不多，簡簡單單一句「好」、「等你的文章」，就讓我無後顧之憂，踩盡油爬格子追夢。

也要多謝此書編輯余敏聰，他是一位溫柔的編輯。我有點神經質，也有點火熱，他總是文質彬彬地迎接我這團火。感謝你的冷靜和信任，如同定海神針，讓我這團火有個安身之所。

黎佩芬、余敏聰，和諸位謹守崗位默默耕耘的編輯們，感謝你們，你們都是我的Dream Givers。

受訪編輯小檔案

鍾沛權，49歲，曾於《經濟日報》及《明報》工作，離職前為《明報》財經版採訪主任。之後曾與余家輝以外判方式一同編寫《蘋果日報》財經版「金融中心」版面，包括以筆名「丘亦生」寫財經專欄。2012至2014年為《主場新聞》總編輯，2014年後為《立場新聞》總編輯。

馬家豪，35歲，畢業於樹仁大學社會學系，香港大學犯罪學碩士。曾於《亞洲週刊》任職編輯，2015年受聘於《端傳媒》任執行編輯，現為《端傳媒》副總編輯。

何錦源，29歲，畢業於嶺南大學文化研究系，香港中文大學中文系碩士。曾於《明報》擔任編輯三年，後期為「觀點」版編輯；2015年受聘於《端傳媒》，擔任評論編輯一職，2017年為評論主編，2018年中離職。

特寫新聞攝影記者的眼睛

這天，我們看了逾千張照片，花多眼亂，終於到了觀賞「特寫組」參賽作品的環節。大會安排得宜，投射機打出光線，最終照片落戶在一面十尺高的白牆上，就像走進了電影院一樣震撼。

眼前這張作品，線條簡單，色彩對比鮮明。一張優質紅地毯伸延到遠處，烈日當空，一班戴著紅色鴨舌帽、穿著運動制服的小學生列隊兩旁，有點疲憊地揮舞著迷你紅色國旗和區旗，右邊的小學生隊伍之中有點小騷動，同學們回頭注意著地毯上一處。一位同學暈倒了，一雙微胖而皮膚白皙的大腿橫臥在艷紅的地毯上，白色球鞋閃閃發亮。

照片的正前方，設置了一個讓嘉賓發言的台階，兩個咪高峰醒目地豎立著，好像等待著甚麼重要人物大駕光臨。照片從遠處拍攝，因為角度關係，看不清孩子們表情，暈倒學生的臉剛好埋在同學腿下。照片風格冷靜，不煽情，不喧嚣。

這是香港攝影記者界一年一度的重要比賽現場。《前線．焦點 2017》新聞攝影比賽評審日，我和另外五位評審從早到晚在一間工作室裡鑑賞作品。評審期間，我們不知道作品的攝影者身份，也不知道代表哪間傳媒機構參賽，若不刻意翻查，文字解說都不會斟酌。對我這個習慣以文字表達的人來說，能夠全神貫注觀賞照片的經驗，難能可貴：只專注圖像，安靜地聆聽光與影所流露的訊息。

攝影記者協會會員當日可以在場旁聽。我自己就這張照片表達意見：「這張相無論是顏色、線條都很搶眼，構圖富美感，喻意也深遠。為了歡迎國家級大人物，小朋友在惡劣環境下等了很久，終於體力不支暈倒，是講述一件事件，也可以理解為一種香港人處境的寫照。」當時我不知道照片紀錄的事件是甚麼，但憑小學生手裡揮動的旗子，可以猜想他們苦苦等候的是國家領導人。

經評審投票後，最終這張照片拿下了「特寫組」冠軍。

有趣的是，拍攝這圖片的記者李澤彤當日去採訪的並不是一宗傳統被理解為「特寫」的新聞。當天為2017年7月1日，香港回歸二

攝影記者李澤彤2017年的得獎作品（《香港01》提供照片）

十週年，習近平主席訪問香港三天，離去當日李澤彤被派往機場，希望能拍攝習近平離港一刻。李澤彤說，這類行業內被稱為「硬新聞」，除了鬥快，也必須要影好基本能講新聞故事的基本元素，例如時地人、為何如何等資料。所以當日在網站推出的「習近平訪港」圖輯，大部份照片都含有主席的樣子，甚少像這一張欠缺了主角。

主角的缺席，反而成就了這張圖片，從事件的被動紀錄，昇華成為一張有意境的「特寫」作品。似乎，新聞攝影要快而準，但特寫卻在乎意味深長。

「特寫」於文字上難定義，在新聞攝影上的展現一樣撲朔迷離。觀乎這個例子，即使是在千軍萬馬搶即時的新聞現場，只要攝影師的處理不同，同一地點同一時間，也可以拍攝出一張「特寫」照片來。

又好像雨傘運動這個題材，李澤彤在2014年度的《前線．焦點》比賽裡，同時憑著防暴警察施放催淚彈的照片獲得「突發新聞組」獎項，但後來佔領運動轉趨靜態，他在現場拍攝到女學生在佔領區自拍的背影，及另一名於旺角佔領區在睡床上閒躺的示威人士，這兩張作品均獲得「特寫組」優異獎。似乎，把新聞變成特寫抑或突發，並不在於該新聞的題材類型，而在於攝影記者那雙敏銳的眼睛，如何在照片裡流露出新聞工作者的觀點與角度。

本書裡的露宿者故事，負責攝影的就是年輕時代的李澤彤。多年來，作為文字記者，我體會到一宗成功的採訪工作，需要文字記者和攝影記者一起成就，但似乎坊間甚少人會關注文字記者與攝影記者之間的團隊合作和微妙關係。

這天，我邀請了李澤彤（彤）和另一位攝影記者鄧宗弘（弘），一起討論特寫新聞攝影的宜忌。

* * *

芸：在你們心目中，如何把新聞工作分類？

彤：現在我做網媒，腦海裡會分為「即時」和「深度」，前者講究快，如做政治或突發要諗怎樣霸位，[1]又或者事件發生時間好急趕，要衝埋去拍攝現場，如何處理擠逼環境。

弘：我做實體報紙，就會有所謂「即日新聞」，包括港聞、經濟、體育，和「非即日」例如副刊的拍攝。

芸：在你們心目中，有無「特寫」呢個字？

彤：我會叫做「專題」或者「故仔」。即日新聞或突發在我心目中是「好硬」嘅嘢，特寫就是較「soft」的故仔。

弘：叫做「soft故仔」或者「故仔」。

彤：特寫會係我好想做多一點的採訪，因為特寫給攝影記者的發揮空間多一點。尤其是做硬新聞太久了，尤其是近年太多政治新聞，要鬥快，快感過了一日就沒有。

弘：做即日新聞被動一點，好像被件事帶領著，但做特寫故仔是攝記可以帶領件事。可以花時間去構思如何去影，怎樣表達，加多點自己的元素，能夠多一點時間消化和投入那件事，細水長流一點。

彤：對，有時間消化，可以花較長時間去做。例如影一間小店，可以做足一個月，今天影得不好，明天可以有機會再去多一次。這種長時間採訪，滿足感也維持較長時間。

弘：特寫拍攝會感覺到和事件更接近，更有感情。有時翻看舊物，看到以前拍攝的深度題材，會覺得個心好甜，例如記得自己走過那一條街，經過那裡拍攝過那一張相。

---

1 一宗大新聞隨時現場有過百攝影記者，攝記要到場爭取有利位置。

彤：好像我在2012年替你拍攝的露宿者故事，那個深水埗街頭，早前我開車經過，看到人面全非，樓宇也翻新了，忍不住嘆一句「哎吖，變哂！」，心裡覺得有點失落。

弘：嗯，付出咗時間，感覺特別深刻。

芸：但也有一些攝記沒有硬新聞採訪經驗，他們拍攝特寫照片，有何不同？

彤：如果是一直做消閒生活（Lifestyle）的攝影師，會較重視美感。

弘：燈打得靚一點，人的形態影得靚少少。

彤：有做過新聞的攝記會先找新聞性，找內容。

弘：有新聞經驗的話，構思照片時會去思考事件的背景，和受訪者的關係，不只看線條顏色和光暗。

* * *

芸：你們提到，拍攝硬新聞較多框框，會公式化一點，為何呢？

彤：你知道突發或政治新聞，多數只會刊登一張相，就會想辦法把所有需要交待的新聞元素，例如5W1H[2]全部放在一張相裡。你知道讀者需要知道甚麼。

弘：對，一張相可以看清所有事情。

芸：影一件突發事件，例如有遺體從案發現場抬出來，你會不會只拍攝手部大特寫？這樣做會否太實驗性？

弘：一定要先有最大路的照片，之後才會拍攝這些另類的照片。有時會想，是不是外國的攝記較大膽？

---

2 何時（when）、何地（where）、何人（who）、何故（what）、如何（how）、為何（why）的簡稱。

彤：這個和人手有關。外國一間通訊社會同時派很多個攝記在一個現場，每人可以做不同崗位，拍出不同風格。若得你一個攝記，只能拍攝最大路的。現在我出外工作，若知道我們公司派幾個攝記來，我會敢於大膽一些。

弘：講到底，是人手問題。

彤：對。舉個例，「cup囚車」這工序，[3] 最穩陣就是從囚車旁邊拍攝，但若從車頭方向加上閃光燈的光幸運能穿透玻璃，又沒有反光的話，有機會影到一張好照片，那就是feature style（特寫風格）深一層次的要求，但失敗的機會很高。而你企了車頭那個位，在電光火石之間，一定不能同時拍到較穩陣的那種照片，有點冒險。所以只會現場有其他同事，肯定不會因為我拍不到而沒有相片交，我才敢去搏一搏。

弘：就好像案發現場抬出屍體，你影完含有大環境、包括仵工抬屍體這種較為「大路」的照片，或許也會想為屍體的手部做大特寫，但可能一轉眼屍體已經離開了，根本時間太短暫，令你沒有機會。

芸：但不會一開始就放棄大環境，只聚焦雙手來拍攝？

弘：我們這麼多年的訓練，知道若沒有一張照片有齊所有新聞資訊，而特登去影那隻手，那是判斷錯了，是一種失誤。

芸：也是，我們做文字工作的，也要先有齊基本硬新聞資訊，才可以進一步去挖其他角度。

* * *

---

3 拍攝犯人車從法院出入，由於車在動，現場擠逼，加上玻璃暗黑又有反光效果，難度高。

芸：不少時候，特寫新聞採訪都是文字記者和你們一起去現場的。

弘：現在人手問題，有時記者在辦公室打電話做完採訪，派我們回去現場替受訪者補拍照片，這做法不理想。

彤：這種叫「補相」，我也不喜歡。張相會很空洞，沒內容，沒有性格。

芸：為甚麼會這樣？文字記者的存在重要？

弘：記者和受訪者傾偈時已經建立了關係，熱了身。但若只派我們去現場，也不能立即拍照，也要花時間溝通，知道整個故事的原委才可以拍照。

彤：我好鍾意和受訪者一齊傾偈才開始影相。記者做採訪時傾偈，做攝記也應該一起聽，坐下一齊搭吓嘴、吹吓水，很有幫助。不但有助攝記了解事件，被訪者也能知道你這個攝影師存在，感到受尊重。

芸：一般人理解，負責傾偈的是文字記者。為何攝記都要傾埋一份？傾唔傾偈有何不同？

彤：很大不同。攝記和受訪者有無傾完偈再拍攝，完全兩回事。好像有一次我去港島大坑的車房。若我一去到車房就按掣影相，對方一定用粗口罵我，又或者會走開不讓我拍照，即使給你拍到也會很不自然。所以一去到，我的做法是不會立即舉起相機，傾談之間我會開始讓相機露面，讓受訪者知道：「咦，好像多了一嚿嘢」，然後再傾談一會兒又按一兩下快門，讓受訪者習慣聽到快門的聲音。那次談到興起，車房的麻甩佬送我一罐啤酒，我們就一起喝，那時候你拿出相機，對方就最沒有避忌，受訪者會把照相機當作透明，那時的照片就是受訪者最投入的一剎那。

芸：會不會覺得拿起相機，受訪者會受驚嚇？

弘：會呀。我們的相機太大部了，好專業的級數，他們覺得毛孔都像被放大了的感覺。

彤：有時拍攝這種特寫故仔，會特意拿細小一點的相機去，細機快門的聲音較小。

芸：(模仿快門聲音)咔嚓咔嚓的聲音，好嚇人。

彤：我也明白，每一下快門聲好像打在受訪者身上，攝記其實有責任幫受訪者想一想，要令受訪者明白，我們這些聲音不是打在他們身上。我們要令受訪者明白影完這張相，不是我去害你，而是要去捕捉他們好的一面，協助他們把訊息表達給讀者。

芸：拍攝期間會不會讓受訪者看看部份照片？

彤：視乎他們為何要看。有些知名人士想查看，只關注照片裡的他們拍得靚不靚、瘦不瘦，這些我就不喜歡。但例如弱勢社群，要拍攝到他們的傷口或瘡疤，[4]或因匿名保護需要而拍攝成剪影或背影，我們會讓受訪者看看照片，我不想受訪者擔心照片會影響他們。

芸：看完繼續拍攝會否不同？

弘：會增加互信，給你更多時間拍攝。

彤：看完會信任你，更有信心給你拍攝，而且受訪者亦會表現得較自然。我希望，影完相每次都讓大家「好來好去」，很擔心完成一次拍攝，受訪者會帶著擔心離去，擔心記者會如何傷害佢。訪問前偶爾聽到有人説「不相信記者」，我會覺得很「哽耳」(難受)，想做一點事令受訪者相信我。

---

4 李澤彤到南韓拍攝三星工人健康受損而維權的圖片故事，獲得2018年「人權新聞獎」。

* * *

芸：記者在現場，應該做甚麼去配合攝影記者？好像2012年我和李澤彤拍攝露宿者，我當時不斷和露宿者談天，你覺得怎樣？

彤：拍攝露宿者時我年輕，不太有經驗，較倚賴記者。我記得要拍攝露宿的伯伯時，特別擔心不想令他們感到難堪，因為露宿者一般不太願意拍照。有個同事(記者)在場，幫我搞吓氣氛，緩和吓氣氛是好的。

芸：記者甚麼行為令攝記覺得難受？

彤：太詳細去指示我們如何拍照。例如講到受訪者喜歡甚麼物件，指明請受訪者拿著某件物件拍照，或者某張圖片如何構圖。有時我們拍攝完畢，記者希望由頭到尾檢查一次，就不是味兒。

芸：還有甚麼記者要留意？

彤：攝影記者或許在同一個工作天需要採訪多宗新聞，記者於是會說：「先拍照再訪問吧」，出發點是體諒攝記，想方便我們趕去下一個現場。但我不太喜歡，會希望盡可能留在現場聽記者採訪，或搭嘴傾幾句，我會想與受訪者相處耐一點才拍攝。

芸：拍攝小人物和名人有沒有分別？

弘：小人物較容易傾偈，大人物通常趕時間，也不容易跟你談天。

彤：有些大人物很討厭拍照，對攝記不友善，拍了幾張就會問「影夠未」。有些小店老闆或公關也會指示我們拍攝：「如何擺相機，從那裡拍照，那樣做就對啦」，這些太細緻的指示我們都不喜歡。

芸：記者主要工作是向攝影師解釋採訪構思，與受訪者暖身，但不宜對拍攝的細節過份介入，對嗎？

弘：有另一個極端，就是有文字記者覺得攝記阻礙著他們工作。某次去採訪一位立法會議員，記者對我說，該議員應該有很多舊的資料圖片，不一定需要再影相。當然，該議員多年來接受過很多次訪問，資料庫裡關於他的圖片或許逾千張，但每一次採訪也不同。倒過來說，這位議員的文字訪問也有很多次，文字記者為何還要去做呢？後來拍攝中途，該文字記者更在受訪者面前跟我說：「影夠沒有？我想做訪問。」那時感受不好，好像我沒有必要存在。

芸：這位文字記者沒有把攝影師也視作記者。

弘：文章刊出的是文字記者的名字，照片的說明也會刊出我的名字。我們的工作性質其實一樣，大家都是採訪新聞的記者，只不過你用文字表達，我用圖像表達。

芸：有些文字記者不覺得攝記和他們是一個團隊？不覺得新聞攝影是一個獨立的專業？

弘：那位文字記者覺得我阻礙他的工作。

彤：有些人會覺得攝記是文字記者的「附屬品」，把你當作是 shutter operator（快門操作員），不是 photographer（攝影師）。

弘：把我們當作沒有思考能力。

彤：我聽過一個說法，有些記者因為覺得攝記學歷低，就覺得你不會有新聞觸覺和思考能力，不會尊重攝記，會有一種偏見，覺得「你們也是因為讀書不成才做攝記」。

弘：一些入行已久的前輩攝記，雖然學歷相對低，但其閱歷和經驗不是因為你讀書可以感受得來。現在我們行業的環境，即使在前線跑十年，也不及老行尊以前跑十年得到的經驗那麼豐富。時代不同了，一些事件和經歷沒有發生又或者機構的資源不足，你想去採訪一些大新聞，也未必有機會。

* * *

在學歷上，李澤彤是樹仁大學畢業生；鄧宗弘當年沒有會考畢業，少年時做過廚房、油站、裝修。後來阿弘發現自己對攝影有興趣，於是發奮讀夜校重考會考，拿著證書經三年嘗試，才成功敲門入讀觀塘職業訓練中心。這間私校由非政府機構營運，是香港攝影師的搖籃，可惜近年收生困難已關閉。

我和阿弘曾經緊密合作過。2017年，有服務自閉兒童的社福機構接觸我，希望協助採訪多位家中育有自閉孩子的父親故事，輯錄成書出版。阿弘受命成為此書的專用攝影師。我們一起登堂入室，還記得一次採訪一位父親，光是訪問已花掉四小時，阿弘一起細心聆聽，像朋友一樣一起閒話家常。黃昏時份，我們一起到樓下的公園拍照。我和自閉青年一起跳繩，阿弘又和他們一家打籃球，相處之後才拍照，自閉男孩跟我們熟稔起來，把攝影機當作隱形。整個採訪花了大半日，阿弘樂在其中，毫無怨言。

阿彤和阿弘是同行，私下也是朋友，阿彤較文靜：「很羨慕阿弘有一種能力，跟任何人也可以打開話匣子，他有一種親和力。」阿弘歸功於自己年少時代，打工打出這種與人交際的技能：「試想像在油站做通宵更，你旁邊都是五六十歲的男人，成晚流流長，過了幾日你要想辦法跟同事談天，否則悶到發慌。」

阿弘有一種親和力，跟誰也可以談天，讓他在採訪上無往而不利。他一本正經地說，製作那本自閉孩子爸爸的書籍，最難忘是整個過程受到尊重；從製作之前會跟記者詳談出書概念，拍攝時可以與受訪者交流，到拍攝完畢，他感激出版社編輯對攝影專業的尊重：「每一頁出甚麼照片，哪一張放大，出版社都有參考我的意見，那是難能可貴的。有時候，編輯拿了照片就自己砌好個版，怎會聆聽我們拍攝者的說話呢？」他說，每次拿起那本書，特別有滿足感。

李澤彤現於網媒工作，他回憶該網媒早前有出版實體週報，那個階段曾經是攝影記者夢寐以求的理想歲月：「從籌備題目開始，文字記者和攝記就會特別抽一天回公司開會。」工序多了，攝記竟是覺得開心。旁邊的阿弘聽到能夠為採訪而開準備會議，羨慕地說了一聲：「嘩，正呀！」阿彤續說，工序是這樣的：攝記和文字記者一起決定專題的題目，會一起構思找哪些受訪者，如何拍攝，到現場完成訪問和拍照後、正式排版之前，大家會把照片攤在桌子上評論，討論在文字和圖片排版上如何配合，「做攝影記者是可以從頭到尾一齊參與討論」。

但兩名攝記都異口同聲說，類似這種工作安排，在今時今日講效率趕速度的新聞採訪規律中，是例外不是常態。攝記有時對作品如何被對待也沒有話語權，不時出現攝記花心思拍攝的圖片，最後變成一張花花碌碌的改圖，原來留白的地方被加上特別效果或文字，又或者被剪裁成為奇怪的形狀。有時攝記認為最有價值的圖片，最終在編輯過程落選了，可能是大家觀點角度不同，有時是看漏了眼，令攝記欲哭無淚。

* * *

不過，有時攝記的存在價值，不只因為他們能拍出一張好相。我自己就經歷過，文字記者在採訪現場需要情緒支援，唯一的精神倚靠就只有身邊的攝記。

阿弘分享了一宗難忘的採訪經歷。

合照時擺出「大字腳」動作，是《明報》攝影記者的一個「小傳統」
（左起：鄧宗弘、譚蕙芸、李澤彤）

他說，曾與一名文字記者到中國內地採訪一宗新聞。話說一名因社會事件而慘死的人士在郊野落葬，千辛萬苦才找到死者家屬，到達現場採訪中途，忽然其他家屬翻臉，不讓他們採訪，趕記者離開。他們離開之際，年輕的文字記者覺得難過，情急哭了出來。阿弘一整個晚上與記者分析事件。雖然採訪遇上挫折，但那次經驗也令人成長：「出差工作，記者和攝記如同相依為命。我做攝記也會一起構思新聞角度，一起想辦法採訪。大家有傾有講，一齊合作成就件事。」

我也記得自己一宗採訪的經歷。

2003年沙士襲港，我剛做記者，一出道就遇上世紀疫症，初出茅廬，醫院也跑，淘大也跑，但是殯儀館去得最多。

謝婉雯獲得最大的關注，她是第二個公立醫院醫生殉職，還記得電視熒幕播放她的照片，當時我在《明報》編輯室，大家都為驚嘆「她真美」。然後我僥倖採訪到她的教會好友，好友把她生前的婚禮邀請卡給我看，打開看到《彩虹下的約定》歌詞，內心也感動到顫抖，翌日把整首聖詩印在報紙上。

我不住跑殯儀館，看遺照、花卉、靈堂佈置。因為政府包底，靈堂的花是最漂亮的：飽滿的白玫瑰，清香的百合，矜貴的蕙蘭，每一支是從荷蘭還是哪裡空運過來的，我都細緻查問。採訪喪禮，不宜打擾家屬，我把靈堂所有微小處觀察下來，寫進報導裡。祭壇的佈置也可以記下：醫生們的祭品較中產，基層勞工家人奉上的，是往生者喜歡的茶餐廳食物。

然後，一個又一個醫護人員相繼殉職。有一位中年婦人劉錦蓉，在2003年6月過身。

蓉姨得到社會關注較少，因為她不是醫生，她是健康服務助理，亦即我們普通人叫的「阿姐」。她們是基層勞工，病房最厭惡的工作她們都要做。

採訪蓉姨的消息期間，得悉一個難以置信的訊息，原來蓉姨上山那天，正是她母親設靈的日子。我懷著戰戰兢兢的心情，和攝影記者一起到蓉母出殯的靈堂去。在靈堂外，攝記安靜地等待著，我一個人先入內。

當看到細小靈堂的佈置，我被震撼：是一個基層家庭可負擔的簡單靈堂，花牌是最樸素那款，家人在圍著摺元寶。這裡沒有達官貴人致敬，也沒昂貴空運鮮花致祭。

我鼓起人生最大的勇氣，走進靈堂，跟蓉姨家人談，道明來意，說明我一直有採訪沙士殉職醫護，也有去蓉姨的儀式，了解到她母親的情況，想了解一下。想不到家人大方跟我談，不但沒有指責我打擾，還告訴我她們一家的故事。

原來八十歲的蓉母兩年前已中風，一直不清楚女兒染了沙士，家人也有心理準備母親會離開，想不到蓉姨由患沙士到離世不過一個月時間。最傷心的要數八十歲的蓉父，要同時接受妻女離世。他們解釋，中國人習俗裡，不方便同時參與兩個喪事，所以他們都沒有去蓉姨的儀式。

最後，我再鼓起勇氣，希望家人讓我們遠遠拍攝一張有蓉父的照片，因為我們希望讓全香港人知道，蓉姨為香港人犧牲了，而家人也在默默承受。想不到，家人說可以。八十歲的蓉父，坐在一角安靜摺元寶，我跟他簡約說了幾句，老人家點頭說可以。同行的攝記就以尊重家人的方式，以長鏡頭從靈堂外拍攝了幾張照片，照片裡穿著白衣的蓉父在摺元寶，遠處可見到朦朧的祭壇，幾個樸實的花籃放在地上。

當年還有一段小插曲。拍完照片後，我跟蓉姨家人道別，就在離開紅磡那條天橋上，我哭得崩潰，我跟攝影師說：「這一家人，需要的不是政府為女兒風光大葬，而是只希望有個女兒，坐在靈堂裡安慰父親。」我記得當年的攝影記者性格內斂不多言，面對我這個忽然哭得死去活來的記者，他只是默默站著，沒說甚麼安慰的話。但我記得他那個包容和體諒的眼神。我們一起慢慢地從紅磡天橋步行到火車站，我坐車回報館。

那天晚上，我紅著眼在鍵盤上敲打：

> 昨晨黃色暴雨之下，大雨滂沱，但香港殯儀館依然人頭湧湧，400名親友高官出席抗SARS殉職的聯合

> 醫院健康服務助理劉錦蓉的最高榮譽喪禮。更令人神傷的是，原來昨日下午，劉錦蓉的年邁母親亦於另一間殯儀館設靈，蓉母是在女兒殉職前三天不幸病逝。靜躺棺內的一對母女，縱然黃泉路上有伴，卻遺下白髮蒼蒼的蓉父默默承受喪妻喪女的悲痛。

這一次哭乾了眼淚，算是我「最不專業」的一次採訪。15年後，和我一起跑這宗新聞的攝影記者已經告別前線，他開了相機店，間中接拍攝工作，也成為兩子之父。我們話當年，關於這件事他沒有忘記，只是輕描淡寫地說了一句：「別擔心，我一直沒有跟別人說。」其實就在那一刻，你沒有轉身離去，默默地支持我，已經是一種難能可貴的團隊精神。

受訪攝記小檔案

李澤彤，34歲，2008年畢業於樹仁大學新聞與傳播學系，其後於攝影雜誌社工作一年，再於《成報》、《經濟日報》、《明報》擔任攝記。現為《香港01》攝影記者。曾於多個新聞攝影比賽獲獎，包括《前線·焦點》新聞攝影獎、人權新聞獎、消費新聞獎、報業公會最佳新聞獎、亞洲出版協會卓越新聞獎等。

鄧宗弘，34歲，2011年畢業於觀塘職業訓練學校，攝影工作以外曾從事廚房、油站、裝修、影樓等工作，畢業後一直服務於《明報》，現為高級攝影記者。曾獲得之攝影獎項包括《前線·焦點》新聞攝影獎、報業公會最佳新聞獎等。